멋진롬 0~5세 아이놀자

**소비육아 대신 심플육아!
살림놀이+재활용놀이+산책놀이 120**

장새롬(멋진롬) 지음

진서원

멋진롬 0~5세 아이놀자

초판 1쇄 인쇄 2016년 7월 14일
초판 2쇄 발행 2016년 12월 20일

지은이   장새롬(멋진롬)
발행인   강혜진
발행처   진서원
등록   제 2012-000384호 2012년 12월 4일
주소   (121-838) 서울 은평구 갈현로 182 대원빌딩 4층
대표전화 (02) 3143-6353 / 팩스 (02) 3143-6354
홈페이지 www.jinswon.co.kr / 이메일 service@jinwson.co.kr

편집진행 · 성경아 / 표지 및 내지 디자인 · 디박스 / 일러스트 · 최정
인쇄 · 보광문화사 / CTP · 보광문화사 / 제본 · 정성문화사 / 마케팅 · 강성우 / 인턴 · 박수연

◆ 잘못된 책은 구입한 서점에서 바꿔 드립니다.
◆ 이 책에 실린 모든 내용, 디자인, 이미지, 편집 구성의 저작권은 진서원과 지은이에게 있습니다. 허락 없이 복제할 수 없습니다.
◆ 저작권법에 의해 보호받는 내용 중 일부 저작권자를 찾지 못한 부분은 저작권자가 확인되는 대로 저작권법에 해당하는 사항을 준수하고자 합니다. 양해를 구합니다.

ISBN 979-11-86647-06-6 13590
진서원 도서번호 16003
값 16,500원

이 도서의 국립중앙도서관 출판예정도서목록(CIP)은 서지정보유통지원시스템 홈페이지(http://seoji.nl.go.kr)와
국가자료공동목록시스템(http://www.nl.go.kr/kolisnet)에서 이용하실 수 있습니다. (CIP제어번호: CIP2016015209)

돈으로 해결할 수 없는 육아!

흔들리지 않게 함께해주셔서 감사합니다

Special Thanks To

★★★★

★ **돈육아가 치열한 강남구 맘에게 필요한 책이에요** 이곳에서 두 아이를 최대한 자연스럽게 키우려 해요. 마음을 다잡아야 하는데 항상 큰 위로와 응원과 감동을 주셔서 감사합니다. – **여름맘**

★ **교과서 같은 심플한 살림법 책, 놀이법 책까지 기대~** 첫 번째 책도 잘 보고 있었는데 놀이법 책이 나온다니, 곧 아이 낳는데 도움이 될 듯해요. 정말 기다려집니다. – **튼튼이맘**

★ **장난감 사고 싶을 때마다 마음을 다스려요** 초보엄마이다 보니 아이에게 막 사주고 싶어요. 하지만 그 마음 내려놓았어요. 많다고 무조건 좋은 건 아니니까요. – **청심맘**

★ **살림놀이법 격하게 공감합니다** 살림 비우기가 유행인데 육아도 비우기가 필요하죠. 요즘 필요한 책인 듯해요. – **쇼니마미**

★ **소비육아 시대 혼란한 마음을 다잡아주는 곳** 안 들이고 아이 키우는 거 요즘 너무 힘들잖아요. 하지만 롬님 글 읽고 중심을 잡아요. – **까페라떼**

★ **아동학 전공자의 진짜 믿음이 가는 육아서** 전문적으로 아이에 대한 이해가 높은데다 현장경험도 있고 직접 엄마가 되어본 사람의 글이라 실제적인 도움이 되는 책인 듯해요. – **시크릿**

★ **워킹맘도 짧은 시간 알차게 놀아줄 수 있는 노하우 가득** 일하면서 아이와 노는 게 어려워요. 가끔 롬님 블로그 와서 따라해보기도 하고 의지도 했어요. 책으로 나온다니 너무 기뻐요. – **밍블리**

★ **장난감 사지 말라는 말씀 공감 백배!** 장난감 바구니 8개 중 6개를 비웠어요. 그제야 마트에서 불필요한 소비와 시간을 낭비했다는 걸 알았어요. 아이와 눈을 마주치지 못했다는 걸 깨달았습니다. – **지니**

★ **문화센터, 어린이집, 장난감 없는 육아 기대됩니다** 이런 거 없이 놀아주기 무서웠는데 다 엄마 위안일 뿐이죠. 아이의 가장 좋은 친구이자 선생님은 엄마잖아요. – **임소소**

★ **심심해지기 위해 TV도 스마트폰도 버리는 통쾌한 엄마** 장난감, 전집 버리는 엄마는 많지만 TV, 스마트폰까지! 간결하고 통쾌한 육아를 보여줘서 감사해요. 자연 속에서 심심할 권리를 주는 엄마, 멋집니다 – **동동**

★ **비교하지 않는 엄마, 중심을 잡는 엄마** 평범한 나, 좋은 엄마 되기가 불가능해 보였어요. 하지만 비교하지 않는 마음, 아이와 놀 수 있는 여유가 있다면 충분하다는 말씀, 덕분에 자신감이 생겼어요 – **복여사**

★ **22개월 아들 맘, 딱 제가 원하는 책!** 아들과 몸으로 놀아주고 있어요. 도움이 많이 될 것 같아요. – **하난지**

★ **장난감보다 살림에 관심 많은 아이들 동감!** 아이 때문에 계속 장난감을 사야 한다는 의무감이 있었지만 정작 아이들은 살림에 관심이 많지요. 장난감, 저도 이제 그만요! – **줄리아**

★ **넘쳐나는 세상, 적절한 결핍, 그러나 충분한 교감!** 막연히 장난감과 교구가 도움이 될까 싶었죠. 살림으로 충분히 놀 수 있다니 기대합니다 – **메구밍**

★ **엄마 눈높이로 키워서 미안해** 세 아이 엄마지만 육아는 항상 고민이죠. 롬님 덕분에 저를 돌아봤어요. 생각의 전환, 행복한 육아의 기회를 줘서 고마워요 – **수진양**

★ **지금껏 나온 엄마표 놀이와 다른 책!** 확실한 목적과 기준이 있는 롬님만의 책, 기대됩니다. 출발부터 다른 육아서가 될 거예요. – **희니**

머리말

놀이를 가장한 학습? 소비육아?
모두 내려놓으면 행복해져요

육아 이론, 블로그, 프로그램 홍수 속에서 흔들리지 않는 육아관, 엄마의 중심이 중요!

대학교 때 신나게 아동학과 사회복지학을 공부했습니다. 열정 넘치게 어린이집과 사회복지 현장에서 일하다가 결혼 후에는 살림과 육아를 직업으로 삼기 시작했습니다. 내가 배운 아동학 이론을 바탕으로 육아를 하니까 처음 하는 육아라도 쉬울 줄 알았습니다.

하지만 역시 이론과 현실은 다르더군요. 어렵습니다. 책은 기준을 잡아줄 뿐, 아이들은 개성과 기질에 따라서 너무 달랐고 적용하기가 힘들었습니다. 육아 이론은 넘쳐났고, 육아 프로그램과 육아 블로그도 넘쳤습니다. 하지만 그냥 내가 할 수 있는 육아, 내 스타일에 맞는 육아를 하자고 생각했어요. 엄마가 계속 흔들리면 아이도 표류하게 될 테니까요.

마루와 놀면서 일상을 블로그에 기록했고, 5년간의 기록을 책으로 묶어보자고 출판사에서 제안이 들어왔습니다. 하지만 이미 시중에는 엄마표 놀이, 엄마표 육아 등 책이 많았기에 '굳이 나까지 책을 낼 필요가 있을까?'라는 질문에 답을 찾아야 했습니다. 돈을 벌고 명예를 얻고자 책을 쓴다? 그러기에는 저는 지금 이 여유로운 삶이 좋습니다. 그래도 시간을 들여서 책을 쓴다면? 꼭 필요한 책이길 바랐습니다. 내 책을 구입하는 독자들의 돈을 가볍게 여기고 싶지 않았으니까요. 고민하고 또 고민했습니다. 무엇이 다를까? 어떤 점에서 도움이 되어야 할까?

블로그에 글을 올리면 솔직하다, 사이다같이 뻥 뚫린다는 말을 듣기는 했지만 이것이 도움이 될까? 생각했습니다. 저는 아직 육아의 성과를 보여줄 만큼 아이를 다 키우지도 않았는데 말이죠.

고민 끝에 제가 찾은 답은, 복잡하고 다양한 정보와 교육 열기가 넘치는 요즘 놀이를 가장한 학습과 소비육아에 치우치지 않고 평범하게 살아가는 동시대 엄마의 이야기를 들려주자는 것이었습니다. '과거에 이렇게 키웠으니 따라오세요!'가 아니라 '지금 이렇게 키우고 있으니 긴장하지 말고 주눅들지 말고 힘을 내세요!'라고 말이지요.

영재와 슈퍼베이비를 만드는 책이 아닌, 평범한 엄마의 5년간 놀이 일상 기록

이 책을 쓰면서 과거를 정리해 보니 문득 후회 없이 잘살았다는 생각이 들었습니다. 물론 일과 공부를 모두 내려놓고, 아이를 어린이집에 보내지 않으면서 육아를 하던 시간에는 많은 것을 포기한 것처럼 느껴졌습니다. 하지만 다 잘할 수 없어서 선택한 육아맘인지라 "3세까지는 부모가 함께해야 한다!"는 문장 하나만 생각하며 지냈어요.

제가 아동학을 전공했어도 어쨌든 부모는 처음 아니겠습니까? 경험해보지 않은 저 문장은 그냥 믿어야만 사실이 되는 막연한 이론이었을 뿐입니다. 일 욕심, 공부 욕심이 많았고 나부터 건강해야 한다, 나부터 즐거워야 한다는 생각을 하는 여자로서 모든 것을 내려놓듯 육아에 집중하는 시간은 모순되어 보이기도 했습니다.

하지만 5년간의 기록을 책으로 묶으면서 육아맘으로 살아온 시간이 고마웠습니다. "아이를 위해서"라고 말하지만, 사실 돌아보면 저를 위해서 잘한 일이었습니다. 육아를 안 하고 일을 하러 다녔다면 경력은 얻었을지라도 지나간 시간을 후회했을 것 같습니다. 사랑하는 남편과 추억을 이야기하며 즐거워하듯이, 사랑하는 아이와 추억을 이야기할 수 있는 지금이 참 좋습니다.

둘째 아이가 유아기에 들어서면 다시 공부를 시작할 계획입니다. 계속 일해온 친구들만큼의 경력과 실력은 부족하더라도, 조금 더 노력하면 일을 할 수도 있고 공부를 할 수도 있습니다. 하지만 아이들의 영아기는 다시 돌아오지 않으니까요. 아이와 함께하면서 여자로서 자아성취를 못하고 포기한 듯 보였지만, 전작인《멋진롬 심플한 살림법》에서도 말했듯이 더 높이뛰기 위해 움츠리고 준비하는 시간이었어요.

과거를 돌아보고 아이들과 함께 차곡차곡 쌓인 추억들을 보다 보니 일을 하러 다니지 않는다고 내가 헛되이 살지 않았구나, 돈과 명예보다 더 소중한 것을 누리고 살았구나 깨달았습니다.

돈이 많아서 맞벌이를 안 해도 되는 집은 아니었기에 맞벌이를 하지 않아서 내집마련은 더 늦어졌습니다. 하지만 덕분에 '더 많이 소비하기 위해서 돈 버는 일에 매달리는 것이 옳은가?'라는 질문에 대한 경제관을 재정립할 수 있었습니다.

저는 정말 일을 좋아하고 일할 때 너무 신납니다. 공부할 때는 더 그렇습니다. 어떤 날은 남편에게 "당신이 일 그만두고 아이를 보고 내가 일을 할까?"라는 말을 한 적이 있을 정도로 일을 하고 싶었습니다. 하지만 지나고 나니 과거가 후회되지 않습니다.

마루를 키우는 5년 동안 모든 것을 가질 수 없었지만 큰 것을 얻었다고 생각합니다. 시간. 추억. 아이와 보낸 시간은 돈으로 살 수 없으니까요. 돈으로 값을 정할 수 없는 것들이 삶에서 더 소중한 것이 많은 것 같습니다.

<u>너무 애쓰지 마세요, 아이들은 다 놀 줄 알아요, 그냥 충분히 놀다 보면 아이들은 잘 커요</u> 이 책은 놀이와 책을 통해 영재가 된 아이를 키운 육아 스토리가 아닙니다. 빠른 발달을 보이는 슈퍼베이비를 원한다면 이 책은 추천하고 싶지 않습

니다.

　그저 엄마가 아이와 시간을 보내기 위한 책입니다. 무슨무슨 놀이법이라는 틀로 규정하지 않아도 아이는 충분히 알차게, 열심히 탐색하며 스스로 시간을 보낼 수 있습니다. 하지만 이미 체계화에 익숙해진 어른들은 어떤 방법과 지침이 없으면 아이와 시간을 보내기가 어렵습니다. 이 책은 그런 어른들을 위한 책입니다.

　발달을 빠르게 하기 위한 책도 아닙니다. 이 책의 놀이법을 따라하면 어디 발달에 도움이 된다는 말은 사실이지만, 그것이 슈퍼베이비로 만들 만큼 큰 영향을 주는 것은 아닙니다. 그저 아이와 시간을 보내며 놀다 보니 발달에 도움도 되었네 하는 정도입니다. 발달과 지능에 도움을 주고자 놀이를 한 것은 아니라는 말이지요. 어린이집에 안 보내면 아이와 보내는 하루가 너무 깁니다. 저는 그 시간을 보내기 위해 논 것뿐입니다. 정형화된 장난감은 안 사는 대신 다른 방법으로 놀다 보니 여기까지 온 것이고요.

　소근육 발달을 도모하기 위해 아이와 놀아줘야 한다? 글쎄요. 그렇게 너무 애쓰지 마세요. 그냥 충분히 엄마와 놀고 친구와 놀다 보면 고르게 발달해 있을 거예요. 언어 영역? 수리영역? 그렇게 영역을 나누지 말아주세요. 그냥 놀다 보면 아이가 잘하는 부분들이 보이게 될 거예요. 그냥 노세요. 놀아주세요. 놀게 두세요. 그냥 다 충분합니다.

엄마와 놀아준 이마루, 이레. 고맙다!
마음껏 놀게 해주고 저의 잠재력을 믿어준 부모님, 감사합니다.
괜찮은 부모가 되기 위해 함께 노력하고 있는 남편, 고마워요!
작가의 길로 이끌어주고 좋은 동료가 되어준 진서원출판사의 강혜진 편집장님께 감사드립니다.

계속 여유로이 놀고 싶은 **장새롬(멋진롬)**

멋진롬 놀이법의 특징

이 책은 저질체력으로 직장과 육아를 병행할 수 없었던 지은이가 어떻게 하면 두 아이와 긴 하루를 잘 보낼지 고민한 결과물입니다. 엄마가 우울증 없이 건강해야 아이를 잘 챙길 수 있다는 신념으로 5년간 지속해온 놀이법 중에서 엄마들 반응이 폭발적이었던 것들만 엄선했어요.

특징 1 엄마 체력 최우선 놀이법

· 엄마가 힘들면 짜증 팍팍! 준비는 항상 초간단
· 전쟁 같은 놀이가 끝나도 뒷정리는 후다닥!

이 책의 놀이법 사례

★ 청소할 각오로! 물티슈 놀이 ★ 심심한 목욕은 싫어? 페트병 분수 놀이 ★ 스트레스 아웃! 냄비드럼 놀이 ★ 이유식과 친해지는 그릇 놀이 ★ 놀면서 쉬면서 비행기 놀이 ★ 엄마아빠 밥 먹을 때 채소 찢기 놀이 ★ 청소 간단 당면 촉감 놀이 ★ 게으른 엄마를 위한 파스타 촉감 놀이 ★ 주방 놀이! 쌀 씻기, 설거지하기 ★ 여름 장난감, 얼음 장난감……

특징 2 아이 주도 놀이법

· 엄마는 거들 뿐, 아이가 최종 놀이 주도자!
· 아이가 신나게 노니까 엄마도 신바람~

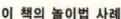

이 책의 놀이법 사례

★ 포스트잇 보물찾기 ★ 사랑한다면 마음껏 뽀뽀뽀 ★ 당근으로 즐기는 가베놀이 ★ 뻥과자 퍼즐 놀이 ★ 밤에 놀자, 손전등 놀이 ★ 가을 만끽, 산책하며 은행잎 놀이 ★ 자기 전에 이불 김밥 말이 ★ 바나나사과셰이크 만들기 ★ 초간단 콩떡 만들기 ★ 스마트폰 손전등으로 그림자놀이 ★ 당근 싹 키우기 ★ 선물상자 뚜껑 열기 ★ 밀가루 반죽으로 조물조물 오감 놀이……

| 특징 3 | **아빠 참여 놀이법**
· 퇴근 후 아빠도 손쉽게 참여! 화목한 우리 집!
· 부모와 아이의 영유아기 애착 형성 끈끈! |

이 책의 놀이법 사례

* 우리 집은 박스집, 출입국심사 중   * 걷기 연습 책계단 오르기   * 초간단 박스가면 역할놀이   * 두루마리 휴지로 길 따라 걷기
* 박스우주선 만들기   * 우리 집은 동물원! 아빠와 신체 놀이   * 엄마아빠랑 이불그네 놀이   * 신문지 하나로 각양각색 놀이
* 아빠와 벽 타고 스파이더맨 놀이   * 의자와 베개로 기차놀이   * 전통놀이, 동대문을 열어라   * 우리 집에 왜 왔니?……

| 보너스 효과 | · 놀이만 따라해도 **아이발달**이 저절로!
· 장난감을 안 사니까 **경제적**으로 이득! |

쉬고 싶은 엄마 vs 놀고 싶은 아이

둘 다 만족시키는 심플육아!
장난감 대신 살림+재활용품+산책놀이!

육아는 모성애와 의무감만으로는 해낼 수 없는 일입니다. 돈으로도 해결할 수 없지요. 쉽고, 재미있고, 그래서 꾸준히 할 수 있는 지혜가 필요해요. 아빠의 놀이 참여도 손쉽게 끌어내는 멋진롬의 센스도 엿볼 수 있습니다.

멋진롬 놀이법 200% 활용하기

1 | 엄마 마음이 느긋해야 놀이가 즐거워요

아이마다 다른 발달 상황 인정하기

아이의 발달은 저마다 다르기 때문에 월령별 발달 상황은 참고만 하세요. 첫아이 마루는 걷는 것이 빨랐기 때문에 산책 놀이가 12개월 전후로 수월했어요. 반면 언어발달은 느렸기 때문에 언어 표현 놀이를 늦게 시작했습니다. 실제로 어떤 놀이는 진작부터 했는데 늦게 포스팅한 것도 있고, 조금 이른 감으로 놀이한 것도 있어요. 그러니 이 책의 월령별 놀이 단계는 참고만 하길 바랍니다.

★ 멋진롬 아이들 발달 상황 소개 ★

첫째 이마루	둘째 이레
2012년 11월생	2014년 8월생
42개월 15kg	21개월 10kg
성장발달 표준	성장발달 느림
신체발달 빠른 편	신체발달 빠른 편
(9개월에 걸음)	(8개월에 걸음)
언어발달 느린 편	언어발달 느린 편
(24개월 지나서 증폭)	(21개월에 물, 꽃 등 한 단어 사용, 의성어 의태어 위주로 말함)
독립적이나 새로운 것 앞에는 신중함	독립적, 도전적임

2 | 놀이할 때 상호작용도 적당한 게 좋아요

엄마가 너무 개입하면 자칫 아이놀이 방해!

일상생활에서 상호작용은 아이의 뇌발달을 돕죠. 말을 말이 해주면 아이의 말도 빨리 트입니다. 하지만 저는 원래 말이 없는 사람이라서 아이와 상호작용하는 것이 힘들었어요. 엄마가 말수가 적다면 너무 상호작용 많이 하려고 긴장하지 않아도 됩니다. 놀이법 사진의 코멘트 정도만 해줘도 충분하다고 봅니다. 자칫 너무 많은 말은 아이가 놀이에 집중하고 스스로 즐기는 것을 방해할 수 있어요. 따라서 뭐든지 적당히 하기로 해요.

3 | 놀이법 준비물, 사지 않아도 됩니다

장난감보다 살림을 더 좋아하는 아이들

저는 집에 있는 것을 활용하는 주의여서 집에 있는 살림과 놀잇감을 이용했습니다. 사진 속에 나와 있는 장난감이나 도구가 없다고 바로 구입하지는 마세요. 얼마든지 대체품을 생각해서 놀아도 큰 문제가 없답니다.

★ 놀이법 준비물 대체 사례 ★

장난감 대신 살림으로 대체 | 블록 쌓기 대신 우유팩이나 화장지 쌓기 등

4 | 아이마다 좋아하는 놀이가 달라요

12개월에 놀았던 것도 36개월에 다시 하면 또 다른 재미!

택배 박스와 신문지를 활용한 놀이는 아이가 자라는 5년 동안 자주 등장합니다. 12개월에 했던 놀잇감 소재를 40개월이라고 못할 것도 없습니다. 책 내용을 주욱 읽어보신 후 아이에 맞게 참고해서 다양한 놀이시간을 즐기면 됩니다.

★ 아이들이 좋아한 박스 놀이와 신문지 놀이 ★

5 | 놀이와 그림책 함께 활용하기

독후활동 놀이보다 그냥 책 놀이!

아이들은 그림책과 놀이가 자연스럽게 연결됩니다. 그렇다고 책을 읽고 독후활동으로 하는 놀이는 추천하지 않습니다. 저는 마루가 같은 그림책을 반복해서 즐겨 보다가 책의 주인공이 놀이한 방법을 기억하고 있기에 그렇게 놀아보자고 제안했어요. 그랬더니 마루가 스스로 놀더라고요.

이런 과정이 반복되는 것을 보니 같은 시기의 아이들에게 우리 아이가 좋아한 그림책을 알려줄 경우 스스로 놀이하면서 더 즐길 수 있는 소재가 되겠더라고요. 그래서 다음 쪽에 놀이에 참고할 그림책을 적어보았습니다. 꼭 그 책을 구입해야 한다는 생각은 갖지 않길 바랍니다. 아이마다 즐기는 그림책이 다르고, 책을 읽고 독후활동을 한다는 생각으로 접근한다면 놀이도 책 읽기도 방해할 수 있거든요. 물 흐르듯이 참고만 하길 바랍니다.

놀이에 참고할 그림책 목록

엄마가 먼저 읽고 아이와 함께 읽으면 좋은 책들입니다. 아이에게 책을 읽어주기 전에 엄마가 먼저 그림책을 읽어보면 깨닫는 바가 많은데요. 엄마가 어떻게 놀고 육아해야 하는지, 아이들 기본심리는 어떤지 알 수 있는 참고문헌 정도로 여겨주세요. 앞에서도 말씀드렸지만 책을 읽고 독후활동으로 하는 놀이로 추천하는 것은 아닙니다. 아이에게는 놀이 그 자체가 중요하니까요.

놀이 이름	그림책 이름	지은이	출판사
택배요~ 박스터널 놀이 (생후 9개월, 016장)	열두 띠 동물 까꿍 놀이	최숙희 글, 그림	보림
보자기 까꿍 놀이 (생후 10개월, 024장)	달님 안녕	하야시 아키코 글, 그림	한림출판사
알록달록 풍선 감각 놀이 (생후 10개월, 026장)	푸위! 풍선	이경미 글, 윤문영 그림	그레이트키즈
신문지 하나로 각양각색 놀이 (생후 10개월, 028장)	신문지 놀이	신순재 글, 이종미 그림	웅진주니어
하늘하늘 신나는 리본 놀이 (생후 9개월, 020장)	줄 하나	김슬기 글, 그림	현북스
색종이로 신나게 오감 놀이 (생후 11개월, 030장)	알록달록 동물원	로이스 엘럿 글, 그림	시공주니어
손놀이 종합세트 — 짝짜꿍, 곤지곤지, 죔죔 (생후 9개월, 021장)	까꿍 만만세	이연실 글, 그림	장수하늘소
영차영차, 내가 해볼래요! (생후 11개월, 036장)	내가 엄마 해야지	곽영미 글, 사카베 히토미 그림	느림보
채소 탐색 놀이 (생후 13개월, 046장)	잉잉잉	조수진 그림	키다리

놀이 이름	그림책 이름	지은이	출판사
사회성 키워주는 사랑해 인형 놀이 (생후 12개월, 043장)	안아 줘!	제즈 앨버로우 글, 그림	웅진주니어
걷기 연습 책계단 오르기 (생후 12개월, 045장)	나는 책이 좋아요	앤서니 브라운 글, 그림	책그릇
선물상자 뚜껑 열기 (생후 13개월, 047장)	뚜껑 뚜껑 열어라	정은정 글, 윤지회 그림	시공주니어
그림도 그리고 전시회도 열고 (생후 14개월, 052장)	우리 엄마 어디 있어요?	휘도 판 헤네흐텐 글, 그림	한울림
알록달록 채소도장 찍기 (생후 15개월, 053장)	채소 이야기	박은정 글, 그림	보림
초간단 가면박스 역할놀이 (생후 15개월, 054장)	나도 나도	최숙희 글, 그림	웅진주니어
동물 울음 따라하기 (생후 17개월, 058장)	작은 동물원	서유진 글, 그림	키다리
수수깡으로 드럼도 치고 케이크 초도 만들고 (생후 17개월, 060장)	오늘은 무슨 날?	김혜진 글, 김진화 그림	웅진다책
비 오는 날 우비 입고 산책 놀이 (생후 20개월, 066장)	내 빨간 우산	로버트 브라이트 글, 그림	비룡소
바나나사과셰이크 만들기 (생후 22개월, 073장)	사과가 쿵!	다다 히로시 글, 그림	보림
미니붓으로 물감 놀이 (생후 24개월, 079장)	나의 크레용	초 신타 글, 그림	보림
눈이 내려요! 면봉 그림 놀이 (생후 24개월, 080장)	눈 오는 날	에즈라 잭 키츠 글, 그림	비룡소
끝을 모르는 숨바꼭질 놀이 (생후 24개월, 081장)	꼭꼭 숨어라	기도 반 게네흐텐 글, 그림	한울림
나무야 사랑해! 산책 놀이 (생후 19개월, 065장)	나무	옐라 마리 글, 그림	시공주니어
자기 전에 이불 김밥 말이 (생후 21개월, 071장)	분홍 보자기	윤보원 글, 그림	창비

놀이 이름	그림책 이름	지은이	출판사
가을 만끽 낙엽왕관 (생후 22개월, 075장)	나뭇잎이 달아나요	올레 쾨네케 글, 그림	시공주니어
블록에 물감 묻혀 도장 찍기 (생후 21개월, 072장)	화물열차	도널드 크루스 글, 그림	시공주니어
노래 부르며 종이비행기 놀이 (생후 24개월, 082장)	바람이 불었어	팻 허친스 글, 그림	시공주니어
요리 놀이, 비스킷 만들기 (생후 25개월, 084장)	빵 공장이 들썩들썩	구도 노리코 글, 그림	책읽는곰
나뭇잎으로 탁본 놀이 (생후 26개월, 086장)	아기 곰과 나뭇잎	데이비드 에즈라 스테인 글, 그림	시공주니어
초간단 콩떡 만들기 (생후 31개월, 089장)	데굴데굴 떡	김효숙 글, 그림	한국몬테소리
초간단 모자 만들기 (생후 36개월, 094장)	도토리 마을의 모자 가게	나카야 미와 글, 그림	웅진주니어
창의성 살리는 욕실 놀이 (생후 36개월, 095장)	물놀이 할래?	윤여림 글, 한태희 그림	웅진주니어
박스우주선 만들기 (생후 36개월, 096장)	카롤린이 달을 도와줬어요	샤비네 란 글, 카르스텐 타이히 그림	한국몬테소리
몸스케치북, 바디페인팅 놀이 (생후 30개월, 088장)	점	피터 H. 레이놀즈 글, 그림	문학동네어린이
당근 싹 키우기 (생후 32개월, 090장)	오싹오싹 당근	애런 레이놀즈 글, 피터 브라운 그림	알에이치코리아
스마트폰 손전등으로 그림자놀이 (생후 27개월, 087장)	그림자 놀이	이수지 글, 그림	비룡소
우리 집은 동물원! 아빠와 신체 놀이 (생후 39개월, 103장)	머리에서 발끝까지	에릭 칼 글, 그림	한국몬테소리
초간단 딸기케이크 만들기 (생후 40개월, 106장)	내 생일은 몇 밤 남았어요?	마크 스페링 글, 세바스티앙 브라운 그림	키즈엠

놀이 이름	그림책 이름	지은이	출판사
자투리 재료로 식빵피자 만들기 (생후 39개월, 104장)	구리와 구라의 빵 만들기	나카가와 리에코 글, 야마와키 유리코 그림	한림출판사
의자와 베개로 기차놀이 (생후 39개월, 105장)	의자 의자 좋아	마쓰노 마사코 글, 그림	웅진씽크빅
주방 놀이! 쌀 씻기, 설거지하기 (생후 37개월, 100장)	돼지책	앤서니 브라운 글, 그림	웅진주니어
우리 집에 왜 왔니? (생후 41개월, 112장)	장갑	에우게니 M. 라쵸프 글, 그림	한림출판사
눈 가리고 물건 맞추기 (생후 40개월, 107장)	일곱 마리 눈먼 생쥐	에드 영 글, 그림	시공주니어
산책길 돌멩이에 눈코입 그리기 (생후 41개월, 113장)	사냥꾼을 만난 꼬마곰	앤서니 브라운 글, 그림	웅진주니어
발사! 분무기 물감 놀이 (생후 42개월, 118장)	색깔손님	안트예 담 글, 그림	한울림어린이
당근으로 즐기는 가베놀이 (생후 41개월, 116장)	커다란 당근	도네 사토네 글, 그림	아름다운사람들
펑펑 눈이 오는 날에는 케이크 만들기 (생후 37개월, 101장)	눈 오는 날의 생일	이와사키 치히로 글, 그림	프로메테우스
포스트잇 보물찾기 (생후 42개월, 119장)	곰 사냥을 떠나자	마이클 로센 글, 헬린 옥슨버리 그림	시공주니어

차 례

준비마당

아동학을 전공했어도 엄마는 노력 중!

1	놀 줄 아는 아이가 주체적인 삶을 산다?	28
2	아이놀자 육아관을 선택하게 해준 두 사람	33
3	학습을 위한 놀이? 그냥 놀이!	38
4	장난감, 더 이상 사지 마세요	43
5	그림책도 과유불급! 적당히 적당히~	51
6	엄마도 아이도 만족! 산책 놀이	56
7	나에게 선물로 주신 아이	61

첫째 마당

생후 0~5개월 아이 놀자

001 신생아 누워서 모빌 놀이	생후 0개월	72
002 사랑한다면 마음껏 뽀뽀뽀	생후 1개월	75
003 아기의 손 힘은 천하장사? 손가락 잡기	생후 1개월	77
004 여러 가지 소리 들려주기	생후 1개월	78
005 등근육과 다리의 힘이 커지는 발바닥 밀기	생후 3개월	81
006 목욕 후 로션 마사지 놀이	생후 3개월	83
007 언제나 즐거운 까꿍 놀이	생후 3개월	85
008 엎드려서 그림책 보기	생후 3개월	87
009 놀면서 쉬면서 비행기 놀이	생후 3개월	88
010 난 누구? 거울 보기	생후 4개월	89
011 눈을 맞추고 표정 따라하기	생후 4개월	91

둘째 마당

생후 6~11개월 아이 놀자

012 첨벙첨벙 오감 자극 물놀이	생후 8개월	98
013 엄마아빠랑 이불그네 놀이	생후 9개월	101
014 정체불명 투명 비닐봉지 놀이	생후 9개월	103
015 활용 백배 종이컵 놀이	생후 9개월	106
016 택배요~ 박스터널 놀이	생후 9개월	110

| 017 행위예술가가 되는 물감 놀이 | 생후 9개월 | 112
| 018 몸에 붙은 스티커 떼어내기 | 생후 9개월 | 116
| 019 청소할 각오로! 물티슈 놀이 | 생후 9개월 | 119
| 020 하늘하늘 신나는 리본 놀이 | 생후 9개월 | 121
| 021 손놀이 종합세트 – 짝짜꿍, 곤지곤지, 죔죔 | 생후 9개월 | 124
| 022 스트레스 아웃! 냄비드럼 놀이 | 생후 10개월 | 126
| 023 이유식과 친해지는 그릇 놀이 | 생후 10개월 | 129
| 024 보자기 까꿍 놀이 | 생후 10개월 | 131
| 025 빨래건조대에서 터널 놀이 | 생후 10개월 | 135
| 026 알록달록 풍선 감각 놀이 | 생후 10개월 | 137
| 027 아빠와 벽 타고 스파이더맨 놀이 | 생후 10개월 | 141
| 028 신문지 하나로 각양각색 놀이 | 생후 10개월 | 142
| 029 가을 만끽, 산책하며 은행잎 놀이 | 생후 11개월 | 144
| 030 색종이로 신나게 오감 놀이 | 생후 11개월 | 148
| 031 솔방울도 줍고 마라카스도 만들고 | 생후 11개월 | 151
| 032 엄마표 촉감판 놀이 | 생후 11개월 | 154
| 033 종이블록 쌓기 놀이 | 생후 11개월 | 157
| 034 엄마아빠 밥 먹을 때 채소 찢기 놀이 | 생후 11개월 | 160
| 035 흔들흔들 프라이팬 공놀이 | 생후 11개월 | 162
| 036 영차영차, 내가 해볼래요! | 생후 11개월 | 163

셋째 마당

생후 12~17개월 아이놀자

037 우리 집은 박스집, 출입국심사 중	생후 12개월	172
038 밀가루 반죽으로 조물조물 오감 놀이	생후 12개월	175
039 엄마표 마라카스 놀이	생후 12개월	178
040 숟가락질이 친숙해지는 콩알쌀알 촉감 놀이	생후 12개월	180
041 청소 간단 당면 촉감 놀이	생후 12개월	182
042 부드러운 요구르트 촉감 놀이	생후 12개월	185
043 사회성 키워주는 사랑해 인형 놀이	생후 12개월	187
044 두루마리 휴지로 길 따라 걷기	생후 12개월	190
045 걷기 연습 책계단 오르기	생후 12개월	192
046 물고 씹고 채소 탐색 놀이	생후 13개월	194
047 선물상자 뚜껑 열기	생후 13개월	196
048 미끄덩미끄덩 미역 촉감 놀이	생후 13개월	199
049 숟가락으로 밤과 대추 옮기기	생후 13개월	201
050 따뜻하게 집에서 눈 놀이	생후 14개월	203
051 발자국 흔적 따라 걷기	생후 14개월	205
052 그림도 그리고 전시회도 열고	생후 14개월	207
053 알록달록 채소도장 찍기	생후 15개월	209
054 초간단 박스가면 역할놀이	생후 15개월	211
055 검은 도화지에 흰색 그림 그리기	생후 15개월	214
056 게으른 엄마를 위한 파스타 촉감 놀이	생후 15개월	216
057 자연이 좋아! 산책 놀이	생후 16개월	217
058 동물 울음 따라하기	생후 17개월	221
059 심심할 땐 베갯속 촉감 놀이	생후 17개월	224
060 수수깡으로 드럼도 치고 케이크 초도 만들고	생후 17개월	226

넷째
마당

생후 18~23개월 아이놀자

061 컬러점토로 형형색색 소꿉놀이 | 생후 18개월 | 234
062 밤에 놀자, 손전등 놀이 | 생후 18개월 | 237
063 잡지 그림 잘라서 콜라주 놀이 | 생후 19개월 | 239
064 페트병 빨대 꽂기 놀이 | 생후 19개월 | 242
065 나무야 사랑해! 산책 놀이 | 생후 19개월 | 244
066 비 오는 날 우비 입고 산책 놀이 | 생후 20개월 | 246
067 미끌미끌 달걀 촉감 놀이 | 생후 20개월 | 249
068 무서운 집중력! 인형 잡기 놀이 | 생후 20개월 | 251
069 스트레스 해소하는 밀가루 놀이 | 생후 20개월 | 253
070 싹둑싹둑 가위질 놀이 | 생후 20개월 | 255
071 자기 전에 이불 김밥 말이 | 생후 21개월 | 257
072 블록에 물감 묻혀 도장 찍기 | 생후 21개월 | 259
073 바나나사과셰이크 만들기 | 생후 22개월 | 261
074 대근육 튼튼, 탱탱볼 놀이 | 생후 22개월 | 264
075 가을 만끽 낙엽왕관 | 생후 22개월 | 267
076 반짝반짝 은박지 놀이 | 생후 22개월 | 270
077 재미 톡톡, 도트물감 놀이 | 생후 23개월 | 273
078 업그레이드 컬러두부 놀이 | 생후 23개월 | 275

다섯째 마당

생후 24~35개월 아이놀자

- 079 미니붓으로 물감 놀이 | 생후 24개월 | 282
- 080 눈이 내려요! 면봉 그림 놀이 | 생후 24개월 | 284
- 081 끝을 모르는 숨바꼭질 놀이 | 생후 24개월 | 286
- 082 노래 부르며 종이비행기 놀이 | 생후 24개월 | 288
- 083 요리 놀이, 감자샐러드 만들기 | 생후 25개월 | 290
- 084 요리 놀이, 비스킷 만들기 | 생후 25개월 | 292
- 085 솔방울트리 만들기 | 생후 26개월 | 295
- 086 나뭇잎으로 탁본 놀이 | 생후 26개월 | 297
- 087 스마트폰 손전등으로 그림자놀이 | 생후 27개월 | 299
- 088 몸스케치북, 바디페인팅 놀이 | 생후 30개월 | 302
- 089 초간단 콩떡 만들기 | 생후 31개월 | 303
- 090 당근 싹 키우기 | 생후 32개월 | 305
- 091 전통놀이, 동대문을 열어라 | 생후 32개월 | 306
- 092 느릿느릿 달팽이 키우기 | 생후 35개월 | 308
- 093 뻥과자 퍼즐 놀이 | 생후 35개월 | 311

여섯째 마당

생후 36개월 이후 아이놀자

- 094 초간단 모자 만들기 | 생후 36개월 | 318
- 095 창의성 살리는 욕실 놀이 | 생후 36개월 | 320

096 박스우주선 만들기 | 생후 36개월 |　322
097 여름 장난감, 얼음 장난감 | 생후 36개월 |　324
098 신문지로 다양한 놀이 | 생후 36개월 |　326
099 심심한 목욕은 싫어? 페트병 분수 놀이 | 생후 36개월 |　329
100 주방 놀이! 쌀 씻기, 설거지하기 | 생후 37개월 |　330
101 펑펑 눈이 오는 날에는 케이크 만들기 | 생후 37개월 |　331
102 무궁화꽃이 피었습니다 | 생후 38개월 |　332
103 우리 집은 동물원! 아빠와 신체 놀이 | 생후 39개월 |　334
104 자투리 재료로 식빵피자 만들기 | 생후 39개월 |　337
105 의자와 베개로 기차놀이 | 생후 39개월 |　339
106 초간단 딸기케이크 만들기 | 생후 40개월 |　341
107 눈 가리고 물건 맞추기 | 생후 40개월 |　343
108 컵 속 장난감 찾기, 어디 숨었을까? | 생후 40개월 |　345
109 돌멩이로 나뭇가지 과녁 맞추기 | 생후 40개월 |　347
110 흙더미 위 나뭇가지 쓰러뜨리기 | 생후 40개월 |　349
111 손 힘이 필요한 찰흙 놀이 | 생후 40개월 |　350
112 우리 집에 왜 왔니? | 생후 41개월 |　352
113 산책길 돌멩이에 눈코입 그리기 | 생후 41개월 |　354
114 점토로 화석 만들기 | 생후 41개월 |　355
115 종이컵 모래시계 놀이 | 생후 41개월 |　357
116 당근으로 즐기는 가베놀이 | 생후 41개월 |　359
117 과일파르페 만들기 | 생후 42개월 |　361
118 발사! 분무기 물감 놀이 | 생후 42개월 |　363
119 포스트잇 보물찾기 | 생후 42개월 |　365
120 나는 어묵탕 요리사! | 생후 43개월 |　367

멋진롬 팁 차례

- 18개월 전후는 언어의 폭발기 • 223
- 9개월 아이, 스티커 붙이기는 힘들어요 • 118
- 가을 산책 나뭇잎 놀이 활용법 • 269
- 걷기 싫은 아이, 억지로 걷게 하지 마세요 • 151
- 걸음마 연습하기에 좋은 발자국 놀이 • 205
- 검은 사포지도 새로운 도화지 • 214
- 검정 비닐봉지, 큰 봉지 등으로 응용 무한대! • 104
- 과격한 놀이와 조용한 놀이를 잘 섞어주세요 • 265
- 구연동화를 들으면 잠을 잘 자는 이유 • 301
- 놀이, 꼭 학습과 연관시킬 필요는 없어요 • 341
- 놀이도 간식도 한 번에 해결하는 요리 놀이 • 294
- 놀이에 사용한 물티슈 재활용하기 • 120
- 놀이에 실패했다고 목소리 톤 바꾸지 마세요 • 165
- 놀이할 때 자꾸 입으로 넣는 아이 • 180
- 놀잇감 곧바로 치우지 말고 한동안 놔두세요 • 179
- 다양한 의성어로 어휘력을 높여주세요 • 154
- 당면 놀이, 소면과 파스타면으로 대체 가능! • 184
- 대근육 놀이가 좋은 이유 • 172
- 대근육 활동에 좋은 보자기 놀이 • 133
- 대근육과 소근육 부위 • 68
- 돈이 아깝지 않았던 아이 놀이용품 • 181
- 돌 이후 할 수 있는 표정 놀이 • 92
- 돌 전후 사회성은 부모 애착관계를 통해 발달해요 • 189
- 돌 전후 아이부터 블록 쌓기 시작! • 157
- 돌 전후 아이에게 음식 촉감 놀이를 하는 이유 • 186
- 돌 전후 저지레가 많은 시기 • 166
- 동생이 생겨 스트레스 받는 큰아이를 위한 놀이 • 264
- 동생이 생긴 생후 25개월 아이를 위한 놀이 • 290
- 두부 놀이는 뒷정리가 힘들어요 • 276
- 둘러보면 도장 찍기용 사물이 가득! • 260
- 마사지는 신생아 때부터 하는 것이 좋아요 • 84
- 멀리 가지 않아도 돼요 • 153
- 모자를 쓰기 싫어하는 아이라면? • 268
- 물놀이로 시간 벌기 • 100
- 미역 놀이, 여름엔 욕조에서 하세요 • 199
- 민들레씨 날리기도 빠질 수 없지 • 220
- 박스를 활용한 다양한 놀이 • 174
- 밥 먹을 때는 스마트폰 대신 상추를! • 160
- 보자기 놀이, 어린 아기들은 놀랄 수도 있어요 • 131
- 분무기 놀이 응용 • 363
- 빨래건조대 놀이할 때 주의하세요 • 135
- 산만한 아이에게 딱! 빨대 넣기 놀이 • 243
- 산책 놀이 단짝친구는 책! • 147

산책길 주워온 자연물 놀이 · 356
새로운 놀이를 개발할 필요는 없어요 · 306
생후 18개월 이후 폭풍 언어발달 시기엔 대화가 최고!
· 240
생후 19개월, 콜라주 시작할 시기 · 239
생후 20개월 아이에게는 이야기를 많이 해주세요 · 248
생후 3개월부터는 컬러 모빌 · 72
생후 40개월, 눈 가려도 무서워하지 않아요 · 343
성향에 따라 놀이하는 스타일도 달라요 · 185
소근육 발달에 좋은 냄비 뚜껑 여닫기 · 127
손 잡고 계단 놀이의 장점 · 192
손을 통해 만나는 세상 · 124
손전등 놀이 주의사항, 눈에 비추지 않기 · 237
솔방울 놀이, 산책 가서 할 수도 있어요 · 296
숟가락 놀이할 때는 큰 숟가락을 주세요 · 202
스펀지, 빨대 등도 도장 놀이 OK! · 210
신문지로 만든 칼 · 328
시각보다 청각을 깨워주세요 · 79
신생아 파악반사 · 77
신생아의 반사행동 · 70
아기들 뽀뽀 에티켓은 청결! · 75
아이가 놀이에 집중하는 시간은 짧아요 · 109
아이가 달팽이를 키우면 좋은 점 · 310
아이가 식물을 키우면 좋은 점 · 305
아이가 좋아하는 촉감 놀이는 물놀이 · 98

아이놀이는 간단한 게 최고! · 191
아이놀이에 아빠를 참여시키는 방법 · 258
아이는 세심한 관찰가 · 129
아이마다 다른 놀이 취향, 존중해주세요 · 283
아이마다 집중하는 놀이가 따로 있어요 · 256
아이와 즐기는 쉽고 즐거운 전통놀이들 · 333
아이의 발달에 좋다는 장난감 사줘야 할까요? · 198
안정감을 느끼며 스킨십하기 좋은 비행기 놀이 · 88
어린 영아에게도 좋은 수수깡 놀이 · 226
엄마에게 시간을 주는 주방살림 놀이 · 128
엄마표 도트물감 만들기 · 274
엄마표 촉감판 만들기 · 156
여름엔 인견, 겨울엔 극세사로 촉감 놀이도 한 번에!
· 102
연년생 아이들도 함께 놀이할 수 있어요 · 228
영아들이 좋아하는 박스 놀이 응용 무한대! · 213
예민한 아이는 스티커 촉감을 싫어할 수도 있어요 · 116
예민한 아이들은 붓그림이 좋아요 · 282
예술 놀이할 때 배경음악은 기본! · 112
온몸 물감 놀이 주의사항 · 114
요리 놀이하면 편식이 줄어든다? · 337
우는 신생아 달래기 · 74
위생에 민감한 엄마라면 다른 재료를 활용하세요 · 224
은박지 놀이 확장 · 272
음식도 물도 소중하지만 가끔은 풀어주세요 · 320

이불그네, 너무 격하게 흔들지는 마세요 • 101
잘 노는 아이, 엄마가 개입하지 않아도 OK! • 105
전통놀이가 좋은 점 • 307
전통놀이는 과학이다! • 125
제철과일로 다양한 파르페 요리 • 362
종이컵을 활용한 놀이들 • 108
진짜 요리 놀이를 시작하는 시기는? • 263
집중력과 참을성을 키우는 소근육 놀이 • 251

집중력도 자신감도 높이는 보물찾기 놀이 • 366
초간단 놀이의 효과 • 242
커갈수록 더 재미있어하는 밀가루 반죽 놀이 • 177
탑이 자꾸 무너져서 짜증을 내나요? • 159
팔레트가 없을 때는 재활용함을 뒤져보세요 • 115
페트병 분수 놀이 응용하기 • 329
형제가 함께 하는 콜라주 놀이 • 241

준비
마당

아동학을 전공했어도
엄마는 노력 중!

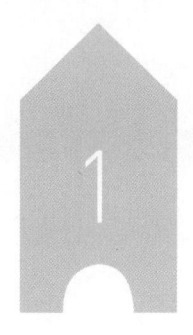

놀 줄 아는 아이가
주체적인 삶을 산다?

육아서를 읽을 때나 선배 엄마들이 아이를 키우는 것을 보면 교육관은 크게 2가지로 나뉘는 것 같습니다.

공부 vs 놀이

우리 부모님은 놀이에 중점을 둔 교육관을 가지셨어요. 그래서 어렸을 때부터 가족과 함께 계곡, 바다 등으로 여행을 자주 다녔습니다. 언니가 20살이 되어 홀로 배낭여행을 갈 때도 우리는 말릴 수 없었지요. 배운 게 여행인데 어쩌겠어요. 우리 자매는 독립적이고 자유로워요. 그리고 부모님이 열심히 일하시는 것을 보고 자라서인지 직장 일도 열심이었습니다.
우리 아이들도 이렇게 크길 원해서 주입식 공부보다 놀이 위주 교육을 선택하게 되었어요. 성장 과정을 보면 공부할 사람은 다 하더라고요. 엄마가 "공부해!"라고 말한 적은 없지만 저는 그냥 공부가 좋았어요. 서울대는 못 갔지만 서울 안에 있는 대학교에서 4년 장학금을 받으며 진짜 재미있게 아동학을 공부했습니다.

내가 선택한 교육관은? 아이놀자!

주변을 봐도 조기교육을 경험한 아이들보다 놀면서 자란 아이들이 더 즐거워 보였고, 그 아이들이 대학생이 되어서도 더 행복해 보였습니다. 물론 많은 표본을 대상으로 한 통계학적 결과는 아닙니다. 결혼 전 일하면서 만난 엄마들, 그리고 결혼 후 만난 선배 엄마들을 보며 제 기준으로 내린 결론입니다.

부모 마음은 다 비슷한 것 같아요. 공부를 잘해서 돈 많이 벌었으면 하는 것도 아이의 행복을 위해서이고, 충분히 놀아본 뒤 삶을 즐겼으면 하는 것도 아이의 행복을 위해서이니까요. 결국 모든 부모는 아이가 행복해지길 바랍니다. 아이를 위한 선택이므로 어떤 게 좋다 나쁘다 단정할 수는 없죠.

하지만 제 삶의 가치관과 방향은 좋은 대학에 들어가서 돈 많이 버는 직장에 취직하고 부자가 되는 게 아닙니다. 그래서 우리 아이에게 빠른 발달을 요구하거나 공부에 대한 기대를 크게 갖지 않았어요.

내가 이런 사람이라 교육관도 놀이 위주로 선택했습니다. 아기 때부터 함께 산책하고, 뒹굴뒹굴 놀고, 거실에서 TV를 치우고 책장을 놓고 놀았습니다. 다 키운 건 아니지만 이제부터 육아에 대한 제 생각을 말해보겠습니다.

놀이로 세상을 배울 수 있다는 믿음, 그러나 자주 흔들리는 마음

저는 놀이를 실컷 시키고 싶은 엄마입니다. 학습지를 따로 하지 않아도, 밤새 그림책만 파고들지 않아도 놀이를 통해 충분히 세상을 배울 수 있다고 믿습니다. 영아기 때부터 앉아서 1, 2, 3을 학습하지 않아도 언젠가 다 배우게 됩니다. 좀 느릴 뿐이지 평생 숫자를 못 읽게 되지는 않습니다. 아이는 놀면서 저절로 배웁니다. 무슨 놀이를 할지 스스로 생각하고, 직접 놀이를 찾다 보면 주도적인 삶을 살게 된다고 믿습니다.

우리 부부는 대화할 때 아이가 숫자를 얼마만큼 아는지, 다른 아이와 비교해서 학습효과가 높은지, 앞으로 어떻게 학습환경을 조성할지에 대해서 이야기를 나누지 않는 편입니다. 대신 "어떻게 해야 우리처럼 행복한 삶을 살까?", "몇 살부터 짧은 거리라도 혼자 여행을 보낼까?" 이런 얘기를 나눕니다.

큰아이 마루는 또래들 평균적인 학습능력보다 조금 떨어질 겁니다. 왜냐하면 말도 느리고 숫자도 10까지 정확히 못 세고 색깔 이름도 자꾸 틀리기 때문이죠. 하지만 조급하지 않습니다. 언젠가는 다 알게 될 거니까요. 지식은 학습뇌가 발달하면 확 흡수할 것입니다. 자발적으로, 스스로, 주체적으로 놀 줄 아는 아이로 키우는 것, 이것이 저희가 교육에서 중점을 두는 부분입니다.

놀이전문가, 교수들도 놀이가 좋다고 이야기합니다. 하지만 실생활에서 내 아이보다 또래 친구가 책을 더 빨리 읽고, 숫자를 잘 쓰고, 학습능력이 월등한 모습을 보면 우리는 조급해질 수 있습니다. 저 역시 그렇습니다. 그래서 이렇게 계속 글을 쓰고 생각하고 결심해야 합니다.

주체적이기 힘든 시대, 놀이로 삶의 주인이 되는 연습을!

제 블로그 글에 달리는 댓글 중에는 "주체적인 삶을 사는군요"라는 말이 많습니다. 그래서 알았습니다. 이런 말을 자주 듣는다는 것은 그만큼 이 사회에서 주도적으로 살아가기가 어렵다는 뜻이겠지요. 넘쳐나는 광고와 정보의 홍수 속에서 휩쓸리지 않고 스스로 생각하면서 살아가는 것은 영유아기 때부터 충분히 마음껏 놀면서 배워갈 수 있습니다.

부모라면 누구나 내 아이가 리더십이 있고 행복하고 독립된 인격체로 성장하도록 도와주고 싶을 것입니다. 하지만 그런 아이로 커나가려면 학습시간이 많기보다 스스로 실컷 놀기만 해도 됩니다. 놀아봤기 때문에 놀이를 제안할 수 있는 아이디어가 나옵니다. 영유아기에는 학습지보다 놀이를 통해 충분히 행복하고 지혜로운 아이가 될 수 있습니다.

제가 교육에 중점을 두는 부분은 바로 이것이었고, 초보엄마로서 겪은 시행착오와 놀이에 대한 경험을 블로그에 올리기 시작했습니다. 생각보다 많은 분들이 저의 육아관을 지지해주셨습니다. 아이들한테는 학습보다 놀이가 필요하다는 것을 엄마들도 잘 압니다. 하지만 주변환경 때문에 흔들리는 경우가 많습니다. 저 역시 그랬지만 온라인 육아 동지들 덕분에 제 생각을 더 열심히 실천하고 공유할 수 있었습니다. 그리고 이렇게 또다시 두 번째 책으로 여러분을 만나게 되었네요.

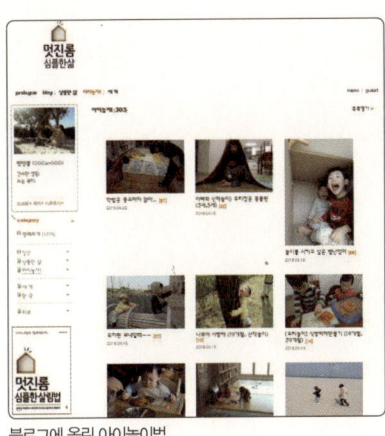
블로그에 올린 아이놀이법

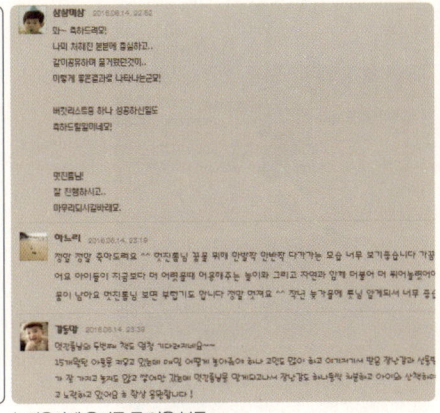
놀이육아에 용기를 준 이웃 분들

주체적인 놀이의 주인은
주체적인 삶의 주인!

"엄마, 이제 뭐해요?"
"엄마, 뭐하고 놀아야 해요?"
"엄마, 이거 해주세요."
보다는

노는 것이 아이의 삶이니까
자연스럽게 놀이를 찾는 아이,
스스로 놀 줄 아는 아이,
그래서 주체적으로 삶을 만들어가는 아이!

2 아이놀자 육아관을 선택하게 해준 두 사람

좋은 학군, 좋은 환경… 부모의 의무는 어디까지?

우리 부부는 부자도 아니고 명문대를 나오지도 않았지만 충분히 행복합니다. 학창시절에 충분히 즐기면서 열심히 살았고 지금도 그렇게 살고 있어서 우리 아이들도 우리처럼 크길 바랍니다.

아이가 공부를 원한다면 지원해줄 테지만 부모로서 먼저 강압적으로 강요하지 않기로 했습니다. 주체적인 삶을 사는 것을 배운다면 부모가 긴장하며 어떤 교육환경을 마련해주어야 하나 고민하지 않아도 알아서 잘 헤쳐나갈 테니까요.

그래도 부모라면 좋은 학군과 환경을 조성해주는 게 역할이 아니냐며 반문할 수 있겠지만, 아무리 명문대를 나와도 꼭 고수익의 즐거운 직업을 갖는 것은 아닌 듯합니다. 학벌이 높지 않아도 주체적으로 즐겁게 살아가는 모습을 많이 봤습니다. 가깝게는 제가 존경하고 닮고 싶은 두 사람이 그렇습니다.

존경하는 친정엄마

한 사람은 친정엄마입니다. 친정엄마는 부잣집 막내딸로 자라 가난한 집으로 시집을 왔습니다. 시집 식구들은 모난 곳 없이 좋은 사람들이었지만 가족 스타

일이 자유분방해서 적응하기 힘들었다고 합니다. 각자 생활 패턴에 따라 식사를 하니 엄마는 하루에도 몇 번씩 밥상을 차려야 했죠. 하지만 엄마는 시집살이가 힘들다고, 돈이 없다고, 몸이 아프다고 징징거리거나 불평하지 않으셨습니다. 엄마가 누군가를 막 욕하며 분노하는 모습도 못 봤습니다.

물론 엄마도 사람인지라 가끔 화도 내지만 뒤끝이 없고 맡은 일을 열심히 하며 큰 걱정이 없어 보입니다만…… 어찌 걱정이 없으시겠어요. 엄마는 족저근막염이 심각해서 통증이 심하지만 겉으로는 티를 안 내십니다. 긍정적으로 세상을 살아가십니다.

엄마는 제가 어렸을 때 공부를 강요하지 않으셨어요. "엄마, 왜 나한테 공부하라고 잔소리 안 해?" 하고 묻자 "나도 하기 싫었는데 어떻게 너희한테 하라고 하니?"라고 답하셨습니다. 공부할 거면 다들 알아서 할 거라던 엄마. 엄마는 언제나 현재의 삶에 감사하고 즐기며 살아가십니다. 요리, 뜨개질, 지점토 만들기 등 손재주가 좋으셔서 강의도 하고 그러셨어요. 하지만 책 읽기는 싫어하신답니다.^^;

엄마가 공부를 싫어했기에 공부를 강요하지 않으셨지만 엄마는 저희를 위해 지렁이를 잡고, 개구리를 키워주고, 맛있는 간식도 만들어주셨습니다. 엄마와 보낸 어린 시절이 "공부해!"라는 강요 대신 행복한 기억만 남아서 지금 참 좋습니다. 나도 우리 아이에게 좋은 기억을 남겨주는 엄마이기를 바랍니다. '엄마랑 지난 시간들이 너무 힘들었다'라는 기억보다는 말이죠.

물론 저도 혼나기도 했지만 그런 건 그냥 "내가 잘못해서 그랬어" 하고 웃어넘길 정도입니다. 함께한 시간이 더 행복했고 뭐든 강요하지 않고 함께 즐기며 살아주셨기에 가능한 일이라고 생각합니다.

닮고 싶은 남편

제가 닮고 싶은 또 다른 사람은 남편입니다. 나를 이렇게 자유롭게, 주체적으로 살게끔 영향을 주었어요. 저도 20대 초반에는 명문대 나온 사람이 멋진 사람이라는 단순한 공식이 머리에 박혀 있었죠. 그래서 세상 기준에 맞추기 위해서 남편한테 학력 레벨을 높이라는 압박을 가했습니다. 나처럼 책 읽기를 좋아하는 사람으로 만들려고 했습니다. 하지만 내 욕심이지요. 20살부터 쭈욱 만나고 이렇게 결혼까지 이어오면서 학벌이나 사회적 지위가 그 사람의 정체성을 다 설명할 수 없다는 것을 깨달았습니다.

무엇보다 상대방을 내 스타일대로 바꾸려고 해서는 안된다는 것을 알았습니다. 자식이나 남편이나 억지로 안되더라고요. 저는 공부를 좋아합니다. 하지만 운동은 좋아하지 않아요. 매일 달리기하는 남편이 전혀 이해가 안되지요. 남편은 운동을 좋아합니다. 하지만 공부는 좋아하지 않아요. 공부할 때 희열을 느낀다는 제가 이해가 안된대요.

우린 태어날 때부터 가진 기질과 능력 자체가 달라요. 너무 극명하게 다른 우리 모습을 돌아보면서 깨달았어요. 세상 기준은 부나 학벌이 높은 게 최고의 자랑일 테지만 나는 아니라는 것, 내 삶을 스스로 만들어가고 즐기는 사람으로 살아가는 게 행복하다는 것입니다.

저는 옛날에는 최고가 되어야 한다는 강박을 가지고 고군분투하며 살았어요. 하지만 학교 선배가 저에게 그랬죠. 세상에 1등은 1명뿐이라고. 이런 저와 달리 남편은 완급조절을 잘합니다. 1등 또는 누군가를 이기기 위해서 살아가는 것이 아니라 내 컨디션이 안 좋으면 푹 쉬고 다시 또 열심히 힘을 내 살아가지요. 내 삶을 주체적으로 산다는 것은 누군가를 이기기 위해서, 또는 누군가에게 인정받기 위해서가 아니라 스스로 만족하는 삶을 사는 것입니다. 남과 비교가 아닌, 내 능력으로 내가 잘하는 것을 찾으면 그걸로 된 것이지요.

삶의 지혜는 학습에서 나오지 않더라

너무 교과서 같은 말인가요? 저는 우리 아이가 공부 기질과 재능이 있다면 밀어주겠지만, 그렇지 않다면 세상 기준에 맞춰 공부하라고 강요하지 않을 생각입니다.

저는 온실 속 화초처럼 곱게 자란 편이지만 남편은 달랐어요. 고등학생 때부터 아르바이트를 해서 스스로 돈을 모아 자전거를 사고, 자전거로 전국일주를 하고, 스스로 삶을 개척하면서 세상과 부딪쳤습니다. 저는 남편이 가진 지혜가 그런 경험에서 왔다고 생각합니다. 책상에서 종일 시험 공부한다고 지혜가 생기지 않지요. 이 말이 너무 이상적인 육아서에 나오는 이야기 같지만, 학습과 관련해 아이를 키우는 핵심은 여기에 있다고 봅니다. 혹시나 내가 나중에 남들에게 잘 보이고 자랑하기 위해서 아이에게 공부를 강요한다면 이 글을 다시 읽으며 반성해야겠죠.

누군가 그러더라고요. 아무리 그래도 명문대 나온 사람이 월급을 더 받는다고요. 그래요, 돈은 더 받을 수 있을 거예요. 학벌도 좋고 주체적인 삶도 살면 너무 좋겠죠. 우리 아이가 능력이 된다면 당연히 명문대에 보낼 겁니다. 하지만 주객이 전도되지 않도록 마음을 다스려야 해요.

내 아이의 유일성, 절대성을 인정할 것

아이들은 놀면서 세상을 배웁니다. 유아기부터 굳이 앉혀놓고 가르치지 않아도 충분합니다. 단지 천천히 배우기 때문에 보는 우리가 조급할 뿐입니다. 놀이를 하면서 천천히 성장한다고 말하지만, 어른보다는 흡수력이 빠르니까 사실 그리 늦는 것도 아닐 겁니다. 지금 시대가 워낙 빨리빨리 변화하는 시대라서 상대적으로 느려 보일 뿐입니다. 상대적으로 따지지 말고 절대성, 이 아이의 유일성을 보면 조급증을 조금은 내려놓게 됩니다.

3. 학습을 위한 놀이? 그냥 놀이!

아이놀이, 단순해서 힘들고, 치워야 해서 힘들고!

아이놀이는 쉽지만 어렵습니다. 왜냐하면 물건을 만지고 던지고 뿌리고 이 모든 것이 놀이이기 때문입니다. 사물 탐색. 이것 하나만으로도 엄청난 놀이가 됩니다. 하지만 어려운 이유는 아이가 난장판을 치기 때문입니다. 치워야 하는 엄마는 힘듭니다. 무엇보다 거창해 보이지도 않고 너무 단순해 보여서 "이게 놀이야?" 하고 무시하게 되니 오히려 어렵게 느껴집니다.

아이놀이는 그냥 살림을 가지고 놀게 놔두면 되는 것 같아요. 만져봐라 어째라 옆에서 코치할 필요도 없이 물건과 환경만 조성해주면 아이가 알아서 놉니다. 이게 아이놀이입니다. 그럼 개월수가 점점 올라가면서 언어발달이 증폭될 때의 놀이는? 똑같습니다!

엄마 마음에 무언가 더 설명해줘야 하고 다양한 방법을 제시해야 될 것 같지만, 아닙니다. 놀잇감 주고 환경만 조성해주면 주도적으로 알아서 놉니다. 뭔가 만들었다고 자랑하면 옆에서 "오~ 멋진 로켓을 만들었네" 하고 추임새만 넣어주고, 옆에서 같이 뭐라도 만들기를 하다가 적당히 리액션을 해주며 따로 또 같이 놀면 됩니다.

엄마의 욕심이 들키는 순간, 놀기를 멈춘다!

굳이 뭘 설명하거나 알려줘야 한다는 압박감을 느끼지 마세요. 엄마가 굳이 머리를 안 써도 애들이 더 창의적으로 놉니다. 엄마가 "이렇게 놀아볼까?" 하고 계속 제시하면 갑자기 분위기가 놀이가 아닌 학습이 됩니다. 놀이 위주로 키우겠다고 다짐했다면 놀이가 학습이 되지 않게 조심하는 게 가장 중요한 것 같아요. 놀이의 상호작용이 중요하다고 해서 너무 말을 많이 하다 보니 어느새 제가 가르치고 있더라고요.

"이건 빨간색 블록, 이건 초록색 블록. 뭐라고? 빨간색 블록 골라봐."

이건 자연스럽게 말하는 게 아니라 교육방법으로 놀이를 하고 있는 거죠. 안 그래도 아이들 눈치가 엄청 빠른데 딱 걸렸습니다. 마루는 아직도 색깔을 헷갈리기 때문에 제가 조급해져서 그랬어요. 엄마가 이렇게 나오면 아이는 블록 놀이를 멈춥니다.

물론 적당한 스트레스는 필요하고, 살면서 교육도 시켜야 합니다. 하지만 엄마의 욕심이 들키는 순간, 특히 놀이 시간을 엄마가 방해하는 순간 즐거움은 사라지고 스트레스만 가득하게 됩니다. 이럴 바엔 차라리 학습지를 펴고 가르치는 게 낫습니다. 놀이시간은 그냥 즐기게 놔두세요.

놀이와 학습을 연결시키지 말 것!

제가 아이들과 놀아주면서 조심하는 부분입니다. 아이가 클수록 더 조심해야 하는 것 같아요. 주변의 또래들은 벌써 글을 쓰고, 읽고, 숫자를 100까지 세고 어쩌고를 들으면 엄마의 학습욕구를 제어하기가 힘들어요. 아이가 성장할수록 엄마가 조급증에 빠지지 않으려면 아이가 어릴 때부터 중심을 잡는 연습이 필요합니다.

큰아이가 태어나서 지금까지 함께 한 놀이를 살펴보면 완제품 교구를 사용한 게 별로 없습니다. 살림도구를 가지고 놀거나 나가서 산책한 게 거의 전부입니다. 사실 엄마들 다 그렇잖아요? 교구 만들 시간이 없어요. 삼시세끼 밥 차리고 애 둘 키우는데 언제 오리고 붙이고 할 수 있나요? 현실적으로 불가능합니다. 힘

들어요. 저는 그냥 다양한 살림을 내주거나 물감 정도를 제공하며 놀이를 준비하는 시간을 최대한 단축했습니다. 치우기도 바쁜데 놀이 준비까지? 저는 못합니다. 아마 엄마들은 대부분 마찬가지라고 생각합니다. 그래서 엄마도 편하고 애도 즐거운 그런 놀이를 계속 찾았습니다. 어쨌든 놀이는 학습을 가장하면 안 된다는 것이 포인트. 그리고 엄마가 힘들면 놀이는 어렵다는 사실을 명심해야 합니다.

불순한 의도(?)로 시작한 간편 놀이!
어라, 다양한 발달이 따라오네?

제가 놀이 방법을 알려드리는 이유는 놀이를 통해 오감발달을 이루고 엄청 빠르게 세상을 배워서 똑똑해지라는 뜻이 아닙니다. 5세 이상이 되면 아이들이 주도적으로 진행하는 놀이가 많아지고, 유치원 등 단체생활을 하면서 다양한 활동을 합니다. 하지만 상대적으로 부모와 많은 시간을 보내는 5세 미만인 아이는 어떻게 시간을 보내야 할지 막막해요. 멍 때리며 하루를 보내기도 심심하고 계속 안고 책만 읽어줄 수도 없습니다. 그래서 이 기간에 함께 시간을 보내는 방법으로 쉬운 놀이를 공유하고자 하는 것입니다.

할머니들은 놀이 방법을 딱히 배운 적도 없는데 아이들이 할머니랑 있으면 좋아합니다. 할머니들은 마음이 여유로운 데다가 손자와 하루 종일 붙어 있어도 마냥 예쁘고 좋으니까 즐겁습니다. 하지만 육아가 처음인 엄마는 아이와 하루 종일 붙어 있는 게 힘듭니다. 심심하기도 하고 시간이 빨리 흘러서 아이가 얼른 잠들었으면 하고 바랍니다.

제가 이 책에 정리한 놀이법은 육아맘으로서 긴긴 시간을 빨리 흘려보내려고 한 놀이들입니다. 절대로! 오감발달을 통해 천재를 만들고 놀이를 가장해서 정보를 제공하며 학습시키려는 의도가 아닙니다. "처음엔 약간 불순한 의도(쉽고 편하게 시간 보내려는)로 시작한 놀이인데 하다 보니 다양한 발달이 따라오네?"가 된 것이죠.

제가 하는 놀이는 그냥 함께 시간을 보내는 도구일 뿐입니다. 좀 쉽게 학습을 시키고자 놀이를 수단으로 이용하면 아이는 놀면서 스트레스 받고, 그러다 보면 놀이를 즐겁지 않은 것으로 인식하게 됩니다.

밥하고 살림하고 언제 교구까지 만드나?
엄마가 힘들면 놀이는 어렵다

거창한 교구를 준비하면 스트레스를 받을 수 있습니다. 그러니 최대한 간단한 놀이를 함께 하고, 아이가 스스로 즐길 수 있는 도구로만 활용해야 합니다. 저도 가끔씩 학습적인 질문을 던지며 교육시키고 싶습니다. 하지만 그럴 때면 차라리 입을 닫습니다. 상호작용 많이 하라고 하는데, 질문하고 가르치는 상호작용이라면 안 하는 게 낫더라고요.

그냥 그 순간을 놀기. 학습을 가장한 놀이가 아닌 아이 주도적인 놀이를 통해 세상을 배우고 알아갈 수 있도록 키워갈 겁니다. 놀 줄 아는 아이가 주체적인 삶을 꾸린다는 저의 교육관에도 충실하게요.

4 장난감, 더 이상 사지 마세요

장난감보다 살림을 더 좋아하는 아이들

출산 전부터 장난감 없이도 충분히 잘 놀 수 있다고 믿었습니다. 그래서 구입하지 않았지만, 신기하고 감사하게도 여기저기서 물려받은 장난감만으로도 우리 집은 넘쳤어요. 두 아들을 키우면서 아무 생각 없이 받아서 쌓아놓은 장난감들 때문에 방이 좁아졌고, 아이는 정신없이 어지르기만 했어요. 정작 장난감보다는 살림과 밀가루 반죽으로 더 오랜 시간을 놀았는데 말이죠.

심플라이프를 지향하면서 마지막으로 정리한 부분이 책과 장난감인데, 육아용품과 아이용품은 엄마로서 정리하기가 참 어렵더라고요. 더욱이 동생이 있는 집은 동생도 가지고 놀아야 하니까 두자 싶어져요. 하지만 많이 버리고 나눠줬는데도 아쉽지 않더라고요. 장난감이 줄어도 아이는 충분히 잘 놉니다. 단순하게 공급받기만 하는 TV나 완성된 장난감이 줄어도 전혀 문제를 못 느끼고 있습니다. 왜 그럴까요?

저는 완성된 장난감은 버려도 직접 조립해서 다양한 놀잇감을 만들 수 있는 블록은 남겨두었습니다. 덕분에 똑같은 네모 블록인데 어느 날은 비행기, 어느 날은 전화기, 또 어느 날은 기차 등 아이가 이름 붙이는 것으로 바뀌며 다양하고 신나게 놀고 있습니다. 우리 집 분리수거함에서는 재활용품들이 오히려 아이들의 장난감으로 재활용되고 너덜너덜해진 뒤 진짜 쓰레기통에 버려집니다.

3, 5세 장난감은 이것으로 충분!

아이들은 스스로 놀잇감을 만든다

"너무 많이 버려서 휑한 집은 온기가 없어지고 결국 아이의 창의력이 없어지는 것 아닌가요?"

이런 질문을 종종 받습니다. 제 대답은 "아니오"입니다. 한번 장난감을 버려보세요. 오히려 아이들은 다양한 상상 놀이를 하며 놀이를 찾아냅니다. 그리고 넓어진 집에서 온몸으로 놉니다. 창의적 인재, 요즘 다들 좋아하잖아요. 장난감이 없어야 진짜 내가 놀잇감을 만들어서 창의적으로 놀게 되는데, 왜 굳이 돈을 쓰

비닐백을 풀어서 바다를 만들다

실내용 슬리퍼로 로봇 변신!

면서 창의력 학원에 다닐까요? 주변을 봐도 이미 대부분의 집에는 장난감이 넘칩니다. 그래서 따로 구입하지 않아도 충분해요. 지금 장난감이 없는 집은 더 잘된 일인 듯싶어요. 굳이 정리할 필요도 없으니까요.

장난감이 없어야 머리를 더 많이 쓰면서 진짜 주체적으로 생각하고 창조해서 놀게 되더라고요. 그러니 창의력을 키워주고 싶다면 장난감을 더 이상 구입하지 않아도 됩니다.

넘치는 장난감, 엄마의 마음이 문제가 아닐까?

남는 문제는 결국 엄마예요. '모든 아이들이 다 가지고 있는데 우리 아이만 없으면 주눅들지 않을까?' 다들 이런 마음에 사줍니다. 물론 장난감 절대 사주지 마라는 것도 부모 마음과 아이 마음에서 보자면 너무 과합니다. 하지만 딱지든 자동차든 종류별로 다 수집하듯 사주기보다는 정말 간절할 때 1개, 2개 정도만 선물해주면 더욱 소중히 여길 수 있지 않을까요?

그리고 무엇보다 '당장 애랑 놀아줄 수 없으니까, 나도 살림해야 하니까, 맞벌이여서 일해야 하니까'라는 이유로 어쩔 수 없이 아이 손에 많은 장난감을 쥐어주는 것이 문제입니다. 저도 사실 그렇고요. 애 둘을 혼자 보면서 밥하고 살림하다 보면 밖에 나가서 일하는 것보다 더 힘들 때가 있어요. 그럼에도 불구하고 장난감을 최소한만 주니까 심심한 시기를 넘어서면 없으면 없는 대로 알아서 놀더라고요.

특히 영아기에 장난감이 쌓이는 것은 엄마의 마음이 흔들려서 구입하는 경우가 더 많은 것 같습니다. 영아기에는 장난감을 안 사도 됩니다. 이 시기는 오히려 살림살이가 훌륭한 놀잇감이 되죠. 영아기에는 친구와 비교하며 사달라고 조르지도 않습니다. 부모가 사주지 않으면 애가 주눅들까 봐, 발달이 느려질까 봐, 부족한 부모란 생각에 구입하는 경우가 오히려 더 많습니다. 국민 장난감이 종류별로 없었지만 소근육 조작 능력은 떨어지지 않습니다. 지금 가위질 아주 잘합니다. 방바닥에 떨어진 머리카락 잘 잡고요. 좋은 엄마란 장난감으로 채워주는 것이 아니라 옆에 있어주는 엄마입니다. 아무리 안전한 소재라고 해도 플라스틱보다 엄마 손이 좋습니다. 이게 참 어려운 일이긴 하지만요.

엄마표 놀이하는 건 하루에 10분, 30분 정도잖아요. 아무래도 엄마가 계속 놀아주는 건 무리예요. 어떻게 애만 바라보고 하루 종일 '내가 너의 장난감이 되어줄게~' 하고 놀겠어요? 저도 못합니다. 그렇다고 많은 장난감을 주거나 스마트폰을 쥐어준다? 그건 아니에요. 꼭 그렇게 하지 않아도 알아서 잘 놀 수 있더라고요. 좀 심심해하다가, 누워서 멍 때리다가, 책 보다가, 집을 한 바퀴 돕니다. "뭐하고 놀까?" 이러다가 여기저기 살림을 찾아내서 자기 의지대로 알아서 놀더라고요. 엄마는 옆에서 박스 던져주고, 색연필 던져주고 합니다. 물론 완성품

말고 놀잇감으로 응용할 수 있는 재료를 주지요. 부족한 듯 이런 재료를 주면 아이들 스스로 완성해야 하니까 머리를 쓰면서 잘 놀더라고요.

충동적으로 소비하는 것을 가르치고 싶은 부모는 없다

아이가 말을 하고 성장할수록 요구하는 장난감이 많아집니다. 장난감을 사줘야 한다면 바로 사주지 말고 천천히 사줍니다. 충동적인 소비, 쉽게 구입하는 것을 가르치지 않고 계획된 소비, 꼭 필요한 것과 단순히 갖고 싶은 것의 차이를 알려주려고 노력합니다. 애를 다 키운 엄마가 지나고 보니 "사주지 마라!"고 하는 말이 아니라 같은 육아맘으로서 말해봅니다. 아이의 소비욕구를 거절하는 것, 힘들어요. 하지만 차근차근 대응하면 아이도 잘 알아듣고 스스로 조절할 수 있게 되더라고요.

5살이 되면서 아이가 갖고 싶은 것이 많아졌습니다. 하지만 바로 사주지는 않아요. 하루 또는 며칠 시간을 두고 설명합니다. 마루는 큰 물총을 갖고 싶어했습니다. 하지만 아직 때가 아니라고 생각했어요. 그래서 조금 더 크면 가질 수 있다고 말했죠. 아이는 "많이 먹고 크면 물총을 가질 수 있을 거야^^" 하고 말하면서 신나게 밥을 먹습니다. 기대하고 기다립니다. 자연스럽게 참을성이 키워지고 있어요.

더 어릴 때도 마트에 가면 바로 군것질을 사주지 않았습니다. 이제 대화가 되는 시기라서 마트에 가기 전에 이야기를 나눕니다. "마루야, 엄마가 우유를 사러 가는데, 너 먹고 싶은 게 있니?" 마루는 소시지를 선택했습니다. 마트에 갔어요. 소시지를 들었는데 막상 둘러보니 먹고 싶은 것이 넘쳐납니다. 아이는 젤리를 들었다가 스스로 "엄마, 이 젤리는 다음에 와서 사먹기로 해요!" 하고 말하며 소시지만 들고 나옵니다.

누누이 말하지만 마루는 순한 아이가 아닙니다. 누가 봐도 개구쟁이입니다. 하지만 충동적이지 않은 소비를 가르쳤습니다. 엄마로서 저도 힘들어요. 많이 사주고 싶지만, 아이가 살아가면서 모든 것을 가질 수는 없다는 것을 알려주고 싶었고, 무계획적으로 소비하는 모습을 보여주고 싶지 않았습니다. 몇 차례의 노력으로 아이는 장난감을 사달라고 떼쓰지 않으면서 기다리고, 자신의 물건을 소중히 여기기 시작했습니다. 넉넉하게 소유한 아이가 또 넉넉하게 베푼다고 하지만 지금은 넉넉함을 넘어 과하게 소유하는 시대여서, 냉정하고 나쁜 부모 같지만 이것이 정말 아이를 위한 일이라고 믿습니다.

그리고 무엇보다 장난감이 많으면 엄마 마음도 풀어집니다. "저거 가지고 놀아, 이거 가지고 놀아, 이거 있잖아." 아니면 새로운 것 사주면서 시간을 벌어요. 그런데 새로운 장난감에 완전히 몰두하는 시간은 그리 길지 않습니다. 집에 장난감이 없으면 엄마는 어쩔 수 없이 강제적으로라도 빨래 접으면서 밥 먹으면서 설거지하면서 한마디라도 더 아이랑 이야기하게 됩니다.

어른한테도 힘든 결정, 거실에서 TV 치우기

더불어 몸을 쓰지 않고 스스로 생각하는 시간을 멈추게 하는 TV는 거실에서 치우는 것이 확실히 좋습니다. 마루가 아기 때부터 거실 TV를 작은방에 놓고 사용했는데, 겨울에 잠시 작은방에서 잠자는 동안 TV가 눈앞에 보이니까 자꾸 켜달라고 했어요. 그래서 다시 안방으로 잠자리를 옮기고 작은방 출입을 안 하니까 TV 켜달라는 소리가 확 줄었습니다. 어찌 되었든 눈에 보이면 사람인지라 자꾸 유혹이 생깁니다. 확실히 눈앞에 안 보이니까 저도 아이도 TV 보고 싶은 욕구가 줄어들었어요.

"엄마도 TV 보고 자랐으면서 아이에게 TV를 보여주지 말라니! 너무 오버 아닌가요?"

아니에요. 우리 때는 정해진 시간에만 TV가 나왔어요. 저녁 먹을 시간에 만화가 끝나면 자연스럽게 그만 보게 되었지요. 지금은 24시간 무수히 많은 채널에서 끝없이 나와서 제어가 안됩니다. 거기다 스마트폰과 컴퓨터로 언제든 원하는 만화를 볼 수 있죠. 통제하지 않으면 안되는 시대에 살고 있어요.

집에 장난감이 별로 없어서 심심하니까 친구를 만나면 더 반갑고 신나고 재미있게 놀아요. 너무 좋은 장난감, 놀거리가 충분하면 사람보다 TV, 스마트폰, 장난감에 마음을 빼앗겨요. 그런 것들이 결핍되니 사람을 더 좋아하는 것 같습니다. 예전에 제가 몸이 아파서 종일 아이에게 TV를 보여준 적이 있어요. TV를 보여주니 옆집 형이 와도 본체만체더라고요. 누가 와도 신경을 안 써요. 하지만 TV를 끄고 장난감을 줄이니까 사람을 소중하게 여겨요. 집에 놀러온 친구나 친척들을 더 귀하게 여겨요.

TV를 켜주다가 갑자기 안 켜주면 아이가 엄마한테 와서 징징거리고 놀아달라고 조를 겁니다. 하루 종일 엄마가 놀아줄 수는 없겠지요. 결국 'TV를 켜놓고 방치하나 혼자 놀게 방치하나 방치하는 건 똑같잖아?' 하는 생각이 들 겁니다. 하지만 TV를 안 켜주고 방치하면 아이들은 좀 울다가 멍 때리며 뭐하고 놀지 생각해요. TV 안 틀어준다고 아이가 울면 며칠 그냥 울려보세요.^^; 아이는 점차 익숙해질 것이고 '아, 우리 엄마는 TV 안 틀어줘' 이러면서 어느새 새로운 놀이를 찾아서 스스로 놀고 있을 거예요. 심심하면 저 혼자 뒹굴면서 놀 궁리를 하겠죠.

저는 부모의 올인도, 방관도 다 안 좋다고 생각합니다. 뭐든 적당히 하는 게 좋아요. 아이에게 올인하다 보면 아이의 모든 감정과 부름에 곧바로 반응해야 하고, 그러다 보면 지칩니다. 반대로 장난감을 잔뜩 쥐어주고 방관하는 것도 바람직하지 않아요. 저 역시 줄타기하듯 육아를 합니다. 완벽할 수 없습니다. 다만 균형을 잡기 위해 노력할 뿐이지요.

놀잇감은 단순할수록 좋다.
아이들이 채울 부분이 그만큼 많기 때문이다.

- 편해문 《아이들은 놀이가 밥이다》 중에서

5 그림책도 과유불급! 적당히 적당히~

책육아, 자칫 책 수집으로 그칠 수 있다

선배 엄마 중에 자녀를 학원에 안 보내고 학습지도 안 시키고 그림책만 읽으며 키운 엄마가 있는데, 아이 스스로 학습을 즐기면서 건강하게 잘 자랐습니다. 그분은 "책이 중요하다, 학습지 시키지 마라"고 말했죠. '그래, 나도 책을 좋아하니까 그렇게 해야지' 결심했습니다. 이렇게 옆에서 지지해주는 사람이 있으니 더 자신이 있었지요.

그래서 그림책을 많이 구입했습니다. 그런데 결론부터 말하면, 그림책이 아이에게 좋긴 하지만 '책육아' 한다고 엄청나게 많은 책으로 집을 도배하는 것은 멈추어야 한다는 겁니다. 생후 36개월 전에는 어느 정도 조절이 되는데 애가 말을 하고 질문도 많아지고 책 좋아하는 증폭기를 거치면 엄마 욕심이 생겨서 제어가 안되더라고요. 돈도 많이 나가고(아무리 절약해도 애한테는 제어가 안되는 지갑), 이 책 좋다 저 책 좋다는 소리에 팔랑귀가 되다 보면 책으로 집 안이 꽉 채워집니다. 하지만 멈춰야 합니다. 저는 책을 막 쌓으려고 할 때 다행스럽게도 그림책 수집을 멈추고 정리했습니다.

학습지 대신 그림책으로 공부시킨다?

제가 책육아를 선택한 것은 TV보다 책이라는 매체를 통해 아이가 즐거움을 얻길 바라서였습니다. 그림책으로 한글, 수학 등을 가르치기 위해서 선택한 것은 아니었어요. 학습지가 아닌 그림책이라는 도구로 영재 만들기에 관심을 둔 게 아닙니다.

저는 책 읽는 것이 즐겁습니다. 그리고 책을 통해서 지혜와 지식을 많이 배울 수 있다는 것도 알고 있습니다. 그래서 우리 아이도 이렇게 되길 바랄 뿐이었죠. 하지만 부모가 좋다고 강요하면 아이가 책이라는 물건에 둘러싸인 채 압박감에 짓눌릴 수도 있겠다 싶어서 책 구입을 멈췄습니다. 대신 적당히 책을 주고 읽어주니, 마루는 자연스럽게 책 읽기를 즐기고 있습니다. 실컷 몸으로 놀고, 쉴 때는 책을 봅니다. 물론 온종일 책을 보며 지내지는 않습니다. 저 역시 "책 읽어!" 하고 말하지 않습니다. 충분히 놀고 난 뒤에 쉴 때, 잠자기 싫어할 때 아이가 "책 읽어주세요"라고 말하면 그때 읽어줍니다. 때로는 혼자서도 30분 이상 앉아서 읽기도 합니다.

쉴 때는 조용히 그림책을 봅니다

놀이를 풍성하게 하는 것으로 충분한 책!

책을 읽으면 언어발달이 빨라지니까 읽어야 한다고요? 아니오, 다 그런 건 아닌 것 같습니다. 마루는 돌 전부터 읽어주었고 여전히 많은 책을 수시로 보고 TV 대신 구연동화를 들으며 자라고 있지만, 말도 늦게 하고 글자도 못 쓰고 못 읽습니다. 빠른 친구들은 5살 때 숫자, 글쓰기 등을 하는데 말이죠. TV, 스마트폰 안 보고 책 보고 자란 아이인데 우리 아이는 언어발달이 느립니다.

하지만 얻은 것은, 스스로 격한 활동 후에 정적인 시간을 보내는 방법으로 TV 대신 책을 선택할 줄 알고, 책에서 본 이야기를 스스로 놀이로 풀어내면서 놀이 시간을 풍성하게 주도적으로 만들어간다는 겁니다. 저는 이거면 충분하다고 봅니다.

한때 책을 마구 사들일 때 남편이 말했습니다.

"고등학교 친구 중에 책을 정말 많이 보는 아이가 있었는데, 애가 사람들과 어울리지도 않고 학창시절 내내 책만 봤어."

남편은 그게 너무 충격이었나 봅니다. 그래서 책 많이 쌓아놓는 육아는 하지 말자고 했지요.

그 당시 저는 귀담아듣지 않았어요. 하지만 지나보니 맞는 말이라고 생각합니다. 아이들은 뛰어놀아야 신체와 정신, 사회성 모두 건강하게 발달하는데 오직 책에만 집중하면서 몸을 움직이지 않는 환경을 만들면 안되겠더라고요. 물론 모든 아이가 또래와 사교성이 높아야 하는 것은 아니지만, 어쨌든 한쪽으로 치우치면 안된다고 생각합니다.

요즘 책을 많이 읽는 아이는 박수를 받습니다. 반면 격하게 뛰어놀기만 하는 아이는 쯧쯧 걱정의 소리를 듣습니다. 하지만 아이답게 마음껏 뛰어놀고, 쉴 때 건강한 방법으로 여유시간을 누릴 줄 아는 것이 균형 잡힌 발달이 아닐까요?

잊지 말 것, 책 그 자체가 즐거움!

책을 아이에게 읽어주다 보면 그 목적이 즐거움이 아니라 학습인 경우가 많습니다. 한글을 쉽게 읽게 만들고 싶고, 더 많이 알게 만들고 싶은 욕구가 올라오므로 엄마는 자신의 마음을 잘 들여다봐야 합니다. 저의 책육아는 책을 매달 종류별로 영역별로 사들이면서 계속 읽어주는 것이 아닙니다. 엄마가 잘 쉬고 잘 자야 다음날 몸 상태가 좋아지고, 그래야 애한테 짜증을 안 냅니다. 죽어라 책만 읽어주면 힘들어서 못하겠더라고요.

요즘 우리 집은 5세, 3세가 볼 수 있는 책을 적당한 양으로 보유하고 있습니다. 그래서 아이가 수시로 반복해서 그림책을 읽고, 정적인 활동을 하고, 엄마와 책 읽으며 대화하는 즐거움을 느끼고 있습니다. 그리고 지금 가지고 있는 책만으로도 충분하다고 여겨서 당분간 늘리지 않기로 했습니다.

혹시 책을 안 좋아하는 아이라면 조금만 꽂아주고 천천히 스며들듯이 늘려주는 게 낫습니다. 그러다가 책이 즐거워지면 그때 새로운 책들을 보여주세요. 엄마 욕심에 책이 막 쌓이면 안된다고 생각합니다.

책을 좋아하는 아이라면 집에는 적당히 꽂아주고, 나머지는 도서관 가서 보면 어떨까요? 아이가 5살이 되니 도서관 가서 읽고 빌려오기가 편해졌습니다. 물론 '적당한 책의 양'이라는 기준은 저마다 다르겠지요? 우리 집에는 책장이 3개 있었는데 읽지 않는 책과 욕심으로 채운 책들을 정리한 후, 책장 1개에 아이들이 넉넉하면서 여유로이 볼 수 있는 책들을 남겨두었습니다. 앞으로도

책장 하나면 충분해요

이 공간 이상으로 늘리지 않을 계획입니다.

좋은 책의 기준? 아이가 좋아하는지 여부!

그리고 저는 책을 모든 영역별로 구입할 필요가 없다고 생각합니다. 수학동화라고 따로 지정하지 않았지만 많은 그림책에 수 개념이 들어가 있기 때문에 그 영역의 책이 없다고 해서 큰일나지 않습니다. 모든 영역을 나눈 것 자체가 출판사의 판매전략일 수 있습니다.

차라리 질 좋은 그림책을 찾아서 읽어줘야 합니다. 제가 책을 정리하고 남기는 기준 중 하나는 '아이가 이 책을 좋아하는가?' 여부였습니다. 아이가 반복해서 보더라도 자신의 동화로 만든다면 남겨둡니다. 요즘 새 책을 들이지 않으니까 아이는 집에 있는 책들을 보고 또 봅니다. 이럴 때 아이는 책이 많은 시절보다 훨씬 더 안정되어 보입니다. 그리고 도서관 가서 새 책을 읽을 때도 흡수력이 더 빠릅니다. 많은 책이 있을 때보다 적당히, 과하게 늘리지 않을 때 충분히 즐기게 됩니다.

저 역시 시행착오를 거치면서 내린 결론은, 그림책 육아는 책을 통한 학습이 목표가 아니라는 것입니다. 그냥 지금처럼 아이가 몸을 쉬면서 즐거워하는 것을 유지시켜주는 것이길 바랄 뿐입니다.

6 엄마도 아이도 만족! 산책 놀이

장난감과 TV가 없어서 심심하다면? 산책 놀이!

우리 집은 장난감도 별로 없고 TV도 안 보고 그렇습니다. 집에 있으면 시간이 참 안 가요. 그래서 저는 산책을 나갑니다. 아이들과 밖에 나가서 알아서 놀게 합니다. 장난감 대신 자연물로 놀면 되니까요. 꼭 산 속에 살고 전원생활을 해야 산책하며 자연 놀이가 가능한 것이 아닙니다. 저 역시 산으로 바다로 놀러가는 것은 손에 꼽을 정도고, 주로 동네 한 바퀴 돌면서 잡초를 보고 날아가는 새를 봅니다.

아이들 어릴 때 미국 고모네 댁에서 3개월을 보낸 적이 있는데, 장난감도 없고 책도 없으니 아이랑 산책하며 놀 수밖에 없었어요. 자연스럽게 나뭇잎이 우산이 되고 부채가 되어 놀게 됩니다. 솔방울이 마이크가 되고 돌멩이가 엄마아빠 인형이 됩니다. 장난감과 책이 없어서 어쩔 수 없이 매일 동네를 한 바퀴 돌면서 시간을 보냈는데, 덕분에 풍족하게 즐겼어요. 장남감의 부재가 현재를 누릴 수 있게 해주는 축복이었습니다. 산책을 나가서 애벌레를 보고, 새소리를 듣고, 꽃향기를 맡습니다.

솔방울 마이크 잡고 노래해요~

마루, 엄마, 아빠 돌!

송충이가 꼬물꼬물~

음~ 꽃향기가 좋구나!

정서안정에 도움이 되는 산책 놀이

산책해보니까 아이의 정서안정에도 도움이 되어 좋았습니다. 큰아이의 경우 동생이 생겨서 집에서만 놀 때는 동생을 자주 괴롭혔습니다. 블록 놀이를 하다가도 동생을 괴롭혀서 혼나는 일이 반복됐습니다. 하지만 유모차에 동생을 태우고 산책할 때는 아이가 정서적으로 안정되었고, 다녀와서는 스트레스가 풀려서인지 참 평온했습니다. 소위 문제행동은 산책을 통해 해소되는 일이 많았어요. 장난감이 많지 않아도, 멀리 가지 않아도 됩니다. 이를 대신하는 산책은 아이의 정신건강에 참 좋습니다.

프리허그도 하고 트리허그도 하고!

아이들은 땅 파기를 좋아합니다

제가 부지런히 밖으로 나가는 이유는 집에 있으면 살림하느라 아이들을 잘 못 보기 때문입니다. 사람인지라 당장 눈앞에서 집이 난장판이 되고 설거지가 쌓여 있으면 할 일이 산더미 같으니 급한 살림을 먼저 하게 됩니다. 하지만 산책을 나가면 아이와 한 번이라도 더 이야기하고 놀게 되죠. 집으로 돌아오면 자연스럽게 또 주방으로 먼저 들어가지만 말이죠.

집에 있다 보면 복닥복닥하게 되고 "빨리 밥 먹고 치우자!", "동생 괴롭히지 마라!", "장난감 치워라!" 등등 잔소리를 늘어놓아야 하지만, 밖에서 놀 때는 잔소리도 줄어듭니다. 그냥 마음껏 뛰고 놀 수 있으니까요. 아이에게도 엄마에게도 정서안정에 참 좋은 시간입니다.

TV와 장난감을 줄이고 즐겁게 시간을 보내는 방법

- 걸음마하는 동생 손 잡고 걷기
- 동요 틀어놓고 가족 모두 춤추기
- 입으로 악기 소리내며 연주하기 (레는 뿜뿜뿜! 마루는 칙칙칙! 엄마는 찰찰찰!)
- 낚시 놀이 (마루는 의자에 앉아서 낚시꾼, 레는 기어다니며 상어 역할)
- 아침 먹으며 오늘 날씨가 어떤지 창문 보고 이야기하기
- 잠자기 전에 누워서 오늘 하루 어땠는지 이야기하기 (엄마 이야기, 아이 이야기)
- 밤에 창문을 열고 달, 별 구경하기
- 체조, 운동하기
- 동화 내용으로 역할놀이하기 (《토끼와 거북이》라면 아이는 토끼, 엄마는 거북이가 되어 놀기)
- 집에 나타난 거미 관찰하기, 파리 잡으러 다니기
- 하늘에 날아가는 새 찾아서 따라하기
- 구름 모양 보고 이야기하기 (공룡 같아요! 손가락 같아요!)
- 산책하며 보이는 건물, 나뭇결 등을 보고 얼굴 모양 찾기 (창문에 네모가 얼굴 같아요!)
- 이불 쌓아서 동굴 만들기

■ 지하철, 기차 타보기

기차 타고 2정거장 다녀오기   밤마다 운동하기   창문으로 밤하늘 구경하기

기타 치고 놀기   날아가는 새 따라하기

형이 걸음마 도와줄게~

걸음마하는 동생과 걷기   박스 쌓아서 식탁 만들기

7 나에게 선물로 주신 아이

나는 혹시 나쁜 엄마가 아닐까?

육아 블로그를 보면 참 좋은 부모들이 많습니다. 아이들에게 상냥하게 이야기하고, 아이들 감정에 즉각 반응해주고, 마음을 알아주고 진심으로 공감해줍니다. 간혹 나만 아이들에게 화를 내고, 나만 애를 잘못 키우는 건 아닐까 하는 생각이 들기도 해요.

우리 아이들은 기질적으로 강해요. 순하지 않습니다. 큰아이 마루는 겁이 많은 듯하지만 결코 어디 가서 맞고 다니지 않습니다. 한 대 맞으면 두 대 때리는 아이예요. 친구랑 주먹다짐을 하며 싸워도 잘 울지 않아요. 친구는 울면서 엄마에게 달려가지만 마루는 맞아도 울지 않습니다. 함께 놀다 다투고 친구는 울면서 돌아가니 엄마인 나는 계속 얼굴이 붉어집니다. 내가 잘못 키운 탓이란 생각에 좌절하기도 했어요.

다툰 아이는 같은 남자아이인데도 저렇게 마음이 여린데……. 차라리 내 아이도 맞으면 울고 왔으면 좋겠다고 생각했습니다. 그날 참 기분이 안 좋았어요. 내가 실패자같이 느껴졌죠. 남들은 아이들 잘만 키우는데 나는 왜 이렇게 강한 아이의 기를 꺾지 못했을까? 하루 종일 기분이 가라앉아서 일찍 잠을 청하고 새벽에야 정신을 차렸습니다.

그 당시 내 기분이 좋을 때와 나쁠 때의 기준은 마루가 친구와 사이좋게 노는가 아닌가였죠. 싸우지 않고 양보하며 잘 놀고 문제없이 보낸 날은 기분이 좋았습니다. '그래, 나는 성공적인 사람이야' 하는 생각도 들었어요. 하지만 아이가 친구와 다툰 날은 '내가 잘못 키운 걸까? 내가 화를 내서 마루도 친구랑 싸운 걸까? 등등 자책과 좌절감을 느꼈습니다. 즉 내 정체성이 아이의 행동에 따라 좌우되고 있었던 거죠. 나는 나 자체로 귀한 사람인데, 내가 키우는 아이의 행동 하나하나에 나란 존재의 정체성까지 흔들리다니!
아이가 잘한다고 주변에서 칭찬받아야 내가 좋은 엄마, 좋은 여자라고 인정받을 테니까, 그래서 아이를 혼내게 됩니다. 소위 별난 행동, 문제행동을 보이면 이내 좌절하고요. 아이의 기질이 다를 뿐이고, 우리 아이는 독립적이고 씩씩한 성향일 뿐인데 왜 나는 그날 아이가 그렇게 버겁기만 했을까요?

아이는 나와 다른 존재… 내 소유물이 아니다!

가까운 미래로 가볼까요. 아이가 학교에 갑니다. 나는 공부가 중요하지 않다고 말하지만 지금 내 상태를 보니까, 아이가 공부를 못하면 '나는 실패한 엄마야'라고 생각하겠더라고요. 그러면서 아이에게 잔소리를 늘어놓으며 애를 잡겠죠? 더 늦기 전에 확실히 해두어야겠다는 생각을 했습니다. 내 몸에서 태어난 아이라서 나와 하나인 것 같지만 아이는 아이의 정체성이 있고 나는 내 정체성이 있다는 것을 말이죠.
이렇게 기질이 강한 아이가 나에게 온 것은 내가 감당할 수 있는 그릇이 되니까 그런 것이라고 믿습니다. 이제 더 이상 아이의 행동이 '멋진롬'이라는 사람의 정체성을 모두 규정할 수 없다고 생각합니다.

좌절했을 때 어떻게 극복했냐고요? 그냥 '이게 최선'이라고 생각합니다. 육아법은 저마다 다르니까요. 친정엄마는 아이들을 학원 보내는 데 투자하지 않았고, 때로는 욱해서 소리도 치고 혼도 냈지만 좋은 엄마였어요. 그렇게 혼나고 엄마가 짜증낸 시간은 "허허, 그랬지" 하면서 넘기게 되었고, 옛날에 엄마와 함께 놀고 요리하며 보낸 시간이 기분 좋게 제 입가에 미소를 남기죠.

나는 지금 최선을 다하고 있다고 생각합니다. 때로는 아이들 감정을 잘 인식 못하고, 화도 내고, 꾀부리는 아이에게 짜증도 내지만, 내가 친정엄마를 생각하듯 아이들도 그러리라고 봐요. 친정엄마가 화를 냈어도 나쁜 엄마가 아니고 좋은 엄마라고 생각하는 것은, 서툴렀어도 최선을 다하셨다는 것을 알기 때문입니다. 우리 아이들도 내가 부족한 부분들을 충분히 용서하고 이해해주리라 믿으며 나 자신을 토닥입니다.

아이는 소중한 선물, 엄마는 최선을 다할 뿐!

마루가 5살이 되어 어린이집에 갔을 때 산책시간에 혼자 뛰어다니고, 소풍 가서 들어가지 말라는 장미꽃밭에 들어가서 가시에 찔리면서도 꽃을 만져서 선생님이 놀라셨어요. 내가 잘못 키운 걸까? 난 열심히 육아를 한다고 했는데 왜 아이가 튀는 행동만 할까? 좌절도 했어요.

하지만 어린이집 원장님은 저에게 말하죠. 마루가 놀 줄 안다고요. 엄마가 많이 놀아줘서 애착형성도 잘되어 있다고요. 나는 아이를 주체적으로 놀게끔 키우고 싶었는데, 그건 성공이네요.^^;

그래요. 아이의 좋은 점을 봐야 하는데 강한 기질만 보여서 엄마로서 자신감을 잃었어요. 주변에서 긍정적으로 말해줘도 나는 다른 아이와 비교해서 튀는 행동을 하는 마루가 부끄럽기도 했어요. 하지만 이제는 기질이 다름을 인정합니다. 이제 저는 마루가 자기 생각과 감정을 억누르며 마음의 병으로 만들지 않고 자기의사를 표현할 줄 알면서 건강하게 자라는 독립적인 아이라는 것을 인정합니다. 그래서 앞으로 기질이 강한 이 아이를 억압하지 않고 아이가 더 주체적인 삶을 살 수 있도록 지지하렵니다.

첫애 키울 때는 처음이라 힘들고, 둘째 키울 때는 둘이라 힘들었어요. 애가 하나여도 둘이어도 육아는 힘들어요. 힘든 내용이 달라질 뿐이지 몸이 지치는 강도는 비슷했답니다. 하지만 힘들다고 잉잉 울기만 할 수는 없잖아요. 나에게 주신 소중한 선물이기에 오늘도 영차영차! 힘을 내봅니다.

부족하지 않은 애정과 넘치지 않는 부모의 욕심이
스스로 행복을 찾아가는 아이를 만드는 원동력이다.

- EBS 다큐프라임 《행복한 아이 프로젝트》 중에서

기질이 강한 아이를 키우면서 버거울 때가 많았다.
밥 먹을 때 뺀질거리고,
처음 만나는 친구와 기싸움을 하며 싸워서 울리기도 하고.
가르쳐야 할 것이 여전히 너무 많은 아이.
다른 아이들은 순한 것 같은데 내 아이는 너무 강하기만 했다.
나는 최선을 다해서 훈계했고 놀아줬다고 생각하는데,
뭐가 문제였을까?
24시간 아이만 바라보며 집중했어야 했나.
회초리를 들어서 때려야 했나.
그래, 그래 하며 모든 감정에 반응해서 보듬어야 했나.
육아는 정답이 없는데, 나의 답은 어디에 있는 것일까?
이 방법 저 방법으로 시도하고, 기도하고,
노력하는 과정에서 좌절도 했다.
하지만 그냥…… 나는 이게 최선인 것을…….
우리 오늘 2시간 동안 숲에서 그 순간만큼은 참 즐거웠잖아.
그럼 된 거 아니겠니?
욕심내지 않을게.

— 2016.5.30 일기 중에서

첫째
마당

생후 0~5개월
아이놀자

생후 0~5개월

일반적인 아이들 특징 vs 멋진롬 아이들 특징

생후 0~5개월 아이들의 운동 발달

태어난 후 아기들은 주로 누워서만 지냅니다. 생후 3개월이 넘어가면서 점차 대근육이 발달하기 시작합니다. 머리를 들고 뒤집기를 하다가 6개월이 되면 아기의자에 앉을 수 있습니다. 이 시기 아기들은 허공에 손을 휘젓다가 점차 손을 뻗어서 물건을 잡으려고 합니다. 손 전체로 장난감을 잡을 수 있습니다.

★ **멋진롬 아이들 특징**

큰아이 마루는 3개월에 치발기를 손에 들고 입에 정확히 넣었습니다. 4개월에 뒤집기를 했고, 5개월에 배밀이를 했어요. 이 시기 아이들은 대근육 발달은 물론 소근육★ 발달도 유도하는 것이 필요합니다. 그래서 다음과 같은 놀이를 함께 했어요.

▸ **이렇게 놀았어요**

▸ 등근육과 다리의 힘이 커지는 발바닥 밀기
 (대근육 놀이 / 생후 3개월 / 005장)

▸ 놀면서 쉬면서 비행기 놀이
 (대근육 놀이 / 생후 3개월 / 009장)

▸ 아기의 손 힘은 천하장사? 손가락 잡기
 (소근육 놀이 / 생후 1개월 / 003장)

생후 5개월 : 배밀이를 했어요

tip 대근육과 소근육 부위

대근육은 말 그대로 큰 근육으로 가슴, 등, 팔, 어깨, 복부, 허리, 하체, 종아리의 근육들을 말합니다. 소근육은 작은 근육으로 세밀한 움직임이 필요한 손가락, 얼굴 근육 등을 말하지요. 유아기 때는 걷기, 달리기 등을 통해 대근육을 발달시키면서 뇌근육도 활성화시킵니다. 소근육 운동으로는 가위질, 젓가락질 등이 있어요.

생후 0~5개월 아이들의 정서 발달

이 시기 아이들은 주로 울음으로 정서를 표현합니다. 졸림, 배고픔 등을 울음으로 표현하는데, 아무 이유 없이 울 때도 많습니다. 4~5개월부터 엄마와 다른 사람의 얼굴을 구별하게 됩니다. 낯가림의 시작입니다. 화난 얼굴보다 웃는 얼굴을 더 오래 응시하고 반응합니다.

★ 멋진 울 아이들 특징

우리 아이들은 생후 2개월 즈음에 아빠보다 익숙한 엄마 얼굴을 찾아서 고개를 돌렸습니다. 생후 3개월에는 오랜만에 만난 할머니가 안아주니 울음을 터뜨리며 낯가림을 시작했지요. 엄마가 웃으면 같이 웃고, 또래 아이가 울자 같이 울음을 터뜨렸습니다. 애착형성을 위해 다음과 같은 놀이를 했어요.

이렇게 놀았어요
- 사랑한다면 마음껏 뽀뽀뽀 (생후 1개월 / 002장)
- 목욕 후 로션 마사지 놀이 (생후 3개월 / 006장)
- 눈을 맞추고 표정 따라하기 (생후 4개월 / 011장)

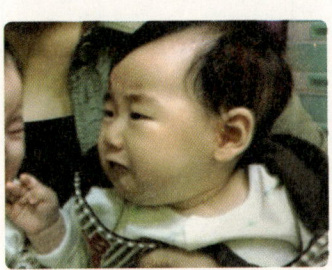

생후 3개월 : 옆에서 친구가 울면 같이 울어요

생후 0~5개월 아이들의 인지 발달

생후 0개월에는 목적을 가지고 행동하기보다 입에 닿는 것을 빨고 손에 닿는 것을 강하게 쥐어잡는 등의 반사행동*을 주로 합니다. 생후 1~2개월이 지나면서 의식적으로 행동하기 시작하지요. 흑백 모빌을 주시하거나 소리가 나는 곳을 쳐다봅니다. 4개월 지나면서 의지를 가지고 행동하는 것이 늘어납니다. 우연히 한 행동이 좋으면 반복적으로 하면서 즐거움을 느낍니다.

★ 멋진 우리 아이들 특징

우리 아이는 4개월에 "아아아~" 소리 낼 때 엄마가 손을 대면 소리를 내고 손을 떼면 멈추었어요. 인디언 소리 내기를 좋아해서 한참을 놀이했습니다.

○ 이렇게 놀았어요 ○

▶ 언제나 즐거운 까꿍 놀이
　(생후 3개월 / 007장)

▶ 난 누구? 거울 보기
　(생후 4개월 / 010장)

▶ 신생아 누워서 모빌 놀이
　(생후 0개월 / 001장)

▶ 눈을 맞추고 표정 따라하기
　(생후 4개월 / 011장)

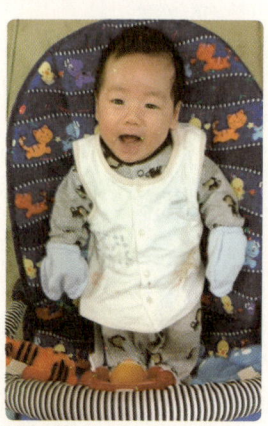

생후 1개월 : 눈 맞추고 웃고 있어요

 신생아의 반사행동

반사행동에는 조건반사, 무조건반사가 있습니다. 무조건반사는 의지와 상관없는 무의식적 반응입니다. 신생아가 손바닥에 자극을 주면 꼭 쥐는 반응 등을 말하죠.

생후 0~5개월 아이들의 언어 발달

1개월에도 엄마의 목소리를 들으면 좋아하고, 소리에 반응해서 울기도 합니다. 그리고 자신의 요구사항이나 불편함을 울음으로 나타냅니다. 2개월이 넘어가면서 점차 1~2음의 옹알이를 시작합니다. 기분에 따라 웃기도 합니다.

★ 멋진 롬 아이들 특징

큰아이 마루와 작은아이 레는 눈 맞추고 놀이하면 초반에는 눈과 입의 근육만 웃다가 점차 1~2음 소리를 뿜으며 웃기 시작했어요. 옹알이할 때 말 걸어주면 더 좋아해서 계속 옹알이 할 때가 많았답니다.

○─ 이렇게 놀았어요 ─○

▸ 여러 가지 소리 들려주기
 (생후 1개월 / 004장)

▸ 엎드려서 그림책 보기
 (생후 3개월 / 008장)

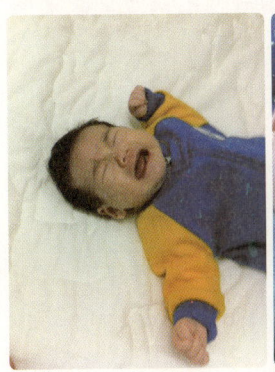

생후 1개월 : 울음으로 표현해요

생후 2개월 : 옹알이하며 놀아요

생후
0개월
001

신생아 누워서 모빌 놀이

준비물 — 엄마표 모빌, 시판 모빌 다양하게

1 * 흑백 모빌 보여주기

신생아가 먹고 자고 싸면 되지 무슨 놀이냐고요? 태어난 지 1달이 지나면 슬슬 아기도 깨어 있는 시간이 생긴답니다. 그리고 1개월 후반에 들어가면 눈동자를 조금씩 움직이며 사물을 보더라고요. 제 경험상, 그냥 눕혀놓으면 아이가 울고 나름 놀아준다고 놀아주면 잘 있더라고요. 그러니 신생아도 놀아주세요. 흑백 모빌*을 톡톡 흔들어서 움직이는 모빌을 쳐다보게 해주세요.

난생 처음 만난 흑백 모빌. 신기하지?

3개월부터 컬러 모빌로 바꾸었어요

tip 생후 3개월부터는 컬러 모빌
태어나서 생후 2주부터는 흑백 모빌을 보여주고, 색을 구별할 수 있는 생후 3개월 이후부터는 컬러 모빌로 교체해주세요. 높이 20~30cm 정도에 빛이 반사되지 않고 모양이 균형 잡힌 모빌을 선택해요. 움직이는 속도가 너무 빠르지 않으면서 아기가 눈으로 쫓아가며 보기에 좋은 모빌을 보여줍니다.

2 * 노래 불러주기

아기와 눈을 맞추면서 이런저런 노래를 불러주세요. 그냥 눕혀놓으면 아기가 우는데, 그게 졸려서이기도 하지만 놀아달라고 그러는 경우도 있어요. 잘 봐주세요.

엄마 노랫소리, 듣기 좋아요~

3 * 알콩달콩 이야기해주기

엄마의 따뜻한 목소리로 이야기를 들려주세요. 아기가 이야기 내용은 몰라도 따뜻함은 느끼는 듯해요. 엄마가 계속 말을 걸어주면 옹알이하려고(아직 옹알이는 못하는 단계이지만) 한마디씩 "아~" 하고 내뿜더라고요.

앗, 엄마가 뭐라고 얘기하네? 나도 나도~

정서가 안정되어서 즐거워요~

4 * 엄마와 눈동자 맞추기

흑백 모빌로 사물 보는 연습을 해보았어요. 이번엔 엄마가 직접 움직이는 모빌이 되어보세요. 아이와 눈을 맞추다가 아이가 엄마를 보는 것 같으면 슬슬 몸을 움직여보세요, 좌우로. 그러면 아기가 따라서 고개를 돌리고 눈동자도 움직인답니다! 모빌을 보는 것보다 움직이는 엄마를 따라서 보는 즐거움! 아기에게는 최고의 놀이 같아요! 누워 있는 아이에게 눈동자의 움직임은 운동의 시작이 아닐까요?

아기와 눈을 맞춰보세요~

 우는 신생아 달래기

아이마다 다르겠지만, 우리 아이는 노래를 불러주면 종종 웃었는데 이걸 배냇짓이라고 하더라고요. 태교가 중요한 건 배 속에서도 감정을 느끼기 때문인데, 태어나서는 오죽하겠어요. 그리고 우리 아이는 이름 부르는 것도 좋아했답니다. 울다가 자기 이름을 부르면 그치더라고요.

그리고 잠투정하면서 너무 심하게 울 때는 청소기나 드라이기를 켜놓으면 갑자기 울음을 그치고 잠들었어요. 이런 것을 백색소음이라고 해요. 이 외에도 비닐봉지를 부스럭하면서 단순한 소리를 들려주면 효과가 있답니다. 단, 아주 급할 때만 이용하는 걸로~

사랑한다면
마음껏 뽀뽀뽀

준비물 — 없음

1 * 두려움 없이 뽀뽀뽀

첫아이 마루를 키울 때는 뽀뽀*하면 병균 옮길까 봐 조심조심했는데요. 사랑의 감정은 있던 병도 날려준다는데, 사랑받기 위해 태어난 아이들을 굳이 꽁꽁 보호할 필요가 없겠더라고요. 그래서 둘째 아이 레(이름이 외자예요)를 낳고서는 충분히 안아주고 뽀뽀해주었어요. 스킨십을 하면 정서적으로 안정된 애착관계를 형성할 수 있으니 많이 교감해주세요.

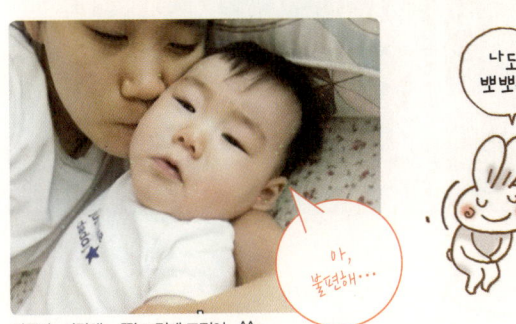

마루야, 사랑해~ 쪽! 그런데 표정이…^^;

> **tip** 아기를 뽀뽀 에티켓은 청결!
> 다 아시겠지만 면역력이 약한 아기들이니까 뽀뽀할 때는 얼굴과 손을 깨끗이 뽀득뽀득 씻고 해주세요. 아빠도 꼭 부탁드려요.

2 * 가족 모두 서로서로 뽀뽀뽀

가족 모두 모였을 때 엄마도 뽀뽀, 아빠도 뽀뽀, 형도 동생한테 뽀뽀해요. 주로 아기 볼, 이마, 팔에 뽀뽀해주며 놀았어요. 뽀뽀를 받는 아기도 행복하고, 사랑을 나눠주는 부모와 가족 모두 엔도르핀을 올려주는 뽀뽀뽀 놀이입니다.

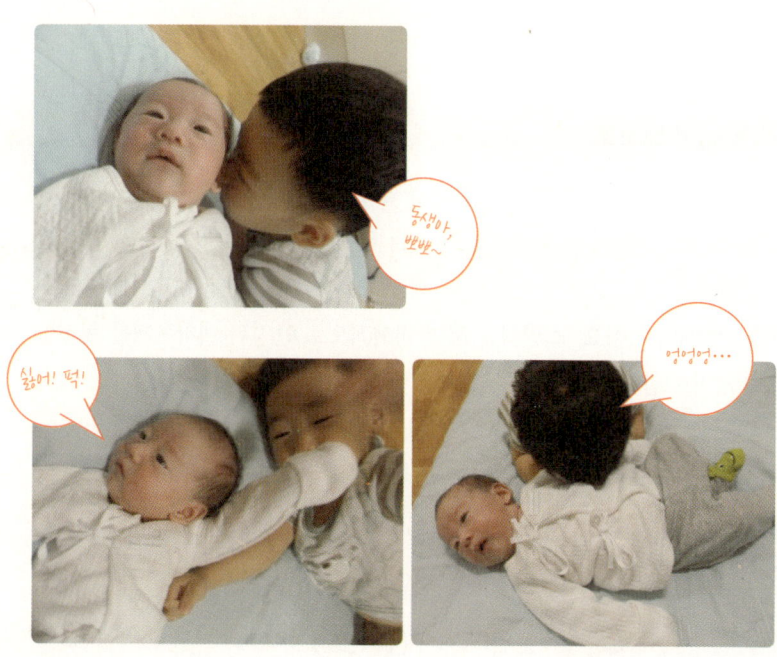

생후 1개월

003 아기의 손 힘은 천하장사? 손가락 잡기

준비물 - 없음

1 * 엄마 손가락 잡기

아기들이 주먹을 꽉 쥐면 어른의 힘으로도 못 펼 때가 있죠. 파악반사* 시기의 아기들은 뭐든지 꽉 움켜쥐려고 합니다. 이때 손가락을 꽉 잡는 놀이를 해보세요. 아기가 엄마의 손가락을 잡으면 위로 아래로 옆으로 흔들면서 말을 걸어줍니다.

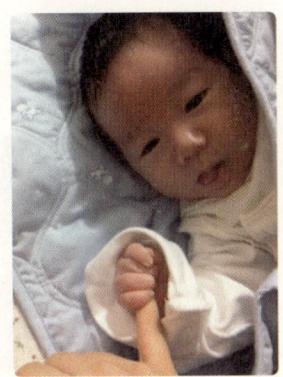

생후 30일, 엄마 손 잡고 놀아요

 신생아 파악반사

신생아의 손바닥이나 발바닥을 손가락으로 건드리면 꽉 붙잡거나 오므리는 것을 말합니다. 손바닥 파악반사는 생후 2~3개월, 발바닥 파악반사는 8~9개월 후에 사라진다고 하네요.

2 * 도구를 주며 이야기하기

처음에는 엄마 손가락을 잡으면서 놀이합니다. 그러다 나중에는 이유식 스푼, 치발기 등 가벼운 물건을 손에 잡게끔 해주세요. 그리고 "딱딱하네? 부드럽네?" 촉감 등을 이야기해주세요.

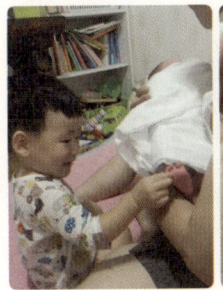

얍, 파악반사!

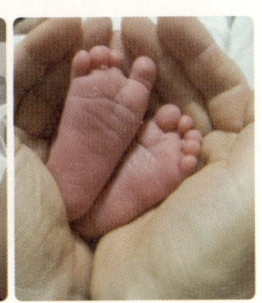

발가락이 오므라드네?

생후 1개월

004 여러 가지 소리 들려주기

준비물 — 라디오, 동요나 구연동화 CD

1 * 수다쟁이가 되어 아기와 대화하기

시각적 자극도 좋지만 청각을 자극해주는 놀이를 하면 균형 있는 발달을 도울 수 있어요. 엄마나 가족들 모두 다양한 목소리로 아기와 대화해주세요.

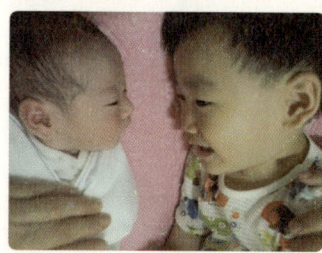
오늘 형님이 말이지… 쫑알쫑알…

엄마가 수다 떨면 잠자는 아기

물론 가장 좋은 소리는 엄마가 내주는 소리인데요. 종일 이야기할 수 없을 때는 클래식 음악이나 동요를 들려주면서 안고 리듬에 맞춰 살살 몸을 흔들기도 했답니다.

노래를 틀어주면 좋아해요

잘 자라, 우리 아가~

2 * 다양한 사물의 소리 들려주기

대화도 좋지만 동물 소리 들려주기, 딸랑이 소리 들려주기 등을 함께 하면 좋습니다. 아기에게 동물 장난감을 보여주면서 음메음메~, 꿀꿀~ 소리를 내며 이야기했어요.

메에에~ 나는 양이야!

아기를 기다리며 만든 엄마표 딸랑이

 시각보다 청각을 깨워주세요

요즘 아이들은 시각이 발달해서 말로 이야기하면 잘 집중하지 않는다고 해요. 시각자료를 보여주면 그제야 집중한다죠. TV, 스마트폰, 동영상 등 시각자료가 넘쳐나는 시대예요. 시각은 갈수록 더 강하고 자극적인 것을 원하기 때문에 상상하는 데 한계를 만들죠.

아이에게 곧바로 새를 영상으로 보여주는 것도 좋지만 먼저 청각으로 짹짹 소리를 들려주고 어떤 모습일까 자연스럽게 상상하게 한 뒤 산책 등을 통해 실제 모습을 보여주면 더 재미있어하고 좋아한답니다. 시각의 자극으로부터 아이를 지키기 위해서 마루가 어릴 때부터 쓰던 방법이에요.

다음은 실생활에서 청각을 일깨워주기 위해 적용할 수 있는 방법들입니다.

1 | 거실에서 TV 치우기

마루가 누워서 천장 보며 지내던 시기에 버릇처럼 거실에 TV를 켜놓고 있었는데 아이가 TV를 멍하니 계속 보더라고요. 아, 당장 치워야겠구나! 미루지 말자 결심하고는 작은방으로 옮겼습니다. 엄마가 TV를 켜지 않을 자신이 있으면 그대로 놓아둬도 되지만, 저는 TV를 잘 안 보는 편인데도 불구하고 자연스럽게 켜놓더라고요. 스스로 자제가 안될 때는 강제적인 차단 방법을 사용하는 것도 좋습니다! 아예 TV를 없애는 것이 좋지만 아빠들은 TV를 포기하기가 어려워요. 아이가 잘 들어가지 않는 방으로 TV를 옮기는 것만으로도 영상물에 노출되는 횟수가 확 줄어듭니다.

2 | 밥 먹을 때 스마트폰 보여주지 않기

외식이 많아진 시대에 식당에서 아이를 진정시키기에 스마트폰만한 것이 없죠. 하지만 한번 보여주기 시작하면 계속 원할 것이기 때문에 처음부터 절대 안 보여줬어요. 외식할 때는 식사에 집중하도록 하기 위해 상추를 가지고 놀게 합니다. 아니면 엄마아빠가 번갈아 식사를 하는 한이 있더라도 스마트폰은 보여주지 않아요.

3 | 라디오 듣기

거실에서 주로 노는 아이이고, TV가 없으니 책장에서 책을 꺼내 보거나, 동요나 구연동화 CD를 들으며 자랐어요. 마루는 에너지가 넘쳐서 차분히 노는 아이는 아니지만, TV가 없으니 혼자서 30분도 넘게 앉아서 그림책을 보더라고요. 그러다 지루해지면 구연동화 CD를 틀어달라고 가져옵니다.

한번은 다른 놀이를 하기에 안 듣는 줄 알고 구연동화 CD를 껐더니 "엄마, 끄지 마!" 하더라고요. 다 듣고 있다면서. 그러고는 왜 이야기 속에서 그렇게 행동했는지 귀로 먼저 듣고 → 머리로 상상하고 → 입으로 물어봅니다. 완벽한 영상을 제공해주기 때문에 상상할 필요가 없는 시각적 자극과는 다른 과정을 거치는 것이죠.

생후 3개월
005

등근육과 다리의 힘이 커지는 발바닥 밀기

준비물 — 없음

1 * 엄마 손으로 아이 발 밀어주기

누워 있는 아기의 등근육과 다리의 힘을 키워주는 놀이예요. 아기를 눕혀놓고 아이 발을 엄마의 양손으로 살짝 밀어줍니다. 그러면 아기가 다리에 힘을 주면서 밀어냅니다.

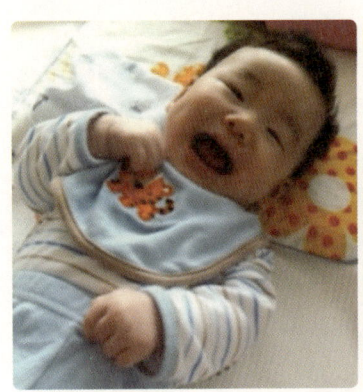
엄마 손으로 아이 발 밀기

발에 쭉쭉 힘이 들어가요

2 * 엄마 발로 아이 발 밀어주기

또는 엄마 발을 아이 발에 대고 슥 밀어줍니다. 아이가 발차기를 하면 엄마는 과장되게 "꽈당~" 하고 넘어갑니다. 행동을 과장되게 하면 아이가 참 즐거워해요.

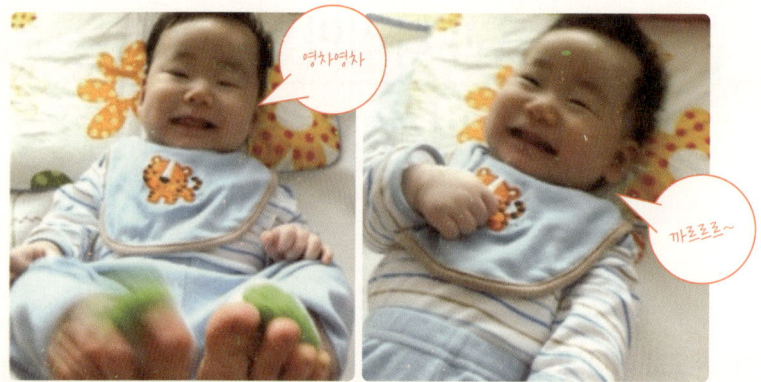

엄마 발로 아이 발 밀기   엄마가 뒤로 넘어가면 웃는 아기

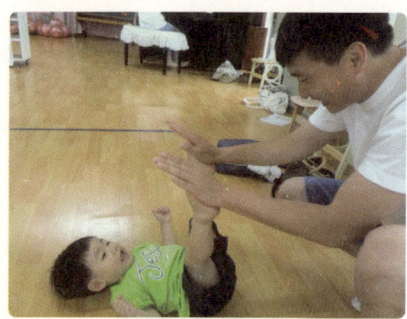

아이 발바닥 밀기는 걷는 시기에 다리 힘을 키우는 놀이로도 좋아요

생후 3개월
006

목욕 후
로션 마사지 놀이

준비물 — 베이비로션

1 * 목욕 후 누워서 마사지 놀이

아이가 기어다니기 시작하면 엄마가 로션을 발라줄 때마다 휙 몸을 뒤집어 도망치기 때문에 누워 지내는 시기에 하는 것이 좋아요. 목욕 후 로션을 바르면서 자연스럽게 마사지 놀이를 합니다.

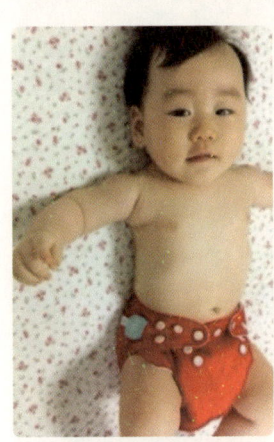
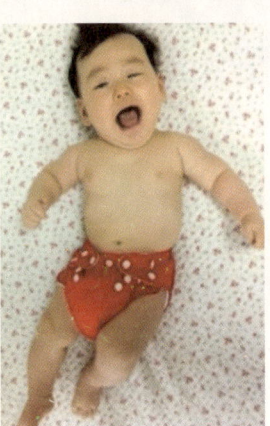

목욕 후 기저귀를 채운 다음 마사지해요

2 * 전문성이 필요 없는 엄마표 마사지

'베이비 마사지' 방법을 전문적으로 배울 수도 있지만, 엄마와 스킨십을 한다는 것이 더 중요하니까 서툴러도 괜찮아요. 일단 도전해보세요!
베이비로션을 바르고 발을 부드럽게 눌러준 다음 배와 등을 살살 마사지해줍니다. 다리가 곧게 펴지게끔 무릎도 마사지합니다. 마루는 간지러운지 "까르르~" 넘어가더라고요. 단, 날씨가 추울 때는 감기에 걸릴 수도 있으니 너무 오래 하지는 마세요.

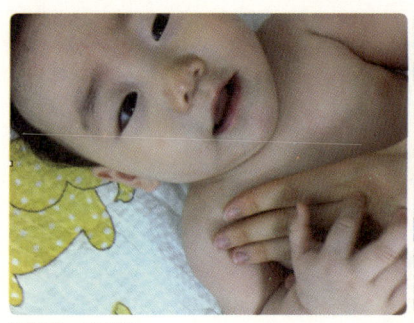
보들보들~ 부드럽네~

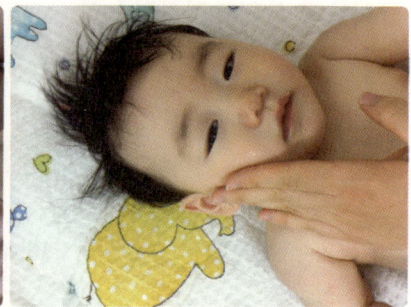
얼굴도 살살 문질문질~

 마사지는 신생아 때부터 하는 것이 좋아요

더 어린 신생아 시기에는 기저귀 갈 때, 목욕 후에 5분 정도 짧게 전신을 살살 누르면서 마사지해주었어요. 정서적 안정감을 느끼고 잠도 잘 들기 때문에 신생아 때부터 짧게라도 마사지를 해주면 좋답니다.

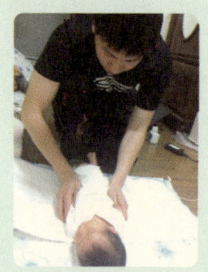
신생아 마사지해주는 아빠

007
생후 3개월

언제나 즐거운 까꿍 놀이

준비물 — 없음

1 * 손으로 까꿍 놀이

누워 있는 아기에게 까꿍 놀이를 해주세요. 엄마가 아기를 보고 손으로 얼굴을 가렸다 떼면서 "까꿍~" 합니다. 까꿍 하면서 웃는 표정, 우는 표정, 웃긴 표정 등 표정을 바꾸어 놀이합니다.

2 * 침대나 소파에서 까꿍 놀이

아기가 좀더 자라서 뒤집기를 시작하면 엎드릴 수 있어요. 이때는 아기는 침대 위에 엎드려 있고 아빠가 침대 밑에 숨어 있다 나오면서 "까꿍~" 했어요. 소파에서 해도 좋고요. 아빠가 사라지면 시무룩해지고, 아빠 얼굴이 보이면 "까르르" 넘어가면서 좋아하던 놀이예요. 단, 침대에서 할 때는 자칫 아기가 떨어질 수도 있으니 주의해서 놀아주세요.

여기 있다! 까꿍!

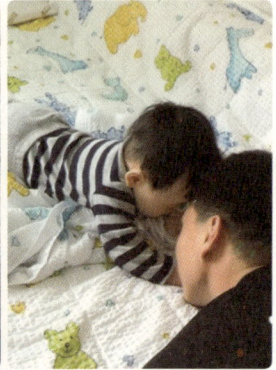

까꿍 까꿍!

생후 3개월

008 엎드려서 그림책 보기

준비물 — 헝겊책이나 그림책 2~3권

1 * 헝겊책, 아코디언 그림책 보여주기

아기가 목을 가누면서 엎드려 지내던 시기에는 그림책을 보여주었어요. 단순하고 선명한 그림이 있는 헝겊책이나 아코디언 그림책을 펼쳐주면 눈과 목을 돌려가면서 그림을 봅니다. 동물 소리도 내주고, 엄마와 아빠가 번갈아가며 책을 읽어주었지요.

엎드린 아이에게 그림책 보여주기

2 * 반복적으로 2~3권 읽어주기

많은 책보다 2~3권을 반복적으로 보고 만지고 즐기는 것이 책과 친숙해지는 방법이고, 보다 편안하게 놀이를 할 수 있는 방법이에요. 이 시기에 엄마가 열심히 많은 책을 읽어줘야 한다는 부담은 내려놓으세요! 앞으로 아이에게 책 읽어줄 시간은 많으니까요.

혼자 책을 보는 때가 곧 온답니다

생후 3개월 009
놀면서 쉬면서 비행기 놀이

준비물 — 없음

1 * 엄마 무릎 위에서 비행기 놀이

누워서 쉬고 싶은데 아이가 놀아달라고 할 때는 다리 위에 올리고 둥개둥개 흔들며 비행기 놀이*를 해주세요. 엄마가 누워서 무릎을 접고 아이를 종아리 위에 올린 다음 살살 흔들면 됩니다.

떴다 떴다, 비행기~ 슝!

(tip) 안정감을 느끼며 스킨십하기 좋은 비행기 놀이

이 놀이는 스킨십을 하면서 아이가 보호받고 있다는 안정감을 줍니다. 초보엄마 시절 이래저래 서툴러서 살림하랴, 육아하랴 지치고 힘들었지요. 거창한 놀이를 할 필요는 없어요. 그냥 틈틈이 아이와 놀아주면 충분합니다.

2 * 무릎 펴고 흔들기

아이가 조금 더 성장하면 발 위에 올려놓고 손을 잡고 높이 날아줍니다. 심하게 흔들면 뇌에 무리를 줄 수 있으니 살살 움직여주세요! 아빠가 해주면 더 높이 신나게 놀 수 있어요.

아빠 비행기 출발~

아빠 비행기는 더 높이 날아요

생후 4개월

010 난 누구? 거울 보기

준비물 — 큰 거울

1 * 누워서, 엎드려서, 앉아서 거울 보기

아이와 함께 거울 앞에 앉아요. 엎드려서 할 수도 있고, 등을 받쳐주고 앉아서 할 수도 있어요. 거울 속 인물이 자기인지는 아직 모르지만 거울에 비친 모습을 보면서 웃고 즐깁니다.

"안녕!"
"멋쟁이 마루가 있네?"
"손을 들어볼까? 우와! 똑같이 움직인다!"

첫째 마루(4개월 때)는 그저 웃지요

둘째 레(6개월 때)는 거울 보며 "만세!"

첫째마당 | 생후 0~5개월 아이놀자

2 * 더 커도 할 수 있는 거울 놀이

커다란 거울을 통해 자신의 얼굴과 몸을 보는 것은 아기 때부터 유아기까지 쭉 즐기는 놀이예요. 자신을 알아가고 자존감을 높여주는 시간이 된답니다.

거울을 보며 춤추는 아이

눈을 맞추고 표정 따라하기

생후 4개월 011

준비물 — 없음

1 * 사랑받는 느낌 팍팍! 눈 맞추기

움직임이 적은 시기의 아이들은 부모가 눈 맞추고 놀아주는 것이 큰 즐거움입니다. 눈을 맞추고 교감하면서 안정적인 애착을 형성하고 사랑받는다는 느낌을 갖는 것이 자존감을 높이는 출발점이랍니다.

누워 있는 아이와 마주봅니다. 또는 앉아서 눈을 맞추고 바라보세요.

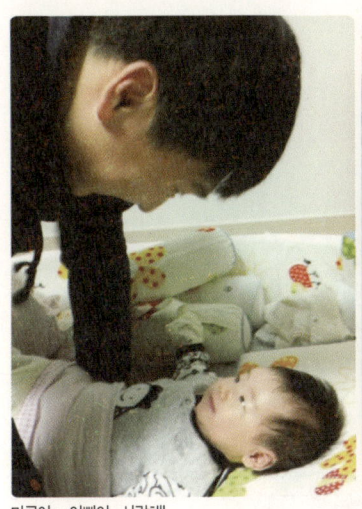

마루야~ 아빠야, 사랑해!

2 * 다양한 표정 지어보기

다양한 표정을 지어주세요. 조금은 과장되게 표현하면서 놀아요. 다양한 표정을 짓다 보면 점차 아이도 엄마아빠를 따라서 한답니다.

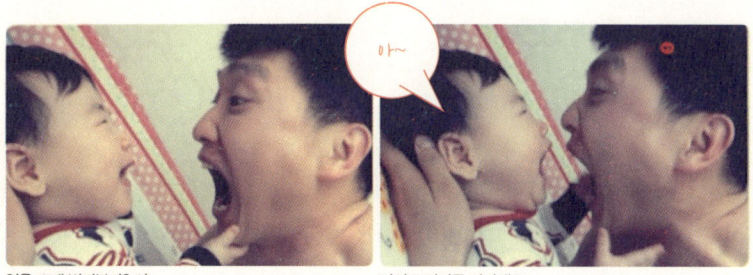

입을 크게 벌려볼까? 아~   아이도 아빠를 따라해요

우는 표정 : 잉잉~

웃는 표정 : 하하하~

웃긴 표정 : 입을 아!

졸린 표정 : 아함~ 하품이 나오네

 돌 이후 할 수 있는 표정 놀이

표정 놀이는 돌이 지나서도 할 수 있답니다. 돌 이후 얼굴 표정이 다른 인형을 가지고 표정 따라하기를 했어요. 인형을 보여주고 "인형이 어때?" 하고 물으면 마루가 표정을 따라하면서 울고, 하하하 웃고, 화를 내기도 했답니다.

못난이 인형 삼총사   웃는 인형 따라하기

둘째
마당

생후 6~11개월
아이놀자

생후 6~11개월

일반적인 아이들 특징 vs 멋진롬 아이들 특징

생후 6~11개월 아이들의 운동발달

생후 6개월부터는 뒤집기, 구르기, 배밀이를 잘하게 되고 혼자 앉아 있을 수 있습니다. 무릎으로 기어다니고, 양손을 이용해서 물건을 잡을 수 있어요. 그러다 9개월이 넘어가면 벽이나 가구를 잡고 혼자서 일어서려고 노력합니다. 계단도 기어서 올라갑니다. 12개월이 되면 혼자 서 있을 수 있어요. 빠른 아이들은 이때 걷기 시작합니다. 손가락으로 물건을 잡을 수 있습니다.

★ 멋진롬 아이들 특징

큰아이 마루는 7개월에 잡고 일어서고 무릎으로 기었습니다. 9개월에 두 걸음, 여섯 걸음 걷기를 시작으로 잡지 않고 걸었어요. 작은아이 레는 8개월에 걸었어요. 이 시기 운동발달에 도움되는 놀이를 다음과 같이 했어요.

생후 7개월 : 잡고 일어섰어요

생후 9개월 : 걸었어요

이렇게 놀았어요

- ▶ 택배요~ 박스터널 놀이
  (생후 9개월 / 016장)
- ▶ 빨래건조대에서 터널 놀이
  (생후 10개월 / 025장)
- ▶ 몸에 붙은 스티커 떼어내기
  (생후 9개월 / 018장)
- ▶ 청소할 각오로! 물티슈 놀이
  (생후 9개월 / 019장)
- ▶ 첨벙첨벙 오감 자극 물놀이
  (생후 8개월 / 012장)
- ▶ 정체불명 투명 비닐봉지 놀이
  (생후 9개월 / 014장)
- ▶ 활용 백배 종이컵 놀이
  (생후 9개월 / 015장)
- ▶ 흔들흔들 프라이팬 공놀이
  (생후 11개월 / 035장)
- ▶ 종이블록 쌓기 놀이
  (생후 11개월 / 033장)

생후 6~11개월 아이들의 정서 발달

엄마와 다른 사람을 구분하면서 낯가림을 많이 합니다. 또한 낯선 환경에 가면 긴장하기도 하고 짜증을 내기도 합니다. 9개월이 되면 까꿍 놀이할 때 까르르 웃으면서 감정 표현의 폭이 넓어집니다.

★ 멋진 룰 아이들 특징

8개월에 거미 그림을 보면 얼굴을 찡그리고, 공룡 사진을 보면 눈을 감으면서 무섭다는 감정 표현을 했습니다.

○ 이렇게 놀았어요

▶ 영차영차, 내가 해볼래요!
  (생후 11개월 / 036장)

▶ 엄마아빠랑 이불그네 놀이
  (생후 9개월 / 013장)

▶ 스트레스 아웃! 냄비드럼 놀이
  (생후 10개월 / 022장)

▶ 가을 만끽, 산책하며 은행잎 놀이
  (생후 11개월 / 029장)

▶ 아빠와 벽 타고 스파이더맨 놀이
  (생후 10개월 / 027장)

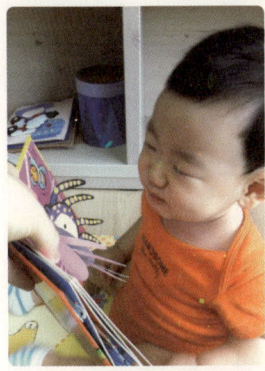

생후 8개월 : 다양한 감정을 알기 시작해요

둘째마당 | 생후 6~11개월 아이놀자 **95**

생후 6~11개월 아이들의 인지 발달

이제는 의도적으로 행동합니다. 원하는 먹을거리를 갖기 위해 엄마 손을 끌고 가기도 합니다. 눈에 보이지 않아도 완전히 사라진 것이 아님을 이해하는 대상 영속성이 발달합니다. 까꿍 놀이를 통해 눈에 안 보인다고 완전히 사라지는 것이 아니라 계속 있다는 것을 이해할 수 있습니다. 반복해서 놀이를 가르쳐주면 기억했다가 할 수 있습니다.

★ 멋진 롬 아이들 특징

6개월 이후부터는 혼자서 놀이하는 시간이 점차 늘어나서 엄마가 조금 숨을 돌릴 수 있었습니다. 9개월에 쫌쫌을 알려주었는데 엄마를 따라하고 기억해두었다가 종종 혼자 놀았어요.

생후 6개월 : 혼자서 노는 시간이 늘어났어요

까꿍~
생후 7개월 : 아이가 숨었다가 까꿍 해요!

생후 9개월 : 혼자서 열심히 곤지곤지, 쫌쫌을 하고 놀아요~

이렇게 놀았어요

▶ 보자기 까꿍 놀이
 (생후 10개월 / 024장)

▶ 행위예술가가 되는 물감 놀이
 (생후 9개월 / 017장)

▶ 하늘하늘 신나는 리본 놀이
 (생후 9개월 / 020장)

▶ 손놀이 종합세트 – 짝짜꿍, 곤지곤지, 쫌쫌
 (생후 9개월 / 021장)

▶ 이유식과 친해지는 그릇 놀이
 (생후 10개월 / 023장)

▶ 빨래건조대에서 터널 놀이
 (생후 10개월 / 025장)

▶ 알록달록 풍선 감각 놀이
 (생후 10개월 / 026장)

▶ 신문지 하나로 각양각색 놀이
 (생후 10개월 / 028장)

▶ 색종이로 신나게 오감 놀이
 (생후 11개월 / 030장)

▶ 엄마표 촉감판 놀이
 (생후 11개월 / 032장)

▶ 엄마아빠 밥 먹을 때 채소 찢기 놀이
 (생후 11개월 / 034장)

생후 6~11개월 아이들의 언어발달

재잘재잘거리며 반복해서 말을 합니다. 생후 6개월부터 돌까지 옹알이하고 소리도 지르고 꽥꽥거리면서 말이 많아져요. 엄마가 말을 걸어주면 옹알이의 높낮이가 바뀌면서 대화하듯 이야기합니다. 생후 9개월부터 처음으로 정확한 단어를 말합니다. 몇 개의 단어를 이해하고, 최근에 들은 단어를 기억해낼 수 있어요.

★ 멋진 룸 아이들 특징

마루, 레 둘 다 이 시기에 엄청 시끄럽게 소리를 질렀어요. 꽥꽥 소리치고 종일 소리를 내서 득음하는 줄 알았습니다. 소리를 너무 많이 내서 목이 쉬기도 했어요. 계속 이렇게 시끄러울 것 같던 아이가 소리를 내면서 발성도 연습하고 자신의 소리를 들으며 청각 능력도 키운 뒤에는 다시 조용해지더라고요. 지금 내 아이가 혼자서 소리치며 놀고 있다? 다 지나갑니다. 목과 귀가 트이는 과정이라 생각하고 기다려주세요.

이 시기에 엄청 옹알옹알 떠들 때는 대화를 많이 했어요. "아, 마루가 구름을 보니까 좋구나, 그랬구나, 그랬다고?" 하면서 아이가 옹알옹알 하는 말을 엄마가 마음대로 해석하면서 같이 이야기해주면 더 신나서 많이 말하고 목소리도 커졌어요.

> **이렇게 놀았어요**
>
> ▶ 스트레스 아웃! 냄비드럼 놀이
>   (생후 10개월 / 022장)
>
> ▶ 솔방울도 줍고 마라카스도 만들고
>   (생후 11개월 / 031장)
>
> ▶ 엄마표 촉감판 놀이
>   (생후 11개월 / 032장)
>
> ▶ 손놀이 종합세트 – 짝짜꿍, 곤지곤지, 죔죔
>   (생후 9개월 / 021장)

생후 6개월 : 소리를 많이 질렀어요

생후 8개월

012 첨벙첨벙 오감 자극 물놀이

준비물 — 대야, 물, 다양한 장난감

1 * 대야에 손 넣고 첨벙첨벙

8개월이 되면 놀이가 조금씩 가능해지고 책도 잘 보게 됩니다.
이 놀이를 하던 시기는 열대야가 계속되던 여름. 땀띠 때문에 자주 씻겨야 했어요.
그 참에 물놀이*도 하면서 겸사겸사 해결했지요. 대야에 물만 담아줘도 장난감이
필요 없어요. 손으로 첨벙거리는 촉감과 소리가 좋으니까요.

오묘한 이 촉감… 탐색 시작!

더운 여름, 이제야 살 것 같아요~

tip) 아이가 좋아하는 촉감 놀이는 물놀이

아이들은 물놀이를 좋아합니다. 물을 만지면 만족감을 느끼고 집중력은 물론 감각이 발달하지요. 무엇보다 스트레스를 해소하는 데 큰 도움을 줍니다. 물 위에 장난감을 띄워 놀게 하면 물질의 특성을 인지할 수 있어요.

2 * 대야에 장난감 넣어주기

충분히 물의 감각을 느낀 뒤에야 장난감을 잡아요. 탐색이 시작되지요. 물론 아직은 장난감으로 창의적인 놀이를 하기는 어렵지만, 곧 물과 도구를 이용하는 때가 올 거예요. 목욕할 때 사용하는 스펀지도 만져보고 인형도 만져보면서 놀아요.

통에 손을 넣고 탐색 탐색~

3 * 샤워기로 물 뿌리기

지겨워질 때쯤 샤워기로 물을 뿌려주면 소리치며 좋아한답니다. "쏴~" 소리를 듣고 "타다닥~" 튀는 물의 자극도 느끼고! 오감발달에 좋은 시간이에요.

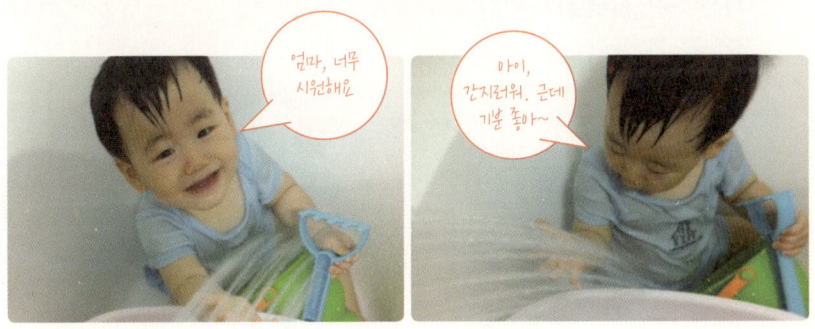

4. * 목욕으로 놀이 마무리!

목욕통 안에 들어가지 않고 밖에서 놀려는 아이. 물도 만져보고 보드라운 비누거품도 만지면서 목욕 끝!

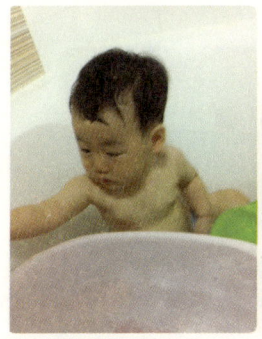
비누질 슥슥, 머리도 감고~

목욕 끝! 다시 놀이 시작?

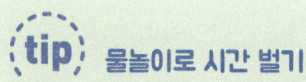 물놀이로 시간 벌기

앉아서 놀이하면서부터 목욕시간을 활용했어요. 엄마가 잠깐 쉬고 싶을 때면 아이를 욕조에 앉혀놓고 물놀이하라고 하고 엄마는 옆에서 지켜보며 쉬었답니다. ^^; 물론 뒷정리는 해야 하지만 잠깐의 꿀맛을 누리는 물놀이! 겨울에는 짧게, 여름에는 자주 했어요! 목욕시간을 활용한 놀이의 확장은 여섯째마당 095장, 099장을 참고하세요.

목욕하면서 신나는 장난, 간지럼 태우기~

생후 9개월

013 엄마아빠랑 이불그네 놀이

준비물 — 가벼운 이불, 매트

1 엄마아빠가 양 끝에서 이불 들어올리기

먼저 매트를 깔아놓고 시작하세요. 자칫 잘못하면 아이가 떨어질 수 있으니까요. 그런 다음 가벼운 이불 위에 아이를 눕힙니다. 엄마아빠가 이불 양쪽 끝을 잡고 들어올려요. 처음에는 아이가 무서워할 수 있어요. 바닥에서 흔들다가 아이가 적응하면 점점 높이 올라갑니다.★

바닥에 매트를 깔고 시작하세요

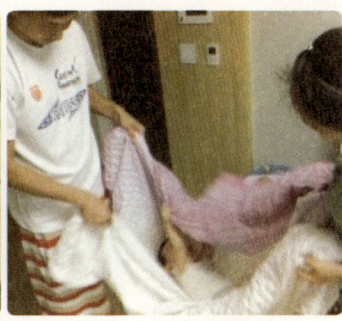

아이가 떨어질까 봐 바짝 붙어서 잡아줬어요

tip 이불그네, 너무 격하게 흔들지는 마세요

이 놀이는 엄마 혼자 하기는 어렵죠. 아빠가 같이 있을 때 대근육을 사용하는 놀이를 많이 해줘요. 아이들은 아빠랑 놀이하면서 긍정적인 에너지를 많이 받는다고 해요. 우리는 처음에는 아이가 재미있으라고 격하게 그네를 태웠어요. 그랬더니 아이가 겁에 질리더라고요. 살살 조심스럽게 흔들어주세요. 심하게 흔들면 놀라서 자다가 깨서 울지도 몰라요.

2 * 이불미끄럼 타기

아이가 이불그네 놀이에 잘 적응하면, 아빠는 이불*을 위로 들고 엄마는 밑으로 내려주면 아이가 미끄럼도 탈 수 있어요. 잠시 멈추어서 쉬기도 하고요. 흔들흔들 엄마아빠와 눈을 맞추며 놀아요.

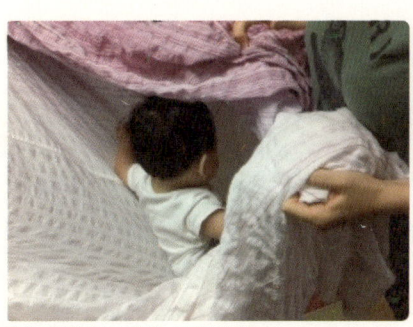 

아빠는 위에서 잡고, 엄마는 아래로 내리고

> **tip** 여름엔 인견, 겨울엔 극세사로 촉감 놀이도 한 번에!
> 계절별로 이불을 다양하게 활용해보세요. 까끌까끌한 인견이나 보들보들한 극세사 등으로 아이가 다양한 촉감을 느낄 수 있습니다.

생후 9개월
014

정체불명
투명 비닐봉지 놀이

준비물 — 투명한 비닐봉지, 자투리 색종이(또는 펠트지)

1 * 투명 비닐봉지로 엄마표 교구 만들기

먼저 투명한 비닐봉지에 자투리 펠트지나 색종이를 찢어서 넣어주세요. 그런 다음 비닐에 공기를 넣어 공처럼 만들고 묶어주세요.

종이 놀이하고 남은 것을 모아두세요

자투리 종이를 넣고 비닐봉지 풍선을 만들어요

아이가 뒹굴거리며 놀고 있다가 봉투 공을 보고 바로 다가옵니다.

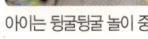
아이는 뒹굴뒹굴 놀이 중

둘째마당 | 생후 6~11개월 아이놀자

2 * 비닐봉지 탐색하기

비닐봉지*는 소리가 많이 나기 때문에 리듬감 있는 자극이 됩니다. 말랑말랑 촉감도 느끼도록 같이 흔들면서 놀아주세요.

"부스럭 소리가 나는걸? 말랑말랑, 작아졌다, 커졌다 하네~"

만지작… 말랑말랑…

봉지 안에 색종이가 있네?

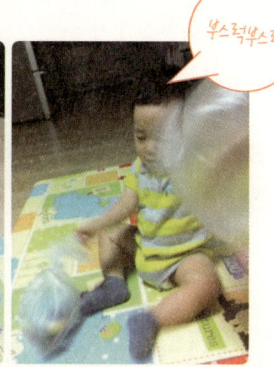

(tip) 검정 비닐봉지, 큰 봉지 등으로 응용 무한대!
투명한 봉지 외에도 다양한 비닐봉지로 놀이를 할 수 있어요. 엄마가 하늘 높이 던져주거나 굴려주는 놀이로 확장할 수도 있답니다.

잘 노는 아이, 엄마가 개입하지 않아도 OK!

혼자서 비닐봉지를 탐색하고 나면 엄마가 공처럼 던져주며 같이 놀아주려고 했는데, 아이가 이미 혼자서 너무 신나게 놀아서 엄마는 개입하지 않았어요. 이렇게 아이가 혼자 잘 놀 때는 엄마가 억지로 개입할 필요가 없답니다. 자칫 놀이의 흐름을 방해하게 될 수도 있으니까요.

상호작용이 중요하고 엄마가 말을 많이 하는 것이 아이의 언어발달을 돕는다고 하지만, 아이가 혼자서 집중해서 잘 놀 때는 옆에서 엄마가 그냥 지켜봐주고 한 공간에 있는 것만으로도 충분해요. 반드시 '내가 지금 이 모든 상황을 말로 설명하고 소리치며 호응해야 되는데…' 하고 부담 갖지 마세요.

이날 마루는 손으로 열심히 비닐봉지를 주물럭한 뒤 입에도 물고 흔들며 한참을 놀았어요. 봉지 1개만 가지고 놀기도 하고, 봉지 2개를 양손에 잡고 동시에 흔들며 박수치기도 합니다.

봉지놀이는 질식의 위험이 있으므로 꼭 옆에서 지켜봐주세요.

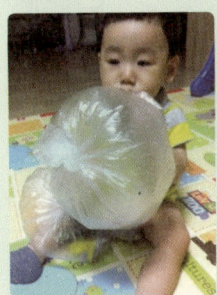
봉지를 입에 물어보는 아이

봉지가 2개, 재미도 2배

봉지 2개 들고 박수!

활용 백배 종이컵 놀이

생후 9개월

015

준비물 — 종이컵 여러 개

1 * 종이컵 탐색하고 탑 무너뜨리기

엄마가 3층으로 종이컵 탑을 쌓았더니 오늘도 아이가 눈을 반짝이며 다가옵니다. 이 시기에는 무너뜨리고 부수면서 즐거움을 찾아요.

이건 뭐지? 하나 잡아볼까?

야호, 무너졌다!

한참을 탐색합니다. 구겨도 보고 입에도 넣어보고. 컵을 2개 들고 탁탁 치면서 소리를 듣기도 합니다.
완제품 장난감이 아니어서 그럴까요? 아이는 엄마가 생각하지 못한 방법으로 놀이를 개발합니다. 엄마가 놀이를 이끌 필요가 전혀 없어요.

역시 입으로 고고!

종이컵 박수~

2 * 종이컵에 입 대고 소리내기

탐색이 끝난 것 같으면 엄마가 개입해서 놀이를 알려줍니다. 엄마가 먼저 컵에 입을 대고 "아~" 소리를 내봅니다. 아이는 따라하려고 컵을 입에 가져가는데, 아직 소리내기는 어렵죠. "아~" 맞춰서 소리내기는 어려운 시기지만, 그래도 잘한다고 칭찬해주세요.

아~ 엄마처럼 잘 안되네?

엄마, 난 그냥 컵 2개 치면서 놀래요

3 * 종이컵 속에 장난감 숨기기

종이컵* 속에 장난감을 숨깁니다. 바로 다가와서 컵 치우라는 아이. 장난감을 찾아내서는 휙 던져버립니다.

종이컵 까꿍이야~

tip 종이컵을 활용한 놀이들

종이컵을 바닥에 내리치면서 탕탕 소리 듣기, 입으로 마시는 모습 흉내 내기, 컵에 대고 "아~" 소리내면서 울리는 소리 듣기, 종이컵 구기기, 겹쳐진 종이컵 빼기 등 종이컵을 활용한 놀이는 다양합니다. 엄마가 미처 생각하지 못한 놀이를 아이가 스스로 찾아내기도 하죠. 완제품 장난감이 갖지 못한 장점이기도 해요.^_^

4 * 정리하기

이런저런 탐색과 놀이를 하더니, 뒤도 안 돌아보고 아기체육관 쪽으로 사라졌어요. 함께 정리하는 것으로 마무리하려 했으나 정리는 온전히 엄마 몫. 정리는 좀더 커서 같이 하기로 해요.

종이컵 놀이 오늘은 끝!

아이가 놀이에 집중하는 시간은 짧아요

이 시기 아이들은 집중하는 시간이 매우 짧아요. 놀이마다 선호도도 다르고요. 어떤 놀이는 5분 만에 흥미를 잃기도 하고, 어떨 때는 20분씩 놀기도 해요. 엄마가 며칠 동안 애써서 교구 만들었는데 아이는 관심 없어……. 이러면 너무 속상하잖아요. 그래서 저는 되도록 준비할 것 없이 널려 있는 생활도구로 놀고, 아이가 열심히 안 논다고 조급해하는 마음을 버렸답니다.

아이들 기질에 따라서 좋아하는 놀이가 다르고 집중하는 시간이 다르니 엄마가 여러 방법으로 놀아줘도 관심 없이 가버리면 그냥 두세요. 그러다 보면 엄마가 안 볼 때 다시 와서 가지고 놀고 있을 때도 있답니다.^^ 짧은 집중시간이지만 반복적인 활동으로 세상을 알아가는 아이들이에요.

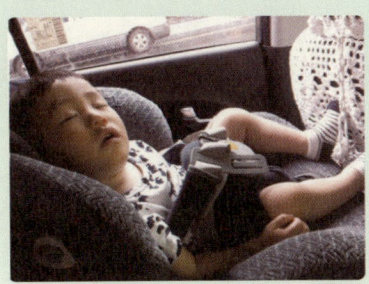

생후 9개월 016

택배요~
박스터널 놀이

준비물 — 아이가 통과할 수 있을 만큼 큰 박스

1 * 박스터널 통과하기

"딩동~ 택배 왔어요!" 하는 소리에 문 앞으로 달려오는 아이. 박스 안 내용물은 비우고 위아래를 개봉해 박스를 통과하는 놀이를 합니다.

아이가 박스로 만든 터널을 한참 왔다갔다 반복합니다. 굳이 터널 장난감이 없어도 언제나 간편한 놀이 완성!

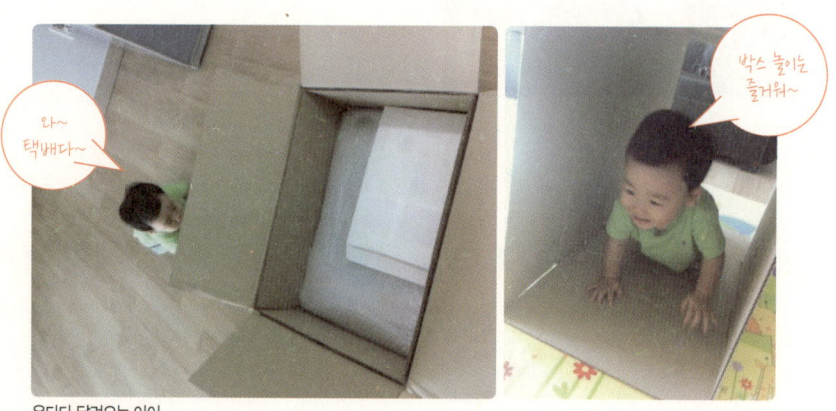

우다다 달려오는 아이

2 * 까꿍 놀이

박스 옆에 숨어 있다가 엄마 얼굴을 보이며 "까꿍! 엄마 여기 있다!"

박스 벽에 대고 중얼중얼…

3 * 박스 탐색 후 마무리

박스 안을 탐색해보고, 왔다갔다하고, 박스를 부수고 떠나는 것으로 마무리. 아이들의 놀이는 항상 엄마 계획처럼 진행되지 않아요.

박스 밖 세상은 어때?

생후 9개월

017 행위예술가가 되는 물감 놀이

준비물 — 물감, 팔레트(안 쓰는 그릇 재활용), 키즈매트(바닥에 깔 비닐), 흰 종이

1 * 물감 탐색하기

팔레트나 팔레트 대용으로 쓸 그릇을 골라 물감★을 담아놓습니다. 팔레트를 따로 구입할 필요 없이 그때그때 플라스틱 상자나 그릇을 재활용하면 돼요. 아이 앞에 갖다놓으면 조심스럽게 탐색하기 시작합니다. 자꾸 입으로 가져가려고 해서 공갈젖꼭지를 물려줬어요.

tip 예술 놀이할 때 배경음악은 기본!
이날은 아이가 물감을 처음 만지는 날. 예술 놀이할 때는 배경음악을 틀어줍니다. 음악에 맞추어서 손과 몸을 흔들면서 탐색해요.

처음에는 손가락으로 탐색하더니 본격적으로 손바닥으로 만지기 돌입! 주물럭거리면서 촉감을 느낍니다.

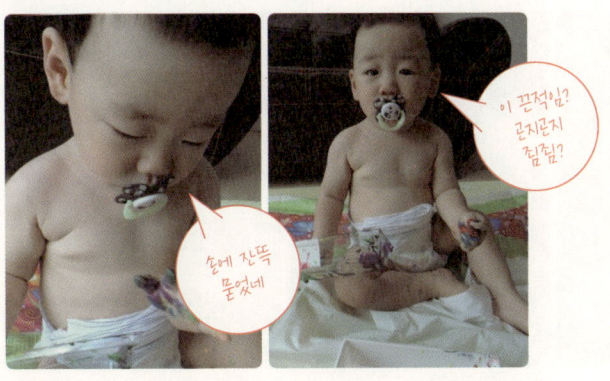

2 * 손바닥 찍기와 온몸으로 페인팅하기

바닥에 손바닥 찍기를 시작합니다. 그러다 종이를 주면 종이에 찍기를 합니다.

바닥에 손바닥 찍기   엉금엉금 기어가고요   종이에도 손바닥 도장을 찍어봅니다

엄마가 바닥에 그린 도형을 손으로 만져봅니다. 엄마 손가락에 물감을 칠하고 자기 다리에 그림도 그립니다. 알록달록 시각적 자극을 느끼면서 온몸*에 페인팅합니다.

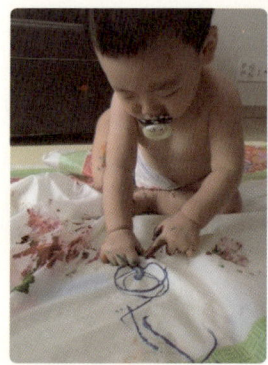
매트에 그림 그리기

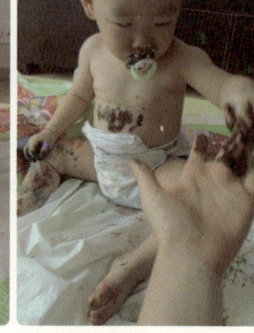
엄마 손에도 묻히고요

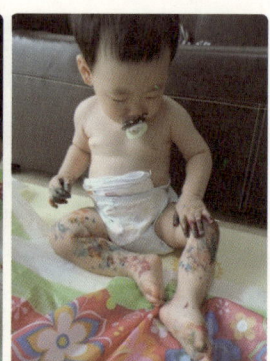
자기 몸에도 그려요

3 * 마무리는 역시 목욕!

놀이를 마치고 키즈매트(또는 비닐)만 치우면 끝. 곧바로 목욕에 돌입했지요.

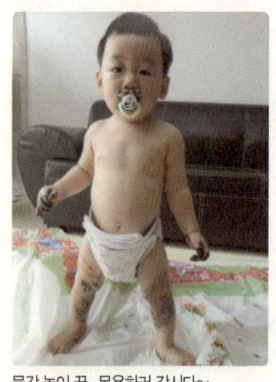
물감 놀이 끝, 목욕하러 갑시다~

tip) 온몸 물감 놀이 주의사항

날씨가 따뜻하면 옷을 벗고 온몸에 물감의 촉감을 느끼며 하기 좋은 놀이죠. 하지만 날씨가 서늘하면 감기 걸리기 쉬우니 주의하세요. 그리고 물감을 만지는 것을 극도로 싫어하는 아이도 있어요. 기다려주세요. 억지로 만져보라고 하면 앞으로 더 거부할 수 있으니 엄마가 먼저 하는 모습을 보여주면 엄마를 보는 것만으로도 즐거워합니다. 마음의 준비가 되면 만지기도 할 테니까요. 억지로 하면 놀이가 아니라 고통이 될 수 있으니 조심!

팔레트가 없을 때는 재활용함을 뒤져보세요

팔레트를 사지 않아도 충분히 물감 놀이를 할 수 있습니다. 플라스틱 재활용함에서 찾으면 가득하거든요. ^^; 플라스틱 달걀판은 물감 놀이를 마치고 말리면 물감이 깔끔하게 벗겨져서 계속 재활용했어요!

플라스틱 달걀판을 활용한 팔레트

낱치알을 담았던 플라스틱도 충분히 팔레트로 사용할 수 있어요

생후 9개월

018 몸에 붙은 스티커 떼어내기

준비물 — 스티커 여러 종류

1 * 아이 몸에 스티커 붙이기

아이 몸 구석구석 스티커*를 붙여줍니다. 아이가 손가락 2개로 떼어내려고 애를 씁니다. 소근육 발달에 좋은 놀이예요.

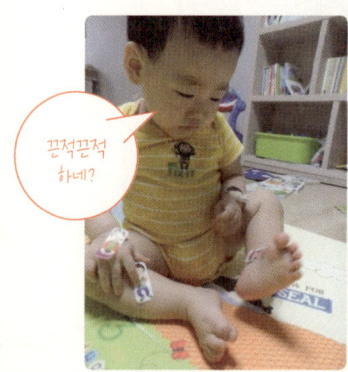

끈적끈적 하네?

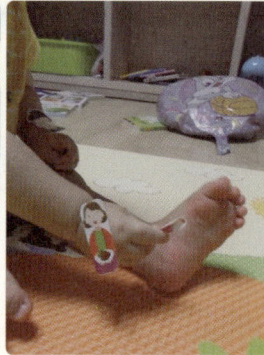

발에도 붙어 있네, 덕지덕지…

접었다 폈다… 손에서 떨어지지 않는구나~

tip 예민한 아이는 스티커 촉감을 싫어할 수도 있어요

아이들은 대부분 스티커 촉감을 신기해하며 떼어내기를 놀이로 생각하지만 예민한 아이들은 그 촉감을 싫어할 수도 있어요. 이때는 엄마 몸에 붙인 걸 보여주면서 엄마 것을 떼어달라고 해보세요.

2 * 언어발달 도와주기

입에 스티커를 집어넣으려고 하면 다른 스티커를 보여주면서 주의를 돌리세요. 엄마가 "머리", "발" 말하면서 붙여주면 언어발달도 도와줘요.

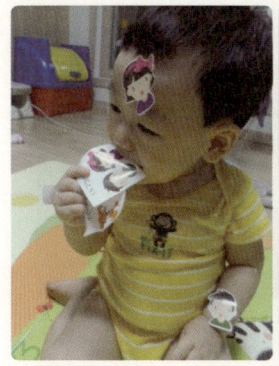
입에 붙이면 아파요~

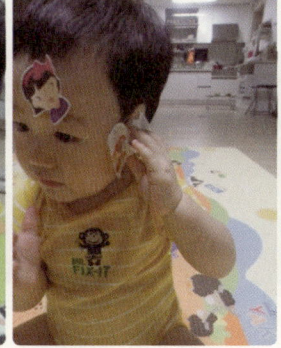
귀에 붙였어요!

발바닥에 붙였네!

작은 손으로 떼어보겠다고 애쓰는 아이. 다 떼었다고? 이마에 붙은 건 몰랐지롱?

짝짝짝~ 이마에 붙은 건 언제 뗄 건데?

9개월 아이, 스티커 붙이기는 힘들어요

이 시기 아이들은 스티커가 붙은 것을 떼어낼 수는 있지만 아직 붙이기는 어렵답니다. 우선은 떼는 놀이를 하다가 나중에 붙이기를 시도해보세요.

형제가 함께 하는 스티커 놀이

스티커만으로도 신나요!

30개월인 마루는 온몸에 스티커를 붙였다며 자랑하고, 9개월인 레는 형의 스티커를 떼어내면서 놀아요. 이처럼 스티커 붙이고 떼기 놀이는 9개월에만 가능한 것이 아니라 영유아기에 쭉 할 수 있는 놀이랍니다.

생후 9개월

019

청소할 각오로!
물티슈 놀이

준비물 — 물티슈 1통

1 * 물티슈 뽑기

물티슈를 1통 주니까 알아서 뽑아요. 뽑을 때 집중력 최고입니다. 소근육 발달도 돕고, 손과 눈의 협응력도 필요한 놀이입니다.

쭉쭉 나와라~

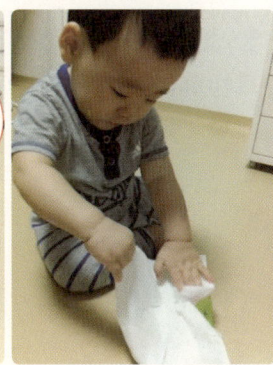

물티슈 통을 잡고 뽑을 생각도 하다니!

으랏차차

물티슈 잡아당기기. 찢어지지 않아요~

2 * 날아라 물티슈

촉감을 느끼며 탐색하다가 뽑은 물티슈로 다양한 놀이를 해봐요. 머리 위로 흔들다가 종이비행기처럼 날려봅니다. 기성품 장난감 없이도 한참 놀았어요.

둘째마당 | 생후 6~11개월 아이놀자

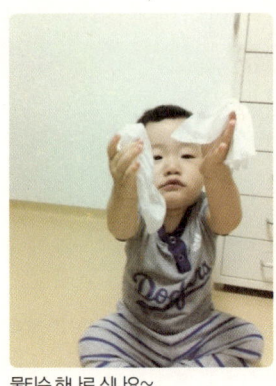
물티슈 하나로 신나요~

펄럭펄럭 팔랑팔랑~

3 * 물티슈로 청소하기

뽑아놓은 물티슈*로 엄마가 청소를 시작했더니 아이도 발로 닦는 시늉을 합니다. 마지막으로 머리에 모자처럼 씌웠더니 시원한가 봅니다. 물티슈 하나로 청소할 각오를 하고 시작한 놀이였답니다.

걸레질 발로 하는 엄마 따라 모방행동 보이는 아이. 앞으로 엄마가 더 조심해서 행동해야겠구나

(tip) 놀이에 사용한 물티슈 재활용하기

놀이에 사용한 물티슈는 나중에 더러운 거 닦으면 좋으니 버리지 말고 모아두세요.

하늘하늘 신나는 리본 놀이

생후 9개월 020

준비물 — 빈 갑티슈(또는 작은 박스 위에 구멍 뚫어서 사용), 리본(또는 노끈, 마트 포장끈)

1 * 리본 뽑기

빈 갑티슈에 돌돌 만 리본을 넣었어요. 아이는 새로운 사물을 보자마자 달려와서 탐색합니다. 그리고 알아서 빨간 리본을 당겨요. 줄줄줄~ 계속 나오네? 줄을 잡고 흔들흔들, 박스도 움직입니다.

갑티슈 안에 리본을 넣어요. 리본 끝은 테이프로 박스에 고정시켰어요

빈 갑티슈 박스를 탐색합니다. 입에도 물어보고 눌러보고 구석구석 살펴봅니다. 리본 놀이를 하려고 했는데 아이는 리본이 담겨 있는 박스에 더 관심이 많아요.

아직 구강기라 입으로 탐색해요

2 * 리본 흔들기

동요를 틀어놓고 놀았는데요. 리본을 흔들어보고, 몸에도 감아봅니다. 그리고는 다시 리본을 박스에 넣는다고 영차영차~

아이들은 줄을 참 좋아해요. 돌 전에도 좋아했지만 유아기인 지금도 여전히 줄을 보면 다양한 놀이를 합니다. 참, 리본 놀이는 줄이 아이 목에 감길 수도 있으니 꼭 보호자가 지켜보세요!

양손에 잡고 흔들흔들~

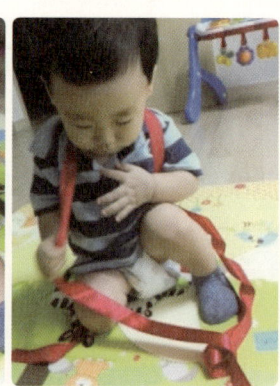
칭칭 감아줘요

다시 넣고 있구나!

3 * 리본 선물

리본을 아빠 얼굴에 묶고 "선물 왔어요~" 하면 아이가 리본을 벗기며 까꿍 놀이를 해요. 마루가 선물이 되어보기도 하고요. 아이들 놀이는 단순하지만, 아이가 즐거워하는 이유는 부모와 함께하는 그 시간이 좋아서랍니다.

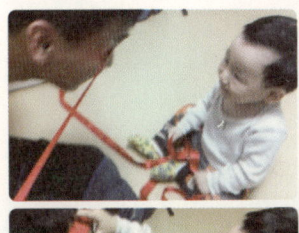

선물 왔어요!

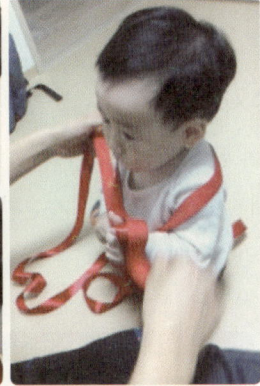
이번엔 마루가 선물이 되었어요!

생후 9개월

021 손놀이 종합세트 – 짝짜꿍, 곤지곤지, 죔죔

준비물 – 없음

1 * 짝짜꿍 소리내며 박수치기

아이와 마주앉은 다음 엄마가 먼저 "짝짜꿍" 소리를 내면서 박수를 치세요. 아이 손을 잡고 박수치기를 함께 해줘도 좋아요. 아이가 혼자 할 때를 기다려주세요. 충분히 눈으로 마음으로 받아들인 뒤에 할 거예요.

짝짜꿍 박수치기

tip 손을 통해 만나는 세상

아이는 손을 통해서 세상을 만나기 시작합니다. 놀잇감보다는 자신의 몸을 탐색하고 움직여보는 것이 아이의 신체 발달에도 좋아요. 엄마아빠가 함께 한다면 금상첨화가 되는 몸놀이 시간이랍니다.

2 * 죔죔, 곤지곤지 놀이하기

주먹을 쥐었다 폈다 하면서 죔죔 놀이를 해주세요. 이어서 손바닥에 다른 손가락을 찍으면서 곤지곤지 놀이도 하고요. 이 시기 마루는 혼자서 놀 때 진지하게 쥐었다 폈다 죔죔하면서 시간을 보내더라고요.

쥐었다 폈다 혼자서 끙끙!

손바닥에 곤지곤지

볼에도 곤지곤지

 전통놀이는 과학이다!

과거에는 대가족 안에서 할머니가 자연스럽게 손자에게 전통놀이를 가르쳐주면서 육아를 해왔다면 요즘은 엄마가 혼자 모델 없이 아이를 키우려니 참 어렵습니다.

손놀이를 알고는 있었지만 언제 해줘야 하는지 몰랐는데, 증조할머니네 놀러갔을 때 보니까 할머니가 증손자와 이 손놀이를 하면서 시간을 보내시더라고요. 거창한 놀이법을 해줘야 하는 줄 알고 있었는데, 아이는 전통 손놀이로 한참을 할머니와 놀더라고요.

증조할머니와 함께

전통놀이는 몸을 쓰는 게 많은데요. 이 시기의 손놀이는 소근육 발달을 도와서 조작능력과 두뇌발달까지 돕는답니다. 저는 9개월에 했지만 6개월 이후부터 차근차근 손놀이를 해보세요. 전통 육아법은 자연스러우면서도 즐겁게, 아이의 몸과 마음이 건강하게 자라도록 도와주는 것 같아요.

생후 10개월
022

스트레스 아웃! 냄비드럼 놀이

준비물 — 다양한 크기의 냄비와 뚜껑, 주걱, 숟가락

1 * 냄비와 주걱 탐색하기

거실에 냄비, 주걱 등을 꺼내줍니다. 먼저 주걱과 숟가락을 탐색하기 시작합니다. 입에 넣어보며 딱딱함도 느껴보고요.

엄마가 맘마 만들 때 쓰는 것들!

이가 나려나? 질겅질겅~ 탐색!

2 * 엄마와 함께 두드리고 노래하기

엄마가 노래하면서 냄비를 두드리는 모습을 보여주세요. 엄마가 하지 않는 행동도 합니다. 숟가락끼리 두드리기~ 소리가 나는 놀잇감을 좋아하는 시기인데 자신이 소리를 만들어내니 얼마나 신나겠어요! 노래에 맞춰서 두드리면 리듬감도 발달한답니다.*

숟가락끼리 두드려도 소리가 나요

사진만 보면 엄청난 연주 중. 그냥 막 두드리는 겁니다 ^_^

tip 소근육 발달에 좋은 냄비 뚜껑 여닫기

냄비 두드리기가 끝나면 냄비 뚜껑 여닫기도 해보세요. 눈과 손의 협응력에도 도움이 된답니다. 닫으면서 나는 소리를 반복해서 들으며 좋아해요.

3 * 일어서서 두드리기

한창 신이 나는 듯, 일어서서 놀고 싶어하는 아이. 냄비를 소파에 올려줬어요. 서서 쳐보렴. 아직 손 힘이 세지 않아서 많이 시끄럽지도 않아요. 두드리기를 하니까 스트레스가 해소되는지 한참을 신나게 놀았어요.

엄마, 이 큰 냄비가 마음에 들어요

스트레스 해소에도 딱! 냄비 놀이

엄마에게 시간을 주는 주방살림 놀이

주방에 오면 재미있는 놀잇감이 많죠. 볼, 큰 냄비, 국자, 다 꺼내서 두드리고 비행기처럼 타고 놀아요. 엄마가 설거지할 때 주방살림 꺼내주고 "알아서 놀아라" 하면 아이는 신나고 엄마는 살림할 시간을 벌고……. 고마운 살림 놀이입니다.

고무장갑 끼고 설거지 놀이

냄비 자동차!

냄비 뚜껑 심벌즈, 징징!

생후 10개월
023

이유식과 친해지는 그릇 놀이

준비물 — 플라스틱 그릇, 볼, 컵

1 * 그릇으로 탑 쌓기

그릇과 친해지면 이유식할 때 편하겠지요? 알록달록 그릇이 있어서 내놓았어요. 바로 탐색에 들어가네요. 그리고 탑*을 쌓기 시작하지요. 정확하게는 못 쌓기 때문에 엄마가 함께 도와주며 쌓아봅니다.

우와, 그릇이 많네? 알록달록 빨강, 초록…

탑을 쌓아보아요~

tip 아이는 세심한 관찰가

탑 쌓기는 따로 알려주지 않았어요. 예전에 종이탑 쌓기 놀이를 기억해냈나 봐요. 아이들은 언젠가 관찰한 것을 이렇게 응용해서 따라하네요. 말을 안 하고 안 보는 듯해도 다 기억해내니까 기다려주세요. 그리고 평소에 엄마가 행동을 조심해야 한다는 생각도 하게 된답니다. 아이는 어른들 행동을 그대로 따라하니까요. ^^

2 * 그릇으로 까꿍 놀이

이번에는 엄마와 까꿍 놀이를 해봐요. 지금까지 엄마가 해주기만 했는데 이제는 아이가 직접 까꿍 놀이를 하네요.

엄마랑 까꿍~

세상이 노란색으로 보이네~

3 * 컵으로 소리내고 물 먹기

"아~" 엄마가 먼저 컵에 대고 소리를 내봅니다. "컵으로 물을 마셔볼까?" 물 먹는 연습도 해봤어요.

아~ 소리내봐요

아~ 소리가 울리는구나

생후 10개월
024

보자기 까꿍 놀이

준비물 — 크기가 넉넉한 보자기

1 * 보자기 떨어뜨려 까꿍

아이들이 자기 전에 이불을 펼쳤다가 덮어주면 좋아하지요. 이번에는 이불을 덮어주듯이 보자기를 아이 얼굴 위로 떨어뜨렸어요. 몸 전체가 가려지네요. 보자기*를 살짝 들어 엄마가 까꿍 놀이를 해주세요.

낮에 하는 이불 놀이, 보자기 놀이~

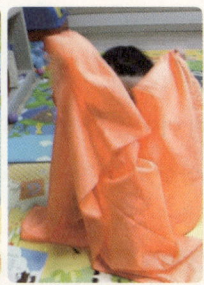
마루가 가려지네?

까꿍~ 엄마 여기 있다~

tip 보자기 놀이, 어린 아기들은 놀랄 수도 있어요

보자기 놀이를 아주 어린 아이에게 할 경우 놀랄 수 있어요.(대략 생후 10개월 이전) 마루도 어릴 때는 무서워했는데 지금은 좀 컸다고 살짝 당황하기만 하고 이내 까르르 웃으며 좋아한답니다.

보자기가 가벼우니까 아이 스스로 흔들고 놀 수 있어요. 끌고 다니고 흔들고 탐색하고, 혼자서 충분히 놉니다.

흔들리는 사진만큼 신난 아이

흔들흔들 팔랑팔랑~

2 * 보자기썰매 타기

이번에는 보자기 위에 아이를 앉히고 엄마가 당겨주세요. 슝~ 보자기썰매를 탑니다. 넘어지지 않도록 살살 당겨주세요.

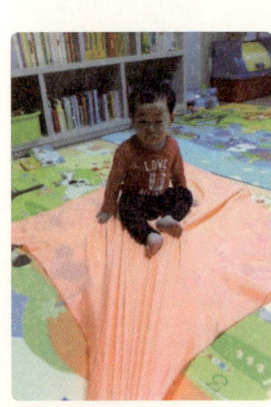
출발합니다, 준비!

슝~ 썰매가 달려갑니다~

3 * 보자기 숨바꼭질

엄마가 꼭꼭 숨어볼게. 엄마 어디 있지? 엄마 찾아보세요.

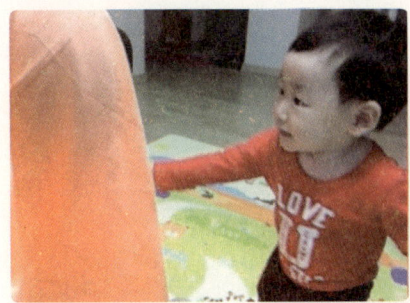
엄마 찾아봐~

여기 있지요

4 * 보자기그네 타기

보자기그네 타기를 했어요. 천을 잡고 대롱대롱, 줄을 타듯 매달리려고 애쓴답니다.*

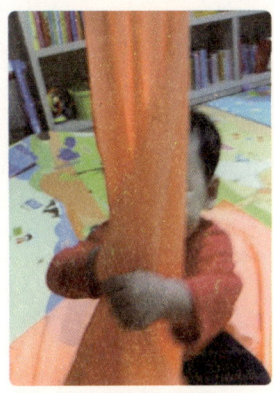
우와~ 우리 마루 힘세네. 영차영차~

tip 대근육 활동에 좋은 보자기 놀이

보자기로 그네를 타고 몸 전체를 쓰며 펄럭거리다 보면 대근육 발달에 도움이 된답니다. 보자기는 가벼워서 아이 혼자서 들고 흔들며 놀기 좋은 소재예요. 더 크면 이불을 활용해서 놀이해도 좋습니다.(넷째마당 071장 참고) 이날 마루는 실컷 놀고 잠도 푹 잤어요.^_^

5 * 보자기 슈퍼맨

걸어다니는 시기에는 어깨에 보자기를 둘러서 슈퍼맨 놀이를 했어요. 아빠와 함께 "날아라!" 하면서 거실을 뛰어다녔죠.

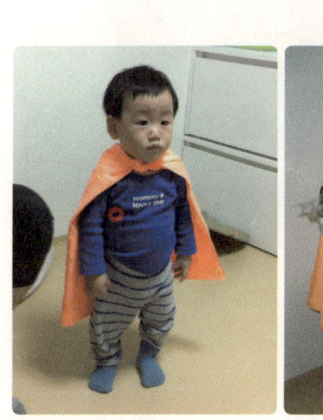

보자기 망토가 일상복이 되었어요

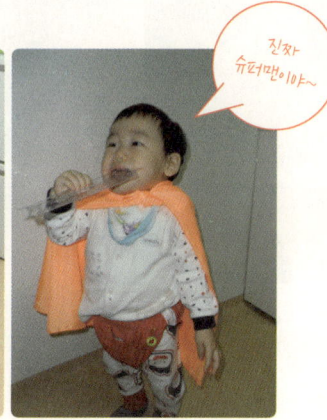

슈퍼맨처럼 팬티까지 입었다~

생후 10개월
025

빨래건조대에서 터널 놀이

준비물 — 빨래건조대, 이불

1 * 빨래건조대에 이불 널어서 터널 만들기

빨래를 하고 건조대*에 널어두면 자연스럽게 터널이 됩니다.

건조대에 이불을 널기만 하면 돼요.

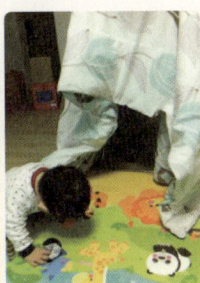

박스터널 말고 이불터널이 요기 있네?

tip 빨래건조대 놀이할 때 주의하세요

개구쟁이 아이들 중에는 빨래건조대를 흔들고 끌고 다니며 타고 오르려는 아이도 있어요. 다치지 않게 엄마가 잘 살펴봐주세요.

2 * 이불터널에서 까꿍

터널 반대편에서 엄마가 아이를 부릅니다. "마루야~ 까꿍~" 들어가기는 아직 무서운지 밖에서만 둘러봐요. 까꿍 놀이만으로도 충분히 재미있어한답니다.

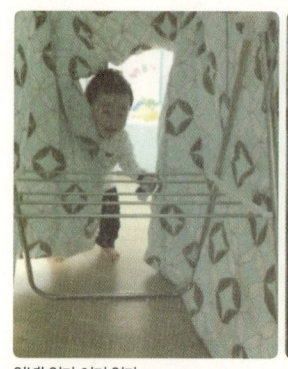  

안녕! 엄마 여기 있다~

3 * 이불터널 통과하기

서서 터널을 통과할 수는 없으니까 몸을 낮추고 포복하듯 기어옵니다. 대단하다, 훌륭하다, 용기 있게 지나온 아이를 칭찬해줘요.

이불을 통과해서 반대편으로 나오는 게 놀이의 목표였지만, 그냥 터널 주변을 돌고 이불을 흔들고 숨바꼭질하며 즐겁게 놀았답니다.

 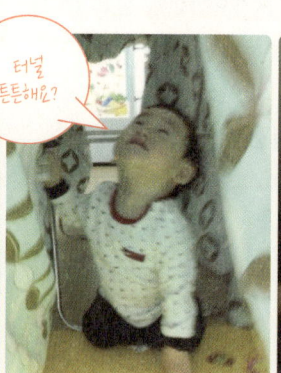 

우와! 빨리 달려왔구나. 터널이 아늑하지? 소파와 이불터널 사이 나만의 공간도 생겼네!

생후 10개월 026

알록달록 풍선 감각 놀이

준비물 — 다양한 크기의 알록달록 풍선 불어서 준비하기

1 * 풍선 탐색하기

짜잔~ 예쁜 풍선이 왔어요. 말랑말랑, 보들보들, 뽀드득뽀드득. 색깔 탐색, 다양한 크기 탐색, 촉감발달 등 두루 좋은 놀이예요.

아주 가끔 풍선이 터지기도 하는데 이럴 때 엄마가 더 놀라면 아이가 울어요. 혹시 풍선이 터지더라도 엄마가 담담하게 "와, 팡! 소리가 났네~" 하고 웃어주세요. 엄마의 담대함이 필요합니다.

동글동글한 풍선이 있네!

말랑말랑 주황색 풍선, 파란색 풍선이다!

엄마도 하나~

1개씩 나눠 가져? 고마워~

2 * 풍선 까꿍 놀이

풍선으로 얼굴을 가리고 "엄마 어디 있나?" 아이를 불러봅니다.

엄마 어디 있을까?

그래, 풍선 뒤에 숨었지. 우리 아들 대단해

3 * 풍선 박수치기

풍선 2개를 붙잡고 통통, 탕탕 쳐보세요. 음악을 틀어주면 흔들거리며 춤도 춘답니다. 신체 놀이에는 음악이 함께하면 참 즐겁답니다.

흔들흔들~ 달랑달랑~

4 * 풍선 축구하기

지난 주 공을 발로 차는 놀이를 했는데, 그때는 잘 안 하더니 이번엔 풍선을 발로 뻥뻥 차네요. 아이들은 역시 무엇을 시킬 때 안 한다고 관심이 없는 게 아니었군요. 관찰 중이다가 마음의 준비가 되면 행동으로 옮기죠.

발로 차~ 발로 차~

와, 풍선을 발로 찰 수 있구나!

5 * 풍선 잡으러 다니기

레가 10개월일 때는 31개월 된 마루와 함께 풍선을 던지고 잡기 놀이를 했어요. 풍선 던진 뒤에 "뛰어!", "잡아!" 말만 해줘도 다다닥 달려가고 기어가고. 가벼운 풍선이 자꾸 도망가서 더 열심히 움직이게 된답니다.

레야, 잡아!

6 * 풍선 촉감 놀이

풍선 안에 콩, 밀가루, 쌀을 넣어서 묶어줍니다.

깔때기를 이용해서 넣어줘요

쌀, 콩, 밀가루 등을 넣고 묶어요

풍선마다 말랑말랑, 오돌토돌, 찰찰찰 소리도 나고 질감도 다르니 새로운 풍선 놀이를 즐길 수 있어요. 굴려보고 던져보고 만져봅니다.

꾹꾹 누를 수 있네?

울퉁불퉁해

생후 10개월

027 아빠와 벽 타고 스파이더맨 놀이

준비물 — 없음

아이를 앞으로 안습니다. 그리고 다리를 벽에 대고 걷도록 유도합니다. 땅에서 손 잡고 걷는 것과 또 다른 즐거움을 느낄 수 있어요. 마치 날아가는 듯하면서 걷는 색다른 느낌이랍니다.

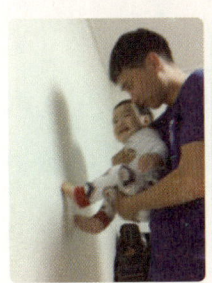
영차영차~ 올라갑니다

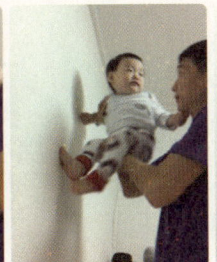
높이 올라왔네!

놀다~

평소에 발차기를 좋아하는데, 벽을 걸으면서 팍팍 벽을 밀며 힘을 쏟아요. 자연스런 스킨십을 할 수 있는 놀이! 아이와 아빠가 스킨십하며 노는 데 이것만큼 좋은 게 없지요. 보통 거실 유리창에서 "스파이더맨이다~" 하면서 놀아주었는데, 사진 찍은 날은 유리창이 싫다고 해서 벽에서 놀았답니다.

마루는 9개월에 한 발씩 걷기 시작해서 10개월에 이 놀이를 했답니다. 천천히 걷는 아이들도 다리 근육을 키워줄 수 있으니 걷기 연습할 때 스파이더맨 놀이 한번 해보세요!

생후 10개월

028 신문지 하나로 각양각색 놀이

준비물 — 신문지

1 * 신문지를 탐색해요

부스럭 신문지가 나타났어요. 이리 와서 놀자 말하지 않아도 아이들은 새로운 것을 보면 달려옵니다. 아이들의 호기심은 세상을 알아가는 원동력이죠. 밟아보고, 만져보고, 구겨보고, 엄마와 함께 찢어봅니다.

커다란 신문지가 있구나

부스럭부스럭 소리가 나네

2 * 신문지 까꿍 놀이

신문지 가운데 구멍을 뚫어서 "까꿍!" 해줘요.
"엄마 눈은 어디 있나?"
"엄마 입은 어디 있나?"
눈, 입 등을 구멍으로 보여주면 아이가 구멍에 손가락을 쏙 넣으면서 놉니다.

까꿍! 엄마 여기 있다~

3 * 신문지 옷을 입어요

신문지를 반으로 접고 가운데를 오려서 간단하게 옷을 만들어서 입혀줍니다. 하지만 마루는 벗어버리네요. 입기 싫어합니다. 5살이 된 지금도 신문지 옷 입는 것을 안 좋아합니다. 그런데 동생인 레는 신문지 옷을 입고 잘 놉니다. 역시 아이마다 달라~ 달라~

마루는 신문지 옷이 싫구나~   레야, 멋진 옷을 입었구나!

4 * 신문지 공을 가지고 놀아요

엄마가 신문지를 구겨서 만든 공을 던져줘요. 아이도 던지고, 다시 구겨진 공을 펴기도 하면서 자연스럽게 놀아요. (확장된 신문지 놀이는 여섯째마당 098장 참고)

동글동글 공이야   북북~ 찢고 있네~

생후 11개월

029 가을 만끽, 산책하며 은행잎 놀이

준비물 — 없음

1 * 나뭇잎 밟으며 산책하기

산책은 그 자체로 즐거운 놀이랍니다. 아래 사진에서 마루가 산책 나간 계절은 가을. 계절마다 환경에 맞게 산책해주세요.

우와, 노랗다!

부스럭부스럭 사부작사부작 소리가 나네~

2 * 나뭇잎 손가락으로 잡기

은행잎을 손가락으로 잡으면서 집중하다 보면 소근육 발달에도 좋습니다. 이제 본격적으로 탐색을 시작합니다. 아예 자리를 깔고 앉아 은행잎 관찰.

마루야, 노란 은행잎이 많구나

자, 선물~

바스락… 만져보고 구겨보고…

손이 좀 지저분해지면 어때? 옷이 좀 더러워지면 어때? 씻고 빨면 되지. 그래, 신나게 놀자. 은행잎 하나 귀 옆에 꽂고 놀이합니다.

신난다, 낙엽바다구나!

멋쟁이 마루가 되었구나

3 * 자연 탐색하기

이번엔 예쁜 민들레를 관찰하고 엄마 따라 후 불어봅니다. 물론 아직 부는 힘이 없어요. 곧 스스로 민들레 꽃씨도 날리겠지요. 보라색 열매도 만나요. 예쁘고 멋진 자연에서 충분히 놀아주세요.

동그랗고 하얀 민들레가 있구나

꽃씨를 불어보자

보라색 동그란 열매가 있네

지나가다 다른 민들레를 봤어요. 아까 본 거라 관심을 가지고 다시 보더라고요. 처음 볼 땐 자세히 안 보는데 두 번째 볼 땐 뚫어져라 봅니다. 이렇게 아이들은 쭉쭉 흡수해요.
마지막으로 낙엽 소리 한 번 더 듣고 가자네요. 부스럭부스럭!

아까 본 것 뚫어져라… 한참 이렇게 서 있었어요

어떤 악기보다 좋은 자연의 소리

산책 놀이 단짝친구는 책!

산책을 나가기 전에 가을 단풍, 은행잎 등 꽃 그림책을 보고 나갔어요. 독후활동은 큰 아이들만 하는 게 아니라 이렇게 어린 영아들도 쉽고 간단하게 할 수 있어요. 책과 그림으로 먼저 만난 후 나가보세요. 산책 갈 때 가볍고 얇은 책을 상황에 맞게 들고 나가도 좋답니다.

"와, 똑같네?" 그림책에서 본 자연이나 동물을 실제로 볼 때 아기들은 눈이 동그랗게 커진답니다. 물론 돌 전에는 엄마의 욕심을 내려놓고 가볍게 책에 대한 호기심만 느낄 수 있도록 보여주세요. ^^

글은 적고 그림이 큰 그림책   이제 단풍잎 찾으러 나가요~

생후 11개월
030

색종이로 신나게 오감 놀이

준비물 — 색종이

1 * 색종이 구겨서 공 만들기

색종이를 보자마자 달려드는 마루. 손 베일까 종이를 구긴 다음 주려고 했더니 바로 놀이를 시작합니다. 색 탐구, 촉감 탐구를 합니다. 탐색이 끝나면 엄마가 색종이를 구겨서 공을 만들어줘요.

마루야, 색종이 줄게 / 흔들, 펄럭~ 노래를 불러주니 신나서 놀아요

부스럭부스럭… 종이가 없어졌네? / 여기 있다~

2 * 색종이 구멍 뚫어 까꿍 놀이

구겨진 종이를 펼쳐볼까요? 아직은 펼치는 게 어려우니 엄마가 해주세요. 펼친 종이에 구멍을 뚫어서 까꿍 합니다. 그런데 아이 얼굴을 가리면 아직은 무서워해요. 그럴 땐 엄마 얼굴에 대고 까꿍!

색종이로 까꿍~

3 * 색종이 찢어서 비 내리기

이번엔 색종이를 길게 쭉쭉 찢어줘요. 이 시기 아이들은 아직 스스로 못 찢어요. 그러니 엄마가 한 손을 잡고 찢어주세요. 검정 비, 파랑 비 다양하게 머리 위에서 내려주세요.

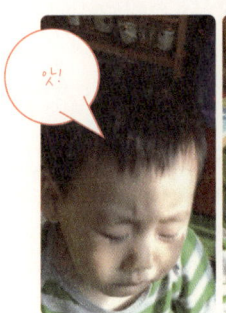 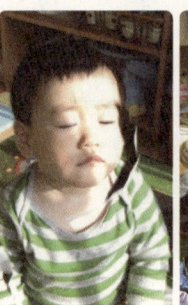  

갑자기 내리는 색종이 비에 당황한 마루   이번엔 마루가 찢어볼까?   파랑 비는 엄마랑 같이 찢어보자~

파랑 비가 내려요. 엄마 하는 모습을 잘 보고 있다가 따라합니다. 색종이를 높이 들었다 놓아서 날려줍니다.

파랑 비가 내려요

4 * 색종이 바구니에 넣기

색종이 놀잇감을 바구니에 넣어볼까요? 엄마처럼 휙 던져봐요. 종이를 넣었다 뺐다 반복하면서 놀아요. 이 시기의 아이들은 단순해 보이는 반복행동을 통해 세상을 알아갑니다. 한번 놀이한 것은 곧바로 치우지 마세요. 며칠간 놀잇감이나 장난감을 장난감 두는 영역에 놓아두세요. 놀이한 기억을 되새기며 짧게라도 반복해서 놀이하게 된답니다.

바구니에 다 담아볼까?

엄마처럼 휙 던져봐~

두 손가락으로 잡아볼까?

생후 11개월

031 솔방울도 줍고 마라카스도 만들고

준비물 — 투명한 통이나 바구니 등 담을 수 있는 것

1 * 솔방울 줍기

가을 산책길*은 갖고 싶은 자연물이 많지요. 작은 솔방울 발견! 우리가 찾던 솔방울을 만났어요.

작은 솔방울 발견!

손에 꽉 잡히는걸?

두리번~ 구경할 거 더 없나?

tip 걷기 싫은 아이, 억지로 걷게 하지 마세요

마루는 좀 잘 걷는 편이라 산책 놀이 활동이 좀더 수월하지만 걷는 걸 싫어하는 아이라면 억지로 걷게 하지 마세요. 아직 어려서 혼자 걷기 힘든 아이라면 잘 걷게 되었을 때 놀이를 해도 되고, 바닥에 앉아서 놀이할 수도 있어요.

2 * 솔방울 통에 넣고 빼기

마루가 주운 솔방울을 엄마가 통에 넣어줍니다. 아이는 하나씩 꺼내서 던지기도 하고 통을 다 비운 뒤에는 다시 스스로 넣기도 합니다. 통에 넣으면서 나는 동동동 소리도 듣고, 넣었다 뺐다 반복해서 놀이합니다. 엄마가 할 일은 충분히 기다려주는 것뿐.

솔방울이 통에 들어가 있네?

3 * 솔방울 마라카스 놀이

놀이가 지겨울 즈음 통을 흔들어요. 소리를 탐색하죠. 마라카스를 따로 만들지 않아도 됩니다. 통통통통 달랑달랑 흔들면서 귀를 쫑긋해요. 페트병에 모래를 넣어서 흔들며 놀이할 수도 있겠네요.

흔들흔들!   몸도 들썩들썩~

4 * 낙엽과 돌 수집하기

이번에는 알록달록 예쁜 낙엽을 만지며 바스락 소리도 듣고, 돌도 주워 통에 담아 가네요. 개울도 구경하고 동네 한 바퀴 돌면서 엄마도 편안한 우리 마을을 산책했어요.

앞으로 전진!

낙엽이 예뻐요

낙엽과 돌도 수집해야지

tip 멀리 가지 않아도 돼요

잘 꾸며진 박물관, 체험전 등을 데리고 가야 아이가 즐거워할 것 같지만, 아직 어린 영아기의 아이들에게는 이동시간이 짧고 반복적으로 보아서 익숙한 우리 동네를 산책하는 것이 더 편안하고 즐겁답니다. 아이들은 사람에게만 낯가림을 하는 것이 아니라 주변환경의 변화에도 민감하니 자주 보아서 편안한 마을을 산책하며 편하게 놀게 해주세요. 멀리 놀러가는 것은 유아기에 해도 늦지 않아요. ^^

생후 11개월

032 엄마표 촉감판 놀이

준비물 — 엄마표 촉감판(만드는 법은 본문 참고)

1 * 손으로 촉감 느껴보기

촉감판이라고 해서 거창하게 만들 필요는 없어요. 시간이 없으면 다양한 생활용품을 만져보게 해도 좋아요. 마루가 가장 관심을 보인 건 뽁뽁이*. 톡톡 소리가 나는 걸 터뜨리며 즐거워해요.

뭘 먼저 만질까?

뽁뽁이는 아이들의 최고 장난감

(tip) 다양한 의성어로 어휘력을 높여주세요

뽁뽁이를 누를 때 엄마가 다양한 의성어로 표현해주세요. "부시럭", "뽕뽕", "뽁뽁", "딱딱", 촉감 놀이를 하면서 어휘력도 높이고 리듬감 있는 말로 즐거운 놀이시간이 된답니다.

처음 본 물건은 탐색하느라 집중합니다. 판에 붙은 사물을 뜯어내려 노력하기도 합니다.

수세미는 폭풍 문지르기

헉! 마루야, 그건 뜯지 마~

보라색 물고기는 드르륵!

2 * 발로 촉감 느껴보기

촉감 놀이는 손으로 촉감을 느끼게끔 많이 하는데, 이렇게 판으로 만들면 발로 직접 밟아볼 수 있어서 좋아요. 발에는 온 신경이 가득하니까요. 놀이가 끝나도 거실에 놔뒀어요. 그랬더니 와서 다시 만지고 밟고, 떠났다가 다시 와서 놉니다.

노란색 극세사 만져봐요~

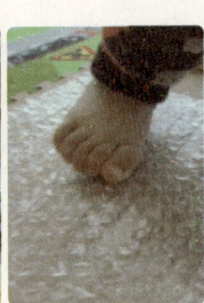
역시 뽁뽁이가 1등 낙찰!

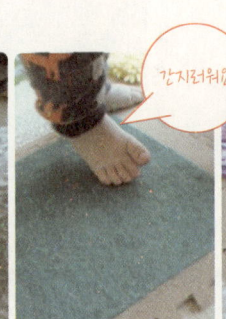
까끌 수세미

보라색 빨래판은 드드득 소리가 나네?

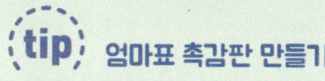 엄마표 촉감판 만들기

영아기에는 손과 발로 만지면서 세상을 흡수하니까 촉감 느끼기가 중요해요. 대학 때 만든 촉감판은 꼼꼼하고 예쁜데, 정작 아들을 위해 만들 때는 간편하고 쉽게 갑니다. ^_^
아래는 촉감판 준비물이에요. 집에 있는 재료와 다이소에서 구입한 재료들로 만들었어요.

대학 때 만든 정성 가득 촉감판 　　　엄마표 초간단 촉감판 준비물

만들기 전 모든 준비물을 아기용 세제로 싹싹 세척해주세요. 그런 다음 매트에 각종 촉감 재료를 글루건으로 붙여 고정시켜주세요. 집에서 뒹구는 재료를 촉감판으로 활용합니다. 단추, 빨대, 우레탄, 스티로폼 등 뭐든 좋습니다.

발판으로 만들기 위해 다이소에서 파는 퍼즐형 매트를 구입했어요 　　매트에 각종 재료를 글루건으로 붙입니다 　　뽁뽁이는 글루건으로 하면 녹으니까 양면 테이프로 고정시켜요

문풍지 남은 것도 활용합니다! 　　짜잔, 촉감판 완성~

생후 11개월

033 종이블록 쌓기 놀이

준비물 — 블록(종이블록, 종이상자, 우유갑 등)

1 * 블록 쌓기

다양한 종이블록*을 준비해주세요. 완제품이든 엄마표든 다 좋아요. 다양한 사이즈의 우유갑을 씻어서 줘도 괜찮고요. 사진을 찍은 날은 돌을 앞두고 멋지게 블록을 여러 개 쌓은 날이라 기억이 생생하네요.

초집중! 쌓기 삼매경!

크기에 대한 개념이 없어서 막 올려요

tip 돌 전후 아이부터 블록 쌓기 시작!

불과 한두 달 전만 해도 블록을 쌓기가 어려웠어요. 그래서 무너뜨리기 놀이를 했어요. 이틀 뒤면 돌인데, 365일을 살고 나니 블록을 쌓는구나 싶었죠. 처음엔 엄마가 쌓아놓은 걸 무너뜨리기부터 시도하세요. 어느 순간 아이가 쌓는 순간이 온답니다.

처음에는 1개, 2개 쌓았는데, 날이 지날수록 3개, 4개도 쌓습니다. 입에 물어서 탐색도 하면서 두 손으로 쌓아갑니다.

아랫니 나오려고 해서 침 흘리며 입 내밀고 초집중!

입으로 탐색하고 다시 집중!

2 * 엄마아빠의 칭찬 세례

3개, 4개 쌓을 때마다 "우와, 대단하다!"며 응원해줍니다. 아이가 성취감을 만끽하며 좋아합니다. 무너뜨리면서 스트레스도 해소하고요!

마루가 성공에 기뻐하며 만세를 외쳐요! 대한 독립 만세?

쌓고 무너뜨리고 무한반복!

탑이 자꾸 무너져서 짜증을 내나요?

쌓다가 탑이 자꾸 무너져요. 5살이 되어도 무너뜨리는데 어릴 땐 오죽하겠어요. 그럴 때는 엄마가 먼저 "괜찮아!" 또는 "와! 와르르 무너졌다! 신난다" 하면서 꼭 높이 쌓거나 완성하지 않아도 된다는 것을 자연스럽게 알려주세요. 완벽하게 쌓지 못하고 실패했다는 생각에 짜증내는 아이들이 있어요. 하지만 우리가 놀이하는 목적은 완성이 아니라 쌓기 놀이 과정의 즐거움이란 것을 자연스럽게 알려주면 좋아요. 단순히 쌓기 놀이지만 무너지는 실패 과정 속에서도 의연할 수 있는 마음을 배워가죠. 생활 전반에서 무언가 열심히 했는데 실패했을 때 '괜찮아, 다시 하면 돼'라는 마음을 알기에 좋은 시간이랍니다.

생후 11개월
034

엄마아빠 밥 먹을 때 채소 찢기 놀이

준비물 — 상추, 배추, 시금치 등 씻어서 먹는 채소

1 * 각종 채소 탐색하기

깨끗하게 씻은 상추나 배추, 시금치 등 잘 찢어지는 채소*를 아이에게 줍니다.

{tip} 밥 먹을 때는 스마트폰 대신 상추를!
이 놀이는 음식점에 가서 시작한 놀이예요. 밥 먹을 때 스마트폰이나 TV를 보여주지 않는 것을 규칙으로 정해놔서, 어른들 밥 먹을 때 또는 아이가 자기 밥 다 먹고 어른 밥상에 덤빌 때 이 놀이를 시작했어요. 앉혀놓고 상추 하나 주면 신나게 놀 수 있답니다.

엄마가 요리할 때 쓰는 채소들이군!

2 * 소근육 발달 + 스트레스 해소

채소를 과감히 찢어봅니다. 무엇을 찢는 행위는 아이들의 스트레스를 해소해주지요. 종이는 자칫 손이 베일 수 있지만 깨끗하게 씻은 채소는 그럴 염려가 없으니 안심하세요.

결 따라 찢어보자

스트레스도 해소되고 소근육도 발달되고! 무엇보다 안전한 놀잇감

3 * 채소 먹어보기

아직 입맛에는 안 맞겠지만 입에 자꾸 넣으려는 아이에게 채소만큼 좋은 놀잇감은 없어요. 미각도 발달되고요. 찢고 먹고 만지고 마음껏 즐겨라!

호기심에 입으로 들어가는 시기

맛이 없어서 많이 먹진 않아요

4 * 소꿉놀이

한참을 집중하다가 지루해질 때쯤에 숟가락, 그릇 등 도구를 줘요. 그러면 또 그것들을 담고 쏟으면서 시간을 벌어요. 이제 엄마 밥 먹을 때 스마트폰 대신 채소 놀잇감을 줘서 시간을 보내세요~

초집중하고 있는 마루!

숟가락에 채소를 올리는 중

생후 11개월
035

흔들흔들
프라이팬 공놀이

준비물 — 프라이팬, 공(또는 은박지 구겨서 만든 공), 뜰채(또는 국자)

1 * 프라이팬 속 공 뜰채로 꺼내기

프라이팬에 공을 넣고 뜰채로 꺼내는 놀이입니다. 뜰채로 꺼내려 노력하면서 자연스레 눈과 손의 협응력이 발달합니다. 손으로 잡기도 하고, 뜰채로 잡아내기도 합니다.

영차영차, 공을 집어봐요~

2 * 요리사 역할놀이

뜰채로 공을 꺼내지 않고 휙휙 저으며 요리를 해봅니다. 아이마다 자기만의 놀이법이 자연스레 나온답니다. 그냥 물 흐르듯 지켜보면 됩니다.

생후 11개월

036

영차영차, 내가 해볼래요!

준비물 — 엄마아빠 모자, 신발, 빗

1 * 나 혼자 모자 써볼래!

엄마가 옷정리를 하는데 모자를 꺼내서 머리에 써보려고 애를 씁니다. 아마 잘 안 써질 거예요. 이때 엄마는 당장 씌워주는 것보다 아이가 도전하고 노력하는 과정을 기다려주세요. 성공하면 "모자를 썼네!" 실패하면 "모자를 벗었네~" 하면서 아이의 행동을 살짝 설명해주며 지켜보면 됩니다.

성공과 실패는 아이에게 크게 중요하지 않아요. 영차영차 노력하는 과정이 즐거움이니까요! 큰애는 결국 던지고 떠나버렸지요. 둘째는 이 시기 모자를 씌워달라고 해서 씌워줬답니다. 아이마다 달라요.

모자를 꺼내들었어요

모자를 써보려고 애쓰는 아이

언젠가 쓰고 말 테다

둘째마당 | 생후 6~11개월 아이놀자 163

2 * 신발도 신어봐야지

9개월에 걷기 시작한 마루는 신발 신고 나가고 싶어합니다. 마루의 신발은 작아서 혼자 신기 어렵기 때문에 발이 쉽게 들어가는 엄마의 신발을 들고 고군분투해요. 낑낑거리면서 혼자서 신발 신어보는 아이. 더럽다고 빼앗지 말고 혼자서 해볼 수 있는 시간을 주세요. 손은 씻으면 되니까요.

신발을 잡고 발을 넣고 있구나. 영차영차~

3 * 멋쟁이 머리 빗기

엄마가 하는 행동은 따로 가르치지 않아도 어느새 따라하는 아이. 빗을 찾아와서 슥슥 머리를 빗습니다. 엄마 머리도 빗겨달라고 하면 슥슥 빗질을 합니다. 엄마를 따라하는 놀이를 하면서 자연스럽게 사회적 정서가 발달한답니다.

슥슥, 멋쟁이 마루가 되었네?   엄마도 빗겨줄래요?

4 * 엄마 청소 도와줄래요

테이프로 먼지를 떼고 있었어요. 마루가 테이프를 달라고 해서 넘겨줬습니다. 샥샥 엄마처럼 먼지 떼기를 하네요. 레를 키울 때는 아예 롤리를 손에 쥐어주고 엄마는 걸레질, 레는 먼지 떼기를 하면서 함께 청소했죠.

쓱쓱 싹싹 먼지 잡재! 먼지 잡재!

진공청소기도 돌리고…

 놀이에 실패했다고 목소리 톤 바꾸지 마세요

아이들이 실패했다고 짜증내고 화내는 것은 주변사람들의 기대에 따라 후천적으로 학습되는 경우가 많은 것 같아요. 성공했을 때는 신나는 목소리로 "와, 잘했어! 성공이야!" 하다가 실패했을 때는 목소리 톤이 내려가서 "에이~ 실패했네, 어쩌나" 하고, 성공과 실패를 기준으로 양육자의 목소리에 변화가 일어나면 아이는 예민하기 때문에 놀이에서 결과를 중요하게 여기게 되죠. 유아기, 청소년기, 넓게 보면 인생 전체에서 결과보다 과정을 즐기는 삶을 살 수 있도록 어린 시기부터 결과에 대한 상호작용이 아니라 놀이 과정 자체를 같이 즐겨주세요.

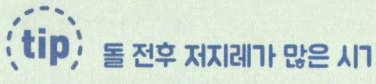

돌 전후 저지레가 많은 시기

첫돌이 가까워지면서 아이는 엄마의 일상생활 모습을 따라하기 시작합니다. 혼자서 도전하는 횟수도 늘어납니다. 어른들이 볼 때 소위 사고치는 아이는 호기심도 많고 도전정신도 강한 건강한 아이랍니다. 저는 이렇게 믿고 저지레를 일삼는 아이의 행동을 허락했답니다. 긍정적으로 생각해야지 어쩌겠습니까?^^; 청소하고 뒤돌아서면 난장판이 되어 있는 집을 보며 스트레스만 받으니 좋게 생각하기로 해요.

아이놀이는 거창하지 않아요. 엄마와 함께 하면서 행동을 모방하며 놀이를 하게 되고 살아가는 방법도 자연스럽게 배워간답니다. 두 아들을 키워보니 특별히 놀이를 위해 준비하지 않아도 살림할 때 옆에서 함께 하도록 살림살이 1~2가지를 내어주면서 보낸 시간이 좋았어요. 시간이 쌓여서 정서안정, 애착형성, 사회성 향상이 되더라고요.

흘리면서 먹어도 괜찮아~ 스스로 해봐!   거실에 휴지길을 만들었어요

셋째
마당

생후 12~17개월

아이놀자

생후 12~17개월

일반적인 아이들 특징 vs 멋진롬 아이들 특징

생후 12~17개월 아이들의 운동 발달

생후 13개월이면 혼자서 걷기 시작합니다. 이 시기에 이미 뛰어다니는 아이도 있습니다. 하지만 15개월에 걷는 아이도 있으니 조급해하지 않아도 됩니다. 생후 18개월이 되면 벽을 잡고 계단을 오를 수 있습니다. 이 시기에는 눈과 손의 협응력이 발달해서 엄지와 검지손가락으로 색연필이나 블록을 잡을 수 있어요. 블록을 3~4개 쌓으면서 놀 수 있답니다.

★ 멋진롬 아이들 특징

마루와 레는 빨리 걸은 편이에요. 물론 생후 18개월에 걷는 아이도 있습니다. 생후 6개월 즈음 이유식 시작할 때부터 수저를 주어서 생후 12개월부터 스스로 떠먹었어요. 물론 숟가락질하다가 손으로 먹기도 했지요.

○ 이렇게 놀았어요 ○

▸ 수수깡으로 드럼도 치고 케이크 초도 만들고
(생후 17개월 / 060장)

▸ 두루마리 휴지로 길 따라 걷기
(생후 12개월 / 044장)

▸ 걷기 연습 책계단 오르기
(생후 12개월 / 045장)

▸ 선물상자 뚜껑 열기
(생후 13개월 / 047장)

▸ 숟가락으로 밤과 대추 옮기기
(생후 13개월 / 049장)

▸ 발자국 흔적 따라 걷기
(생후 14개월 / 051장)

▸ 우리 집은 박스집, 출입국심사 중
(생후 12개월 / 037장)

▸ 따뜻하게 집에서 눈 놀이
(생후 14개월 / 050장)

생후 12개월 : 숟가락질했어요. 손으로도 먹고…

생후 15개월 : 참치캔 쌓기 척척~

생후 12~17개월 아이들의 정서 발달

낯가림 증폭! 엄마와 계속 함께 있으려고 하는 시기예요. 엄마가 화장실도 못 가게 하는 시기가 바로 이때죠. 아직은 집중해서 즐기는 시간이 짧아서 놀이 하나를 오래 지속하지는 못해요. 짜증냈다가 웃었다가 감정기복도 심하죠.

★ 멋진 롬 아이들 특징

마루와 레는 낯가림은 적어서 낯선 사람과도 빨리 적응하고 잘 놀았어요. 하지만 집에 엄마와 둘만 있을 때 엄마가 화장실 가면 울었어요.

생후 13개월 : 엄마가 안 보이면 울어요

이렇게 놀았어요

▸ 사회성 키워주는 사랑해 인형 놀이
 (생후 12개월 / 043장)

▸ 초간단 박스가면 역할놀이
 (생후 15개월 / 054장)

▸ 자연이 좋아! 산책 놀이
 (생후 16개월 / 057장)

▸ 밀가루 반죽으로 조물조물 오감 놀이
 (생후 12개월 / 038장)

▸ 그림도 그리고 전시회도 열고
 (생후 14개월 / 052장)

▸ 알록달록 채소도장 찍기
 (생후 15개월 / 053장)

생후 12~17개월 아이들의 인지 발달

이 시기는 단순히 행동을 반복하는 것이 아니라 왜 그런 일이 일어나는지 이유와 방법을 탐색합니다. 막대기를 여기저기 찔러보고, 쌀을 뿌리고 던져보며 새로운 방법으로 놀이하면서 왕성하게 탐색하는 시기입니다. 일명 저지레를 너무 많이 해서 엄마가 힘들 수 있지만, 탐색하는 과정을 놀이로 여겨주세요. 크게 위험하지 않다면 충분히 탐색하고 시도할 수 있도록 기다려주는 것이 이 시기에 해줄 수 있는 발달을 돕는 방법입니다.

★ 멋진롬 아이들 특징

마루는 이 시기에 쌀통의 쌀을 뿌리면서 놀았습니다. 바닥에 물 뿌리고 화장품 뒤지기가 일상입니다. 레는 이불에 밀가루, 후추 등을 뿌렸답니다.

> **이렇게 놀았어요**
>
> ▶ 미끄덩미끄덩 미역 촉감 놀이
>   (생후 13개월 / 048장)
>
> ▶ 밀가루 반죽으로 조물조물 오감 놀이
>   (생후 12개월 / 038장)
>
> ▶ 엄마표 마라카스 놀이
>   (생후 12개월 / 039장)
>
> ▶ 숟가락질이 친숙해지는 콩알쌀알 촉감 놀이
>   (생후 12개월 / 040장)
>
> ▶ 청소 간단 당면 촉감 놀이
>   (생후 12개월 / 041장)
>
> ▶ 부드러운 요구르트 촉감 놀이
>   (생후 12개월 / 042장)
>
> ▶ 검은 도화지에 흰색 그림 그리기
>   (생후 15개월 / 055장)
>
> ▶ 심심할 땐 베갯속 촉감 놀이
>   (생후 17개월 / 059장)
>
> ▶ 게으른 엄마를 위한 파스타 촉감 놀이
>   (생후 15개월 / 056장)

생후 13개월 : 쌀통에서 쌀 꺼내기는 즐거운 놀이

생후 14개월 : 이불에 밀가루 뿌리기

생후 15개월 : 화장품 꺼내서 탐색하기

생후 12~17개월 아이들의 언어 발달

말을 잘하지는 못하지만 20개 정도의 단어를 이해하고 5개 단어 이상을 말할 수 있어요. 엄마의 간단한 지시를 따라 행동합니다. "기저귀 주세요!" 등 심부름 놀이를 할 수 있어요.

★ 멋진 롬 아이들 특징

마루는 18개월에 주로 "아빠"라는 단어로 의사표시를 했어요. 무조건 "아빠"만 외쳤고, 엄마, 할머니, 할아버지한테 요구하는 것 모두 "아빠"라고 외쳤어요. 그러다가 18개월이 지나면서부터 말하는 단어가 늘어났어요.

이렇게 놀았어요

▶ 동물 울음 따라하기
(생후 17개월 / 058장)

▶ 물고 씹고 채소 탐색 놀이
(생후 13개월 / 046장)

▶ 엄마표 마라카스 놀이
(생후 12개월 / 039장)

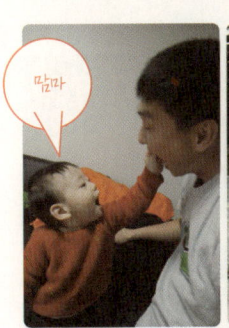

생후 17개월 : 레는 "맘마"라는 말을 하면서 음식을 나눠 먹었어요

생후 17개월 : 마루는 "파리야" 부르며 잡으려 했어요

생후 12개월
037

우리 집은 박스집, 출입국심사 중

준비물 — 다양한 크기의 박스(스티로폼으로 된 아이스박스, 종이박스 등), 매트

1 * 아이스박스 들어갔다 나왔다 반복하기

신체발달*이 활발해지면서 어디든 들어가고 오르고 바쁘죠~ 아이스박스는 도톰하고 탄탄해서 들어가기 좋지만, 아이가 넘어질 수도 있으니 매트를 깔아놓고 하세요.

들어갔다 나왔다, 대근육 놀이

발라당 넘어졌네~

우리 집 좋다, 박수~

(tip) 대근육 놀이가 좋은 이유

대근육이 발달하면 누워만 있던 아이가 뒤집고 걷기 시작하면서 세상을 적극적으로 알아가게 되는데요. 덕분에 많은 탐색을 시작하게 됩니다. 그리고 대근육 놀이를 하면 큰 근육들의 협응력이 올라가고, 신체의 균형적인 발달과 함께 뇌도 발달한다고 해요. 가만히 앉아 있는 아이의 뇌보다 걷는 아이들의 뇌활동이 더 왕성하다고 합니다. 아이들이 몸을 움직이고 뛰어노는 것은 두뇌를 활성화시키는 좋은 방법인 거죠. 이 시기에는 앉아서 가나다라 글자를 가르쳐야 뇌가 발달하는 것이 아니라 온몸으로 뛰어놀고 대근육을 사용하다 보면 자연스럽게 뇌발달이 이루어집니다.

2 * 큰 종이박스 들어갔다 나왔다 반복하기

이번에는 큰 종이박스를 준비했어요. 다리 길이보다 조금 더 높은 박스여서 올라가기가 힘들지만 포기하지 않고 혼자 힘으로 들어갑니다. 약간 어렵지만 조금만 애쓰면 성공할 수 있는 놀이는 아이를 긍정적으로 자극시켜요. 박스가 없으면 빨래바구니를 대신 활용할 수도 있어요.

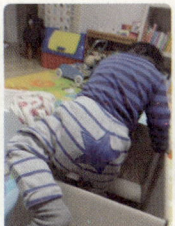

타고 오르고 싶은 욕구를 해소합니다

3 * 박스 안에서 인형 놀이

큰 박스 안에 들어가니 자기만의 공간이 생깁니다. 들어갔다 나왔다 하면서 공간 개념이 생겨요. 인형을 넣어주니 이곳이 집이라 생각하며 인형 놀이를 합니다.

박스터널도 재미있지만 박스집도 좋아요~

박스를 활용한 다양한 놀이

박스를 이용해서 우주선, 자동차, 집을 만들거나, 016장 터널 놀이, 054장 가면 놀이 등을 할 수 있어요. 그리고 박스를 연결해서 기차놀이도 할 수 있는 등, 무한한 놀이 가능성이 있는 것이 박스랍니다. 택배로 온 박스, 버리지 마세요! 아이에게 양보하세요.

칙칙폭폭, 기차가 떠납니다

박스 펼쳐서 콜라주하기

박스에 물감 칠하기

생후 12개월

038

밀가루 반죽으로 조물조물 오감 놀이

준비물 — 밀가루 반죽, 접시, 포크

1 * 밀가루 반죽 탐색하기

밀가루에 물을 넣어 반죽을 만듭니다. 손으로 탐색이 시작됩니다. 포크나 미니칼 등의 도구로 반죽을 눌러봅니다. 뱀 모양으로 길게 만들어서 당기며 놀이합니다.

말랑말랑~ 밀가루 반죽이 말랑하네

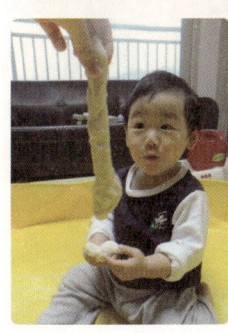

뱀이다~

당겨볼까?

2 * 다양한 모양 만들기

넓적한 반죽, 동그란 반죽…… 엄마와 다양한 반죽을 만들어보세요. 토끼에게 맘마 줄까요?

3 * 원 안에 골인하기

이번엔 엄마가 만든 동그란 원 안에 마루가 만든 반죽을 넣어볼까? 엄마가 던지니까 함께 막 던져요. 하지만 골인은 못해요. 괜찮아~

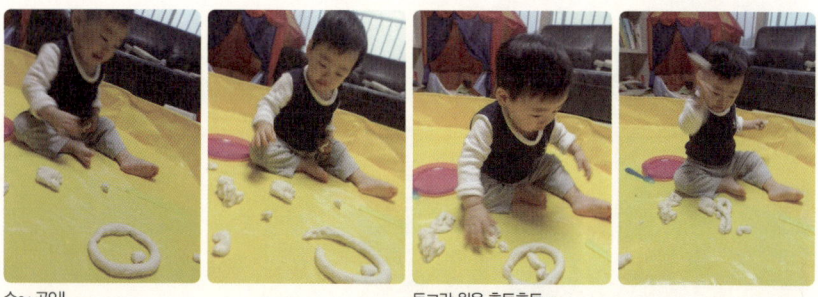

슝~ 골인!   동그란 원을 흔들흔들~

4 * 축구 놀이, 촉감 놀이

발에 붙였다 떼었다 할 수 있어요. 동그랗게 축구공을 만들고 엄마랑 발로 뻥! 공놀이로 마무리.

조물딱조물딱 발바닥에 붙여볼까!　　　　　발로 뻥!

 커갈수록 더 재미있어하는 밀가루 반죽 놀이

40개월인 마루는 요즘도 수시로 밀가루 반죽을 해달라고 요구합니다. 20개월인 레는 반죽으로 놀이하는 시간이 짧지만, 36개월만 넘어가도 반죽 하나로 오랜 시간 다양한 방법으로 놀이해요. 부드럽고 쉽게 만들 수 있는 밀가루 반죽은 손에 꼽히는 아이들 놀잇감입니다.

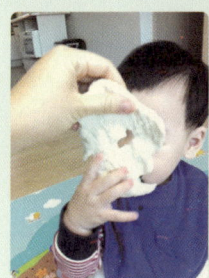 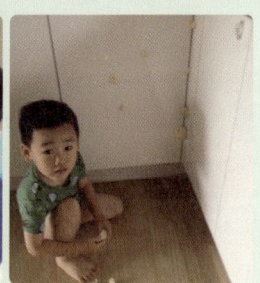

반죽 펴서 까꿍!　　반죽 붙여서 벽에 벌집 만들기

생후 12개월 039 엄마표 마라카스 놀이

준비물 — 플라스틱 물병, 쌀, 콩, 베갯속

1 * 엄마표 다양한 마라카스 재료 준비하기

집에 있는 재료로 소리 날 만한 것을 플라스틱 물병에 넣어줍니다. 깔때기를 이용하면 깔끔해요. 저는 쌀알, 콩알, 빨대 소재의 베갯속을 넣었어요.

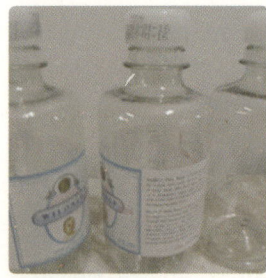
플라스틱 물병을 준비합니다

소리가 날 만한 것은 뭐든지 넣어주세요. 그리고 뚜껑을 꼭 잠가요

새로운 것을 보면 바로 달려와 잡아요

2 * 음악에 맞춰 흔들기

동요를 틀어놓으면 놀이가 더 즐거워집니다. 마라카스의 소리도 들어보고 입에도 물어보면서, 새로운 놀잇감을 탐색하고 흔들며 놀아요.

입에도 잠시 들어갔다가…

높이 탑을 쌓고 있구나

 놀잇감 곧바로 치우지 말고 한동안 놔두세요

생각만큼 엄마표 마라카스를 갖고 오래 놀지 않았어요. 하지만 그렇다고 놀잇감을 버리지는 마세요. 다른 놀이하다가 다시 와서 흔들고 반복한답니다. 아이들의 집중력이 짧은 시기이니까요. 이때 만든 엄마표 마라카스는 5살까지도 계속 사용하며 춤추고 노래했어요.

생후 12개월

040

숟가락질이 친숙해지는 콩알쌀알 촉감 놀이

준비물 — 숟가락, 그릇, 콩알, 쌀알

1 * 밥 먹기 놀이

돌이 지나면 스스로 숟가락으로 이유식 먹기를 연습하는 시기인데요. 숟가락질 연습도 할 겸 촉감 놀이도 하는 즐거운 놀이예요. *

눈과 손의 협응력을 키우는 숟가락질

영차영차, 숟가락질을 해봐요

쌀알을 뿌려줍니다~

tip 놀이할 때 자꾸 입으로 넣는 아이

돌이 한참 지나야 입에 뭔가를 넣지 않게 되지요. 놀이에 집중하면 자연스레 입에 넣지 않지만 그래도 자꾸 입에 넣으려고 하면 엄마가 잘 관찰하면서 주의를 딴 데로 돌려주세요. 그래도 잘 안된다면 공갈젖꼭지를 물려줘도 나쁘지 않다고 생각해요. 아이도 엄마도 스트레스 받지 않고 놀이하는 게 중요하답니다.

2 * 쌀알, 콩알 촉감 놀이

겨울철에는 모래 놀이 대신 집 안에서 쌀알 놀이를 해보세요. 손으로 만져보고 발바닥에 붙은 것도 느껴보면서 다양한 촉감을 느낄 수 있어요. 쌀뿐만 아니라 다양한 곡식을 활용해보세요. 아이가 한참 집중할 때 자꾸 말을 걸었더니 귀찮아하네요. 상호작용해서 놀아줄 때와 관찰하기만 할 때를 구분해서 놀아주세요. 집중해서 놀고 있을 때는 바라봐주는 것도 엄마의 역할이죠.^^

쌀알을 밟아보니까 느낌이 새롭구나

딱딱한 콩알이 많네

한참을 집중해서 놀 때는 말을 걸지 않았어요

돈이 아깝지 않았던 아이 놀이용품

- 유아물감 6색 : 처음에는 미니물감을 구입했는데, 두 아들이 워낙 잘 놀아서 대용량 물감을 새로 사서 여러 가지 놀이를 했어요.
- 이케아 산디그 모래놀이 4종 : 4,000원대에 사서 모래 놀이, 물놀이, 집에서 촉감 놀이 등에 활용할 수 있었어요. 두 아이 모두 잘 쓰고 있습니다.
- 퍼니퍼니 키즈매트 : 놀이용 매트는 촉감 놀이를 마음껏 할 수 있고 사용 후 청소를 손쉽게 해주기 때문에 자주 사용합니다.

생후 12개월
041

청소 간단 당면 촉감 놀이

준비물 — 불린 당면, 주방도구(뜰채, 주걱, 채반 등), 매트

1 * 당면 요리

불린 당면으로 요리해볼까? 주방의 뜰채에 담아주면 그릇에 넣었다 뺐다 합니다. 발바닥으로 촉감을 느껴보고 온몸을 감싸기도 하면서 탐색합니다.

당면 요리해볼까? 넣었다 뺐다, 주물럭~

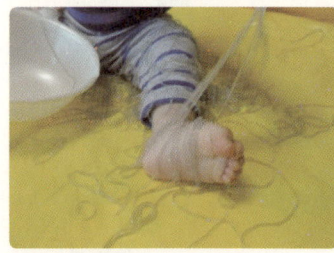

발에도 당면 휘감기

당면이 부들부들 촉촉하네

2 * 당면 늘이기 놀이

엄마가 기다란 당면을 들어 보이며 "길다~" 하고 말해줬어요. 일어서서 당면을 늘이고 머리 위에 떨어뜨립니다.

당면이 쭉쭉 길다~

흔들흔들~ 당면 잡아봐라~

당면을 키만큼 늘였다 놨다~

붙으니 미끄럽네!

3 * 놀이의 종착지, 입으로 입으로~

슬슬 입에 넣어보려는 순간이 놀이의 마지막 순서이지요. 그래, 먹어봐. 탱탱 고무줄 같지? 이제 그만 먹고 씻으러 가자!

입으로 느껴보고 싶구나

살짝 물었다가 놓아보자

이제 정리하고 씻을까?

당면 놀이, 소면과 파스타면으로 대체 가능!

당면을 30분간 불려놓습니다. 그리고 물기를 털어서 놀이해요. 당면이 없으면 소면이나 파스타면으로 대체해도 돼요. 하지만 소면은 온몸에 달라붙고 으깨지고 하는데, 당면은 놀던 것을 그대로 작은 방에 넣어두었다 하룻밤 지난 뒤 바짝 마르면 툭툭 털어버리면 되어 정리하기 편해요. 다양한 면으로 촉감 놀이를 해보세요.

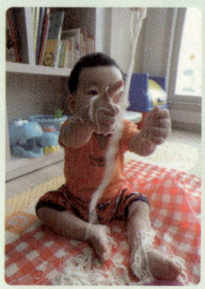
소면으로 요리해봐~

굵은 파스타면으로 놀아요

국수 흡입!

먹는 것 반 흘리는 것 반

생후 12개월

042 부드러운 요구르트 촉감 놀이

준비물 — 떠먹는 요구르트, 접시, 숟가락

1 * 부드럽고 안전한 촉감 놀이

떠먹는 요구르트를 먹으라고 주면 어느새 주물럭주물럭 만지면서 느끼고 있어요. 아예 작정하고 마음껏 부드러움을 느끼도록 매트 위에 펼쳐줬어요.★

떠먹는 요구르트와 시판 이유식 남은 것들 준비~

숟가락으로 떠볼까?

숟가락으로 삭삭 그림을 그릴 수도 있네?

tip 성향에 따라 놀이하는 스타일도 달라요

마루는 집중탐색한 뒤에 움직여요. 이 시기에 처음 보는 인형을 관찰한 뒤에 천천히 만지더라고요. 사람들이 소심하다고 하지만 우리는 섬세하고 신중한 아이라고 생각합니다. 아이 기질에 맞춰서 놀이해야 되는 것 같아요. 덥석덥석 잡고 놀이하는 친구들은 좀더 활동적으로 놀아주고, 마루 같은 섬세한 아이들에게는 재촉하지 말고 탐구할 시간을 충분히 주기! 이런 식으로 말이죠. ^^

2 * 손과 발로 촉감 놀이

하얀 요구르트, 다양한 색의 이유식이 있어서 색깔과 촉감을 손과 발로 다양하게 느낄 수 있었어요. 손으로 발바닥으로 느끼고, 매트 바닥에도 문질러봅니다. 촉감 놀이는 목욕시간 전에 마음껏 하고 씻겨줍니다.

부들부들 부드럽네~

바닥에도 슥슥 그리고 있구나

넘어질 수 있으니 일어서는 것은 주의!

tip 돌 전후 아이에게 음식 촉감 놀이를 하는 이유

돌 전의 아이들은 평소에 손 씻을 때 손에 물만 흘려줘도 좋아합니다. 마루도 노래하며 한참을 놀더라고요. 이 시기는 촉감발달도 중요합니다. 무엇보다 촉감 놀이하는 것을 아이들이 좋아하지만, 대부분 입으로 가져가기 때문에 물감이나 다른 것들을 주기는 어려워요. 엄마 마음도 불안하고요. 그래서 아이의 즐거움을 위해서 먹을 것을 희생(?)하며 놀이를 합니다. 음식은 촉감 놀이에도 좋은 재료지만 무엇보다 먹어도 되니까 놀이하면서 안심이 되더라고요. 이유식을 앞두고 숟가락질을 익숙하게 할 수 있게 되는 것도 좋아요.

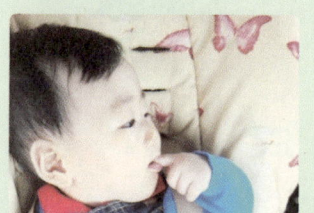
돌 전후 아이에겐 촉감발달이 중요해요

생후 12개월

043

사회성 키워주는 사랑해 인형 놀이

준비물 — 아이가 좋아하는 인형이나 장난감

1 * 사랑해~ 안기 놀이

"사랑해~" 하면서 토끼 장난감을 꼭 안아줘요. 만나는 사람들도 "사랑해~" 하면 안 아주네요. 엄마가 토끼가 되어서 이야기를 나눠주세요. 아이가 알아듣기 쉽고 단순한 이야기와 일상생활에서 일어나는 기본적인 일들에 관한 이야기가 좋습니다.

2 * 배려심 쑥쑥 먹이 주기

엄마가 토끼가 되어 "배고파요" 하면 토끼에게 먹을 것을 줍니다. "맛있다!", "잘 먹었습니다", "마루야, 고마워~" 등 엄마가 대신 이야기해주세요.

토끼에게 어떤 맘마를 줄까?

아이 매워~

3 * 어부바

아이들은 엄마가 어부바해주는 것을 좋아하는데요, 아이가 직접 인형을 업어주는 것도 정서발달에 좋답니다. 담요로 인형을 어부바해줬어요. 앞으로 뒤로 안고 업고 놀아요.

밤에는 같이 잠자며 친구가 됩니다

돌 전후 사회성은 부모 애착관계를 통해 발달해요

이 시기의 아이들은 사회성발달이 또래 친구들과 함께 놀면서 이루어지기보다는 엄마아빠와 애착관계와 상호작용을 통해서 발달해요. 그래서 엄마아빠가 많이 놀아주고 상호작용해주는 게 중요하지요. 아직 말로 표현하기 어려운 시기이니 이렇게 인형과 함께 놀이해보세요! 인형과 놀이하다 보면 자연스럽게 말하고 표현하는 능력이 발달하게 될 거예요.

인형 놀이는 아이들의 사회성발달에도 도움이 되고 역할놀이 영역에도 포함된답니다. 따뜻하게 안아주고 밥도 먹여주면서 엄마가 되어보는 역할놀이. 아이의 감성도 따뜻하게 해주고 배려심도 키워줍니다. 10개월일 때만 해도 인형을 주면 그냥 머리 잡고 끌고만 다니더니, 요즘은 "사랑해 해주세요!" 하면 안아주고, "토끼 주세요" 하면 저 멀리 있는 토끼 장난감을 가지고 와요. 이렇게 말을 알아듣는 시기인 요즘 더 많이 상호작용해줘야죠. 물론 남자아이라고 인형 놀이를 여자아이보다 덜 해줄 필요는 없답니다.

이 놀이를 하기 전에는 아이가 누군가에게 준다는 개념을 잘 몰랐어요. 그런데 토끼와 역할놀이를 하면서 엄마한테 자꾸 뭔가를 주네요. 물도 먹으라고 하고 밥도 먹으라고 하고. 이렇게 나누고 배려하는 걸 배우는 거겠죠?

또 주고 싶구나. 아~

엄마가 배부르네~ 마루가 먹어볼까?

생후 12개월
044

두루마리 휴지로 길 따라 걷기

준비물 — 두루마리 휴지

1 * 두루마리 휴지로 길 만들기

두루마리 휴지로 길을 만들어줍니다. 길을 따라서 걷고, 달려봅니다. 휴지를 온몸에 감아주면 옷처럼 입을 수 있어요. 휴지를 양쪽에서 잡고 줄다리기도 해봅니다.

휴지가 길다! 돌돌 말 수도 있고 늘릴 수도 있어

휴지길을 걸어볼까?

둘둘 몸에 말아서 옷으로 입었네

엄마랑 잡고 당겨보자. 영차영차, 끊어졌다!

2 * 가운데 구멍에 넣었다 뺐다 무한반복

휴지 가운데 구멍을 탐색합니다. 블록을 구멍에 넣었다 뺐다 놀이해요.

동그란 구멍이 있네

손이 쏙 들어가는구나

장난감을 넣었다 뺐다~

데굴데굴 굴러가는 휴지를 잡으러 가자!

아이놀이는 간단한 게 최고!

돌 전후 아이에게 거창한 미술활동이다, 음악활동이다, 학습이다 등등 복잡한 놀이보다는 그냥 준비물 1~2가지로 간단하게 노는 게 최고랍니다. 간단한 놀잇감으로 아이들은 예상치 못한 놀이를 스스로 만들어가면서 주도적으로 놀지요. 놀이란 게 틀이 없는 거니까요.

무엇보다 엄마들도 너무 애쓸 필요 없으니 복잡한 교구를 만들거나 비싼 장난감을 이용하기보다 주변 생활용품을 적극 활용해보세요. 이렇게 두루마리 휴지 1개 희생하면서 충분히 즐겁게 놀 수 있답니다. 개월수가 늘어나면 두루마리 휴지로 기찻길로 만들어서 놀고 로봇을 만드는 등 상상 놀잇감으로 확장된답니다.

휴지길로 자동차 쌩쌩~

두루마리 휴지 로봇

걷기 연습
책계단 오르기

생후 12개월 045

준비물 — 다양한 책 여러 권

1 * 책으로 미니계단 만들기

아이는 어디든 올라가려고 하잖아요. 계단도 엄마 손 잡고 스스로 오르려 하고요. 그래서 아이의 욕구를 마구 분출할 수 있도록 책으로 계단을 만들었답니다. 엄마 손 잡고 올라갔다 내려갔다 해보세요.*

영차영차, 혼자서 올라가는구나

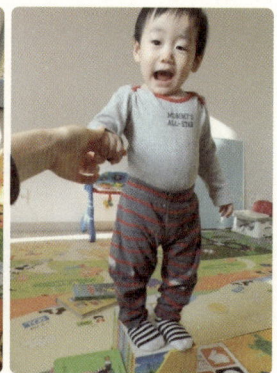

손 잡아줄까요?

(tip) 손 잡고 계단 놀이의 장점

엄마 손 잡고 계단을 오르내리다 보면 대근육 발달도 돕고, 엄마 도움을 요청하면서 협동심도 배운답니다. 나중에 혼자서 진짜 계단도 잘 오를 테고요. 물론 지금은 어려서 계단을 오르다 떨어질 수 있으니 손을 잘 잡아주세요.

2 * 계단 정상에 오르면 칭찬해주기

애를 쓰며 정상에 올랐으니 엄마가 애썼다고 칭찬해주세요. 아이도 작은 성취감에 큰 기쁨을 느낍니다.

정상까지 올라왔구나!

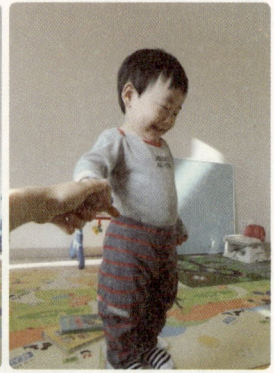
훌륭해!

중심을 잡고 있구나

놀다! 야호~

생후 13개월

046 물고 씹고 채소 탐색 놀이

준비물 — 다양한 채소, 채소 그림책, 채소 모형

1 * 채소 탐색하기

계절별로 채소를 탐색해보세요. 여름엔 당근과 오이, 가을에는 단호박을 탐색했어요. 통통통 두드리고, 굴려보고, 발로 차보고, 들었다 놨다 하면서 놀이합니다.

깨끗이 씻은 당근과 오이   그림이랑 똑같은 단호박이 왔어요~

2 * 채소 모형과 책 비교하며 놀기

탐색이 끝난 후 엄마가 펠트지로 만들어놓은 채소 모형을 줬어요. 채소 모형 장난감이나 실제 채소를 나란히 놓고 비교하며 책과 함께 보여줘도 좋아요.

엄마가 만든 펠트 고추

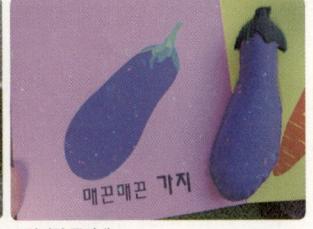
그림이랑 똑같네~

"고추밭에 고추는 뾰족한 고추~♬" 노래하면서 채소를 탐색합니다.
"그림과 똑같다!", "찾았다!" 이야기해줍니다.
물론 정확하게 맞추는 것은 못하지만 차츰 개월수가 늘어나면서 스스로 똑같은 것을 찾고 기뻐하게 된답니다.

노래 부르니 즐거워요

눈은 책을 향하고 손은 조물조물

알록달록 파프리카

그리고 이런 책이 없어도 괜찮아요. 그냥 채소 탐색만으로도 충분히 즐겁답니다.
실제로 둘째 때는 이 책이 없어서 채소만 가지고 탐색하며 놀았습니다!

생후 13개월

047 선물상자 뚜껑 열기

준비물 — 다양한 크기의 뚜껑이 있는 선물상자

1 * 선물상자 뚜껑 여닫기

이 시기가 되면 뚜껑을 열고 닫을 수 있어요. 소근육이 발달한 만큼 손과 눈의 협응력도 높일 수 있는 시기죠. 그래서 준비한 놀이가 바로 선물상자 뚜껑 여닫기. 돌반지가 들었던 상자들이라 작아서 아이 손에 잘 잡히고 좋아요.

새로운 것에 관심을 보이는 마루 / 양쪽을 잡아당겨서 열어볼까? / 열었다! 대단해~

처음에는 뚜껑을 정확히 닫는 것은 어려워요. 하지만 열기만 해도 대단한 거죠. 차츰차츰 뚜껑을 닫을 날도 온답니다.

엄마가 닫았다! 마루가 열어볼까?   알록달록 빨간색, 파란색, 노란색 뚜껑이 있네~

2 * 선물상자 탑 쌓기

뚜껑 여닫기까지 엄마가 생각한 놀이라면 상자 쌓기 놀이는 마루의 생각. 역시 엄마 예상보다 창의적으로 놀이를 하네요. 작은 상자라서 쌓기 힘들지만 열심히 위로 올린답니다.

마지막으로 조금 큰 선물상자로 뚜껑 열기를 했어요. 이번에는 쑥~ 잘 열리네! 이건 닫기도 쉬워요!

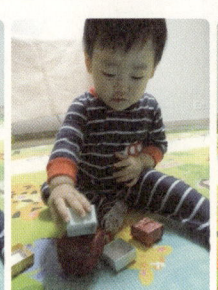

이번엔 상자 탑 쌓기   우왜! 3개나 쌓았구나   쑥~ 잘 열린다!

아이의 발달에 좋다는 장난감 사줘야 할까요?

돌 전후 소근육이 발달하면서 아이들이 뚜껑 열기가 가능해집니다. 그래서 돌 전후로 도형 끼우기 장난감이 집에 하나씩 필수로 있게 되는데요. 저도 이 시기 아들에게 장난감을 사줘야 하나 고민이 되었어요. 저와 남편의 방침은 장난감을 사주지 말자는 것인데, 주변의 엄마와 아이들을 보며 솔직히 살짝 불안했어요. 아무리 고집 있는 엄마여도 어쩔 수 없나 봐요.

하지만 이내 아이가 알아서 집에 있는 것들을 이것저것 가지고 놀이하는 것을 보면서 '그래, 장난감 대신 살림살이가 다 아이에게는 즐거운 놀잇감'이라는 생각에 안도했습니다. 지나고 보니 그게 맞다는 생각이고요.

뚜껑 여닫기 놀이를 시작하게 된 계기는 마루의 돌반지 상자들을 정리할 때였어요. 반지를 빼고 박스를 정리하면서 마루에게 줬어요. 위험하지 않은 웬만한 것들, 새로운 것이 있으면 다 마루에게 줘주죠. ㅋ 역시나 잘 가지고 놀아요!

간단하고 저렴하면서 아이들에게 좋은 놀이는 주변에 많아요. 조금만 주의 깊게 살펴보세요. 그러면 매 시기마다 장난감을 구입하지 않아도 충분해요. 특히 영아기에는 더 그렇죠! 유아기에는 친구들이 갖고 있는 것이 부러워서 사달라고 조르지만 영아기 때는 엄마의 마음으로 계속 채워주려 해서 장난감이 늘어나는 것입니다. 아이는 장난감보다 엄마와 놀이시간, 처음 보는 살림 등을 더 재미있어한다는 것을 꼭 기억해주세요.

팔고 나누고 비우고… 그래도 늘어나는 신기한 장난감들

생후 13개월

048

미끄덩미끄덩
미역 촉감 놀이

준비물 — 불린 미역, 키즈매트

1 * 불린 미역 탐색하고 꺼내기 놀이

마른 미역*을 20분 정도 물에 불려주세요. 물기를 털어서 아이 앞에 갖다놓으니 바구니에서 하나씩 꺼내기 놀이를 합니다. 엄마가 개입하려 했더니 아이는 집중하느라 상호작용하지 않아요. 아이들도 자신만의 탐구시간이 필요하지요.

미역은 너무 오랜 시간 불리지 않아도 됩니다

미끌미끌~ 부들부들~ 흔들어볼까?

tip 미역 놀이, 여름엔 욕조에서 하세요

이날 미역 놀이는 겨울이라 방에서 했지만 여름엔 욕실에서 하면 더 재미있어요. 물과 함께 흔들흔들 놀이하기 좋아요. 미역은 많이 불어나니까 양을 조금만 준비해도 됩니다.

미역으로 그림도 그리고 미역 춤도 추고, 통에 넣고 빨래하듯이 박박 문질러주고, 넣었다 뺐다 합니다. 그러고는 통을 뒤집고 통통통 북을 쳐요.

엄마 얼굴이다!　　미역과 함께 춤을?　　　　　　　　　　　　　북치기 놀이. 미역으로 덮어줄까?

엄마 대신 빨래내도 하고 밥도 해야지

2 * 엄마와 함께 상호작용

충분히 혼자서 탐색한 뒤에는 엄마와 함께 미역을 흔들고, 엄마 하나 나 하나 나눠 갖기, 목에 걸기, 미역 잡아당기기 등 놀이를 합니다.

미역이 길다, 흔들흔들~　　　　　　　　　　　　　　　　목걸이가 되었네

엄마 하나, 마루 하나 나눠 가져요

생후 13개월 049 숟가락으로 밤과 대추 옮기기

준비물 — 숟가락, 밤, 대추

1 * 숟가락으로 옮겨 담기

숟가락으로 놀이할 재료는 주방에 무궁무진합니다. 쌀알은 뒷정리가 어렵지만 밤, 대추는 정리도 쉬워요! 오늘은 대추밖에 없어서 대추 담기만 했어요. 손으로 대추의 촉감도 느껴봅니다.

숟가락으로 옮길 수 있는 식재료면 뭐든 좋아요

손으로 집어서 숟가락에 대추를 올려놓았네!

2 * 냠냠 먹어보기

좀더 월령이 늘어나면 수 개념도 익힐 수 있지만 지금은 담기 놀이만 하면서 즐기도록 합니다. 냠냠 먹고 나눠주면서 놀이했어요.

대추 1알 먹어보자~   고마워~

 숟가락 놀이할 때는 큰 숟가락을 주세요

성공의 경험은 아이들에게 자신감을 높여줍니다. 이 시기에는 아이들이 잘 뜰 수 있도록 큰 숟가락을 준비해주세요. 이날 죽집에서 주는 일회용 숟가락을 사용했더니 좋았어요. 깊이 있는 숟가락이 좋습니다. 오목하지 않은 숟가락은 재료가 자꾸 흘러내려서 아이들이 힘들어할 수 있어요.

생후 14개월

050

따뜻하게 집에서 눈 놀이

준비물 — 눈, 키즈매트

1 * 진짜 눈을 퍼와서 눈 놀이

매일매일 끊임없이 내리는 겨울의 눈. 감히 아이 데리고 눈싸움하러 나갈 엄두도 안 날 만큼 눈이 엄청 내리는 와중에 아빠가 아이디어를 냈어요. 아빠가 직접 대야를 가지고 나가서 눈을 퍼왔지요. 방이 따뜻해서 장갑도 안 끼고 놀았어요.

와~ 진짜 눈이다!

아이, 차가워

삽으로 떠볼까? 부드럽게 삭~ 떠지네?

2 * 눈사람과 토끼 만들기

아빠는 마루가 좋아하는 토끼도 만들고 미니눈사람도 만들어요. 추운 겨울 눈이 많이 오는 날 밤에는 집에서 놀아보세요.

아빠가 만들어준 토끼 귀도 떼었다 붙였다

먹지는 마세요~

생후 14개월

051 발자국 흔적 따라 걷기

준비물 — 다양한 색상의 시트지, 가위

1 * 발자국 모양 만들기

시트지를 구입해서 발자국* 모양으로 오린 다음 거실 바닥에 붙여주세요. 간격은 처음은 좁게, 뒤로 갈수록 넓게 해줍니다. 걸으면서 점점 보폭을 넓게 해주는 거지요. 마지막에 골인 지점을 표시하기 위해 네모 하나를 크게 붙여주세요. 성취감을 눈으로 확인하게 해주려고요.

시트지와 가위 준비

발자국 모양으로 오려요

마지막의 네모난 골인 지점

tip 걸음마 연습하기에 좋은 발자국 놀이

이 놀이는 걸음마를 시작하려는 돌 전후 아이들에게 좋은 놀이랍니다. 우리 아들은 9개월 전후 인지능력이 왕성하게 발달하기 전에 걸어서 이 놀이를 하기가 조금 어려웠어요. 돌 전후 아이들 중 걷기 시작하는 아이들이라면 슬슬 시작하기 좋은 놀이겠지요. 대근육 발달도 돕고 성취감도 느끼는 놀이랍니다. 엄마아빠도 함께 걸어보세요.

2 * 발자국 따라 엄마와 걷기

엄마와 손을 잡고 발자국 모양을 따라 걸어요. 물론 정확하게 밟지는 못해요. 처음엔 어렵지만 언젠가 발자국을 잘 밟겠죠. 혼자서 왔다갔다…….

시작! 발자국 밟기 / 도착 직전!

3 * 도착 지점에서 칭찬해주기

초록색 골인 지점에 도착하면 잘했다고 칭찬해줍니다. 신이 나서 덩실덩실~ 사진이 다 흔들렸네요. 별것 아니지만 골인 지점을 표시해줬더니 너무나 좋아한 놀이랍니다.

초록색 골인 지점 도착!

생후 14개월

052 그림도 그리고 전시회도 열고

준비물 — 전지, 파스넷(또는 색연필)

1 * 전지에 자유롭게 그리기

돌이 지나면서 연필을 잡는 힘이 세지죠. 슬슬 엄마가 쓰는 펜을 들고 끄적인답니다. 커다란 전지에 마음껏 그림을 그리게 해주어 스트레스도 날려봅니다. 색연필은 너무 얇은 것 같아서, 힘을 주지 않아도 쉽게 그려지는 파스넷을 사용했어요.

빨강, 파랑, 초록 색깔이 많다~   샥샥샥~ 마음껏 그려보렴

2 * 엄마와 노래하며 상호작용하기

처음 놀이에 집중할 때 아이들은 엄마 소리를 들을 시간이 없어요. 혼자서 충분히 즐길 시간을 준 다음 엄마가 개입해주세요. "동글동글 구름빵, 반짝반짝 작은 별~" 엄마가 노래를 부르면 구름과 별을 그려요. 노래를 부르니 춤을 추기 시작하고 파스넷이 마이크로 변신합니다.^_^

동글동글~ 동그라미   반짝반짝 작은 별~   파스넷이 마이크로 변신!

3 * 벽에 그림 붙이기

그림 그리기가 끝나면 전지를 벽에 붙여주세요. 이렇게 아이들이 그린 것을 전시해주면 자존감도 높아지고 자신감도 생긴답니다. 어리다고 모를까요? 아니에요. 아빠 오시면 그림 앞으로 달려가서 아빠에게 보라며 자랑한답니다. 전지에 스티커 붙이기도 하면서 며칠 잘 놀았답니다.

마루랑 엄마랑 그린 그림   한참 그림 앞에서 서성거려요

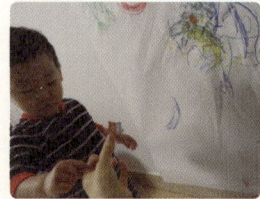

마루야, 스티커 콕 붙여볼까?   참 잘했어요~

생후 15개월

053 알록달록 채소도장 찍기

준비물 — 전지, 물감, 접시, 키즈매트, 각종 채소(당근, 연근, 피망, 브로콜리 등)

1 * 채소 탐색하기

다양한 모양을 찍을 수 있도록 채소를 여러 종류로 준비했어요. 냉장고 속 자투리 채소를 이용하세요! 연근이 있으면 구멍이 뽕뽕 나서 좋은데 없어서 당근으로 모양을 냈고요. 브로콜리는 솜으로 찍는 듯한 느낌을 연출할 수 있을 것 같아서 준비했습니다. 물감으로 찍기 전 아이에게 채소를 탐색할 시간을 충분히 주세요.

모양을 낸 당근

솜 같은 브로콜리

물고 만져보는 채소 탐색 시간~

2 * 채소도장 전지에 찍기

탐색이 끝나면 엄마가 물감을 찍어서 보여주세요. 엄마가 찍은 그림 위에 같이 콕콕콕 찍어요. 물론 개월수가 높은 친구들은 더 창의력 있는 활동을 하겠지만, 아직 영아기인 아기들은 이렇게 찍고 탐색하는 것만으로도 충분히 즐겁답니다!

물감을 찍는 엄마

파란색 물감이 묻었네?

짜잔~ 파란색 꽃이다

마루도 해봐요

브로콜리도 찍어볼까?

이 색 저 색 막 섞어서 콕콕!

노란색 당근이다!

3 * 채소도장 온몸에 찍기

몸에도 찍어봐요. 신나게 놀고 목욕하면 되니까 물감 놀이*는 충분히 즐겨줍니다.

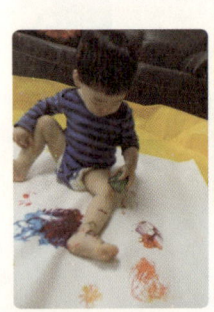
몸에도 찍고, 전지에도 찍고

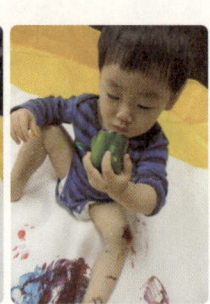
피망이 다른 색이 되었네?

색이 달라지네?

우다, 신기하다

(tip) 스펀지, 빨대 등도 도장 놀이 OK!

채소 외에도 다양한 재료로 물감 놀이가 가능해요. 스펀지, 빨대 등 다양한 재료를 활용해서 콕콕 찍으며 즐거운 물감 놀이를 해보세요! 물감으로 도장 찍기 놀이는 영아기부터 유아기까지 쭈욱 즐겁게 할 수 있습니다.

생후 15개월

054 초간단 박스가면 역할놀이

준비물 — 커다란 박스, 크레파스나 색연필, 구멍 뚫을 칼

1 * 박스가면 만들기

아래 사진처럼 박스 1면을 떼어냈어요. 어떤 가면으로 할까 하다가 양쪽을 귀로 해서 코끼리를 그렸어요. 동그란 눈 부분을 오려내면 초간단 가면 완성!

종이박스 1면을 떼어내요

코끼리를 그립니다

2 * 엄마가 가면 쓰고 역할놀이

엄마가 박스 양쪽 귀 부분을 잡고 "코끼리 아저씨는 코가 손이래~ ♪" 노래를 불렀어요. 다가가서 함께 동물 역할놀이를 합니다.

엄마 여기 있다! 가면 놀이를 하면 눈을 찌르는 마루

가면 놀이가 끝나고 응용 놀이 들어갑니다. 일명 죄수 놀이. 두 구멍 사이로 아이의 손을 넣어서 흔들어줍니다. "넌 잡혔다!" 구멍 하나 뚫었을 뿐인데 30분은 놀아요.

  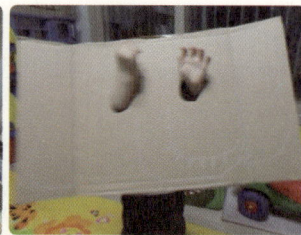 

마루 잡았다! 잡혀도 신나? 구멍 사이로 흔들흔들, 박수수갑이다~ 옷 같아요!

3 * 가면 구멍으로 물티슈 통과하기

이번엔 구멍 안에 쏙! 물티슈 넣기를 해볼까요? 소근육 발달에도 좋은 구멍에 물건 넣기! 물티슈 쏙 넣고 "없다! 어디 갔지? 찾았다! 뒤에 있지요~" 다시 쏙 넣고 찾기! 집중력에도 좋고 소근육 발달에도 좋은 넣기 놀이랍니다. 다양한 장난감, 다양한 모양을 오려서 넣기 놀이를 해보세요. 끼우기 장난감이 굳이 필요하지 않고 많은 시간을 들여서 교구를 만들지 않아도 충분함을 느낄 수 있답니다.

물티슈 쏙 들어갔다!

어, 물티슈가 없다!

여기 있네, 찾았다!

tip 영아들이 좋아하는 박스 놀이 응용 무한대!

박스로 할 수 있는 놀이는 정말 무한하지요! 아직 어린 영아들에게는 초간단 놀이로 응용해보세요. 우리 아들은 박스를 통째로 얼굴에 쓰는 걸 싫어해서 앞에서처럼 1면을 잘라 가면 놀이를 했어요! 박스째 얼굴에 쓰는 걸 좋아하는 아이는 박스 그대로 사용하세요. 아이 얼굴에 맞게 오려서 해도 좋답니다.

아빠가 그림 있는 박스를 쓰고 놀았어요

생후 15개월

055 검은 도화지에 흰색 그림 그리기

준비물 — 검은 도화지, 흰색 크레파스, 연필

1 * 검은 도화지에 그림 그리기

이 시기는 연필 등으로 끄적거리는 것을 좋아하는 시기예요. 예술 놀이로 으뜸인 그림 그리기. 매일 흰 종이에 그렸다면 조금 다르게 검은 도화지* 위에 흰색 연필로 그려보세요. 조금만 변화를 줘도 아이에게는 새로운 세계가 펼쳐진답니다.

검은 도화지와 흰색 크레파스

밤처럼 까만 종이다

흰색으로 슥 그려볼까?

tip 검은 사포지도 새로운 도화지

검은 사포지에 크레파스로 그림을 그려도 색다릅니다. 까끌까끌하면서 그림 그릴 때 삭삭 소리도 나는 사포지에 그림 그리기. 손으로 만져보면 색다른 촉감도 느낄 수 있어요.

2 * 엄마와 함께 그리기

초집중하며 그리는 아이. 엄마도 함께 그려보세요. 이제 조금씩 따라하기 시작하니까 엄마가 개입해도 좋아요. 종이와 연필은 정말 아이들에게 즐거운 놀잇감 같아요. 흰색뿐 아니라 노랑, 회색, 살색 등 연한 색으로 다양하게 표현해볼 수 있어요!

엄마가 동그라미 그려주면 안에 색칠도 해봅니다

슥슥~ 멋진 그림을 그리고 있구나

혼자 잘 논다면 엄마에겐 자유시간!

생후 15개월

056 게으른 엄마를 위한 파스타 촉감 놀이

준비물 — 다양한 모양의 파스타면(생으로 또는 익혀서), 주방기구(또는 소꿉놀이 장난감)

1 * 파스타 촉감 놀이

요즘은 곰돌이 모양의 파스타, 삼색 파스타 등 다양하게 나오죠. 파스타를 삶아서 주면 부드러운 촉감 놀이가 됩니다. 하지만 엄마가 몸도 안 좋고 아무것도 하기 싫다면 패스. 이날은 절반만 남기고 파스타 봉지 그대로 아이에게 주었어요.

파스타 소꿉놀이 준비 완료!

파스타가 딱딱하네? 색도 다양하고!

정작 관심사는 포장지. 봉투 안에 넣었다 뺐다 합니다

2 * 파스타 소꿉놀이

콩알, 쌀알 등 작은 것으로 놀이하는 것보다 파스타로 소꿉놀이를 하니 꿀꺽 삼킬 염려가 없어요. "엄마 아프니까 스파게티 맛있게 만들어주세요" 하고 부탁하고는 기다렸답니다.

엄마를 위해 요리해야지

소금을 좀 뿌리고~

딱딱하네! 삽으로 옮겨볼까~

생후 16개월

057 자연이 좋아! 산책 놀이

준비물 — 없음

1 * 질끈 눈 감고 집 나서기

겨울에도 되도록 매일 산책을 나갑니다. 물론 나가면 엄마가 녹초가 되지만(이 시기 둘째 임신 중이어서) 그래도 아이를 생각해서 힘을 냅니다. 사실 집에서 놀이하고 뒤처리하는 것보다 그냥 산책하는 게 더 쉽고 즐거워요. 날씨가 안 좋은 날은 마트에 가요.^_^

마트의 애완동물 코너는 레의 동물원

다다닥 뛰는 아이. 집에서는 층간소음 때문에 신경 쓰였는데, 여기서라도 맘껏 뛰렴!

2 * 마음에 드는 돌멩이 줍기

밖에 나오면 돌멩이 하나를 줍고 시작해요. 돌멩이만 있으면 장난감이 필요 없지요! 돌멩이랑 얘기도 하고, 동네 누나 따라서 바닥에 그림도 그리고. 아파트 놀이터에서 모래 놀이도 하고 나뭇가지도 줍고, 이것저것 구경하며 놉니다.

형제가 나란히 돌멩이 찾기   동네 누나 따라 돌멩이로 그림 그리기

3 * 강아지풀 촉감 느끼기

봄, 여름, 가을에는 자연을 더 많이 느낍니다. 보들보들한 촉감도 느끼고 간질간질 간지러움도 탑니다. 플라스틱 장난감보다 자연물이 감성에 더 좋다는 것, 아시죠?. 강아지풀 하나 들고 함께 산책합니다.

보들보들 강아지풀이야~   간질간질~ 간지럽지

4 * 꽃향기 맡기

알록달록 꽃도 보고 향기도 맡아봐요. 산책하며 만나는 꽃마다 향기를 맡는 모습을 보여주었더니 어느새 산책을 다니다 꽃을 보면 먼저 다가가서 향기를 맡고 있어요. 아이는 부모의 평소 행동을 보고 배웁니다.

분홍 꽃이 피었구나

5 * 비둘기 친구

비둘기를 좋아하는 아이. 하지만 엄마는 무서워.ㅠㅠ 그러나 아들을 위해 비둘기를 찾아라! 걸어가는 비둘기를 쫓아서 따라갑니다. "이리 와~ 같이 놀자!" 비둘기를 졸졸 쫓아다닙니다.

6 * 자연의 소리 듣기 — 새소리, 물소리, 매미 소리

산책에서 저는 가장 좋은 게 이 자연의 소리를 듣는 거예요. 여름에는 매미 소리가 엄청나잖아요. 맴맴맴~ 물소리는 졸졸졸~ 새마다 다른 소리를 내는 짹짹~ 새로운 소리가 나면 아이들이 먼저 멈추고 귀를 쫑긋 하고 듣습니다. 그리고 그 소리를 찾아서 손으로 가리킵니다. 빨리 걷지 말고 천천히 걸으며 소리를 함께 들어주세요.

졸졸졸~ 물이 흐르네   짹짹짹~   여름엔 바닷가 산책

  tip 민들레씨 날리기도 빠질 수 없지

봄에 산책 나가면 꼭 하는 민들레씨 날리기! 지금 아니면 할 수 없잖아요. 금방 꽃이 피니까~ 아이와 매일, 자주 산책하는 이유는 이렇게 하루가 다르게 변하는 자연을 그때그때 보는 즐거움 때문이 아닐까요? TV로 다시보기해서 아무 때나 볼 수 있는 것이 아닌 시간의 흐름에 따라 그 순간을 느끼며 산책한답니다.

민들레씨 불어서 날리기   아~ 후~! 날아가라!

생후 17개월 058 동물 울음 따라하기

준비물 — 다양한 동물 장난감이나 모형

1 * 동물 장난감 보고 울음소리 내기

다양한 동물 장난감을 준비합니다. 아이가 먼저 붙잡은 것은 개(사실은 송아지)예요. 아이가 개라고 하면 그것이 정답이죠. "멍멍" 하면서 소리를 내요. 고양이를 보고는 "야옹~" 해요. 물론 어른만큼 확실한 발음은 아니지만 사진과 책에서 본 고양이 얼굴을 생각하며 동물 소리를 냅니다. 동물 장난감이 없으면 동물 카드, 동물 그림책 등을 보면서 함께 소리내보면 됩니다.

멍멍이가 같이 놀자고 멍멍 짖네?

마루가 "야옹" 하면 엄마는 "고양이가 배가 고픈가?" 물어봐줘요

"꿀꿀" 했더니 돼지를 잡는 아이

2 * 동물 역할놀이

우리 아들이 이렇게 많은 동물들 소리를 알고 있었구나.
새는 "짹짹", 오리는 "꽥꽥", 염소는 "메에~", 소는 "음메~"
동물들이 무슨 소리로 우는지 함께 소리내줍니다.

새는 훨훨 날갯짓도 해요 / 새를 갑자기 입으로! 먹는 거 아니에요, 새가 아파요 / 안녕, 나는 양이야~ 마루야, 친구 하자 / 따가닥따가닥~ 말이 달립니다

예전에 동물 책 읽어줄 때 아이가 스쳐지나가는 줄 알았어요. 엄마가 말해도 안 따라했는데 사실 다 듣고 있었다는 것! 그리고 마음으로 하나씩 따라하고 있었다는 사실! 이날 알게 되었답니다.

메에~ 하고 양이 울어요 / 그동안 들은 소리를 입으로 내봐요

18개월 전후는 언어의 폭발기

보통 18개월 이후부터 언어의 폭발기에 해당합니다. 우리 아들도 이때 슬슬 시동을 걸었고요. 이럴 때 아이들 언어발달을 돕는 것은 아무래도 리듬감 있는 의성어, 의태어가 최고인 것 같아요. 평소 동물 책이나 동물 그림을 보면서 다양한 울음소리, 움직임들에 익숙해졌을 거예요. 동물들이 소리로 자기 의사를 표현하는 것을 엄마가 이야기로 풀어주는 게 좋아요. 그냥 짖는 것이 아니라 동물마다 표현하는 방법이 다르다는 것도 배우게 되고요. 놀이를 단순히 놀이에서 그치게 하고 싶지만 가끔은 이렇게 학습이 깔리게 되네요.

생후 17개월 059

심심할 땐 베갯속 촉감 놀이

준비물 — 키즈매트, 베갯속

1 * 베갯속 촉감 놀이

이 시기 둘째 출산 후 친정에 있었어요. 마루 외갓집이라서 장난감도 많지 않았죠. 하지만 아이들에게 모든 환경은 놀이가 되잖아요! 외할머니께서 베갯속으로 사용한다고 재료를 사오셨는데, 그것을 깨끗이 씻은 다음 놀이합니다.

아이들은 쌀알, 콩알, 모래 등을 마음껏 던지고 뿌리며 스트레스를 건전하게 풀 수 있어서 종종 시켜주는데요. 다양한 재료 중에 베갯속*도 당첨되었네요.

말랑말랑 촉감이 신기해

말랑말랑 부드러운 베갯속. 외할머니 집이라 키즈매트가 없어서 대신 이불 위에서 놀았어요

모래 놀이용 삽을 가져왔는데 유용했지요

엄마도 주세요~ 고마워요

tip 위생에 민감한 엄마라면 다른 재료를 활용하세요

저는 어느 정도 비위생적인 것도 경험해야 된다는 생각이라서 다양한 재료로 놀이하는 편이에요. 하지만 엄마들마다 성향이 다르고 위생에 민감한 분도 계시니, 마음에 걸리면 세척한 콩이나 다른 재료로 놀이하면 된답니다.

2 * 베갯속 위에서 자동차 놀이

우리 아들은 쉬지 않고 뛰어다니는 편인데 이렇게 촉감 놀이는 앉아서 차분하게 진행되니 정적인 놀이가 됩니다. 이번에는 자동차를 울퉁불퉁 길 위로 달리게 합니다.

놀잇감 재료만 주면 많은 가르침이 없어도 스스로 발견해서 놀이합니다

주변의 모든 사물이 다 놀이~

생후 17개월

060 수수깡으로 드럼도 치고 케이크 초도 만들고

준비물 — 수수깡 여러 개, 컬러점토(또는 밀가루 반죽)

1 * 수수깡으로 드럼 놀이

탐색을 시작합니다. 수수깡*의 색깔 등을 탐색하고 칼처럼 휘둘러도 봅니다. 상 위에 놓고 탕탕 두드리며 북을 칩니다.

알록달록 수수깡이 왔어요

길다~ 콕콕, 흔들흔들~

소리가 나네
탕탕탕~

> {tip} 어린 영아에게도 좋은 수수깡 놀이
>
> 아직 어린 영아들은 드럼 치기가 어렵죠. 하지만 수수깡 자체를 탐색하는 것만으로도 무척 즐거워할 겁니다. 드럼 치기 대신에 음악을 틀어준 다음 수수깡을 붙잡고 흔들면서 놀아도 좋아요.

2 * 스트레스 팍팍! 부러뜨리기

엄마를 따라 수수깡을 뚝 부러뜨려봐요. 막대기는 흔들라고 있는 줄 알았는데 부러뜨릴 수도 있는 거죠. 엄마 따라 부러뜨리려는데 그냥 잡아당기기 바쁩니다. 부러뜨리는 것이 처음이라 어려워요. 엄마가 함께 손을 잡고 뚝 부러뜨려주세요.

뚝! 부러뜨려볼까?

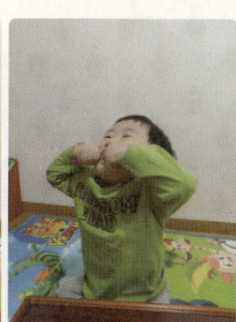
에구, 울겠네. 스트레스 풀려다 스트레스 쌓일라

소리가 뚝! 부러졌네?

3 * 수수깡 케이크 초 꽂기

다 부러뜨린 수수깡은 케이크의 초로 변신합니다. 컬러점토나 밀가루 반죽 위에 꽂아줍니다. 케이크가 완성되었어요! 함께 박수치면서 생일축하 노래도 불렀지요. 노래가 끝나면 후~ 불 끄기. 모든 아이들이 좋아하는 촛불 끄기 놀이.

하나둘, 초를 꽂아볼까?

외할머니 생신이니까 노래 불러야지?

점토에 구멍 내고 거기에 수수깡을 꽂고, 다양한 즐거움을 주는 수수깡 놀이, 지금 함께 시작해보세요.

쏙 꽂았다!

수수깡을 뽑으니 구멍이 생겼네?

구멍에 다시 수수깡 꽂기

 연년생 아이들도 함께 놀이할 수 있어요

21개월 차이가 나는 마루와 레는 요즘 함께 놀이합니다. 수수깡 놀이도 17개월인 레는 컬러점토에 꽂기, 부러뜨리기를 하며 놀고, 38개월인 마루는 수수깡을 핀으로 연결해서 조형물 만들기를 하며 함께 놀이했답니다.

아이가 하나일 때는 놀이의 폭이 넓은데, 둘이 되면 연령에 맞추느라 고민하게 되죠. 연령에 맞추어서 나오는 교재, 교구는 제한이 많지만 이렇게 완성되지 않은 놀잇감 소재들은 발달시기가 다른 아이들도 함께 자연스럽게 놀이할 수 있어요.

레는 수수깡 꽂기 놀이

마루는 수수깡 연결하기 놀이

넷째
마당

생후 18~23개월
아이놀자

생후 18~23개월

일반적인 아이들 특징 vs 멋진롬 아이들 특징

생후 18~23개월 아이들의 운동발달

대근육이 발달해서 신체 움직임이 안정적이 됩니다. 두 발로 뜀을 할 수 있고 스스로 옷을 벗을 수 있습니다. 생후 24개월이 되면 계단도 혼자 올라갈 수 있습니다. 엄지와 검지를 이용해서 색연필을 잡고 줄을 긋거나, 집게를 이용해 물건을 잡을 수 있습니다. 공을 던질 수 있습니다.

★ 멋진롬 아이들 특징

워낙 운동발달이 빠른 아이들이라 일일이 쫓아다녀야 하는 엄마는 감당하기 힘들었습니다. 집게로 물건 잡기 놀이는 아이 둘 다 좋아하는 놀이였어요.

생후 19개월 : 종이를 잡고 풀칠하기를 따라했어요

이렇게 놀았어요

▶ 잡지 그림 잘라서 콜라주 놀이
   (생후 19개월 / 063장)

▶ 페트병 빨대 꽂기 놀이
   (생후 19개월 / 064장)

▶ 무서운 집중력! 인형 잡기 놀이
   (생후 20개월 / 068장)

▶ 싹둑싹둑 가위질 놀이
   (생후 20개월 / 070장)

▶ 자기 전에 이불 김밥 말이
   (생후 21개월 / 071장)

▶ 대근육 튼튼, 탱탱볼 놀이
   (생후 22개월 / 074장)

생후 18~23개월 아이들의 정서 발달

이 시기 아이들은 엄마의 행동을 따라서 합니다. 정서 모방과 행동 모방 모두 나타납니다. 보통 생후 18개월부터 질투를 나타냅니다. 분노의 감정도 많이 표출합니다. 하지만 생후 24개월이 지나면서 점차 막무가내로 떼를 쓰는 것이 줄어들고, 기다리고 이해하면서 울음도 줄어들게 됩니다.

★ 멋진 롤 아이들 특징

마루는 생후 21개월에 동생을 보았는데요. 질투가 나서 동생을 깨물기도 했습니다. 질투는 퇴행행동으로도 나타나는데요. 아기처럼 바운서에 누워 있겠다고 해서 종종 동생 대신 바운서를 차지했습니다. 하지만 마루의 질투는 24개월이 지나자 점차 사라지더라고요.
레는 생후 19개월 즈음 엄마가 형을 안고 있으면 질투심에 형을 밀어내고 엄마 무릎을 차지했답니다. 또 엄마가 살림할 때마다 쫓아다니면서 따라했어요. 청소기를 돌리면 옆에서 대걸레질을 하고, 이불 먼지를 떼면 같이 떼기도 하면서 말이죠. 레는 형이 하는 가위질을 관찰한 후 스스로 따라했어요.

이렇게 놀았어요

▶ 컬러점토로 형형색색 소꿉놀이
(생후 18개월 / 061장)

▶ 밤에 놀자, 손전등 놀이
(생후 18개월 / 062장)

▶ 나무야 사랑해! 산책 놀이
(생후 19개월 / 065장)

▶ 비 오는 날 우비 입고 산책 놀이
(생후 20개월 / 066장)

▶ 스트레스 해소하는 밀가루 놀이
(생후 20개월 / 069장)

▶ 자기 전에 이불 김밥 말이
(생후 21개월 / 071장)

▶ 바나나사과셰이크 만들기
(생후 22개월 / 073장)

▶ 가을 만끽 낙엽왕관
(생후 22개월 / 075장)

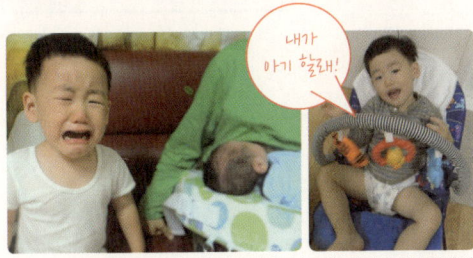

생후 21개월 : 동생이 생기고 질투가 폭발합니다. 질투의 결과 동생 대신 바운서를 차지했네요

생후 18~23개월 아이들의 **인지 발달**

직접 몸을 사용해서 탐색하던 것에서 머리로 생각해보고 행동하게 됩니다. 엄마의 행동을 관찰해두었다가 시간과 공간이 바뀌어도 기억해서 모방합니다.

★ 멋진 룸 아이들 특징

저는 목소리 톤이 높고 놀라면 소리치는 버릇이 있었는데, 아이도 크게 소리치는 행동을 따라했습니다. 그래서 의식적으로 목소리 톤을 낮추고 소리를 치지 않자 아이도 차분해지더라고요. 엄마의 행동과 태도를 따라서 하는 아이들, 이 시기에 그 따라하는 행동이 증폭합니다. '아이들은 부모의 거울'이라는 말을 확 실감해서, 이때부터 태도와 행동을 조심하기 시작했습니다.

> **이렇게 놀았어요**
> ▶ 미끌미끌 달걀 촉감 놀이
>   (생후 20개월 / 067장)
> ▶ 블록에 물감 묻혀 도장 찍기
>   (생후 21개월 / 072장)
> ▶ 반짝반짝 은박지 놀이
>   (생후 22개월 / 076장)
> ▶ 재미 톡톡, 도트물감 놀이
>   (생후 23개월 / 077장)
> ▶ 업그레이드 컬러두부 놀이
>   (생후 23개월 / 078장)

생후 22개월 : 동생에게 엄마처럼 책을 읽어줘요

생후 18~23개월 아이들의 언어 발달

점차 많은 단어를 이해하고 100~200단어까지도 이해하게 됩니다. "엄마, 맘마"처럼 2~3단어를 연결해서 이야기할 수 있어요. 동사를 말할 수 있게 됩니다.

★ 멋진 룰 아이들 특징

생후 21개월의 레는 지시하는 말을 많이 이해했어요. "몇 살이야?" 물어보면 따라서 손가락을 3개 펴고, 정리하자고 하면 책을 꽂고, "나가재"라고 하면 현관에서 신발을 신고 기다렸어요. 하지만 말할 줄 알았던 단어는 엄마, 아빠, 맘마, 물, 꽃, 콩, 이모, 카, 빠이빠이, 멍멍, 꿀꿀, 꼬끼오, 야옹 뿐이었어요. 단어를 연결해서 말하지는 못하고 1단어로 말했습니다.

┌─ 이렇게 놀았어요 ─┐
▸ 잡지 그림 잘라서 콜라주 놀이
  (생후 19개월 / 063장)
▸ 컬러점토로 형형색색 소꿉놀이
  (생후 18개월 / 061장)
▸ 비 오는 날 우비 입고 산책 놀이
  (생후 20개월 / 066장)

생후 19개월 : 코끼리를 보고 이름은 말하지 못하고 "뿌우~" 소리내고 손으로 표현합니다

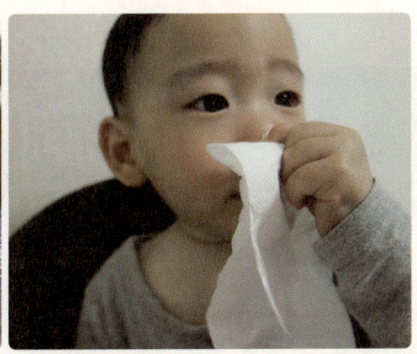

생후 20개월 : "코 닦을까?" 하면 스스로 휴지로 코를 닦는 등 많은 말을 이해하기 시작합니다

넷째마당 | 생후 18~23개월 아이놀자

컬러점토로 형형색색 소꿉놀이

생후 18개월 061

준비물 — 컬러점토, 블록, 장난감 등

1 * 색깔 구분 촉감 놀이

가끔씩 초등학교 앞 문구점에 가서 간단하게 놀이할 재료를 탐색하는데, 오늘은 컬러점토를 사왔습니다. 점토 담은 통을 쌓기 시작하네요. 쌓기 놀이 한 번 하고, 뚜껑을 열어달라고 하네요.

처음에는 단단한 것 같은데 엄마가 좀 주물러주면 말랑말랑해져요. 밀가루 반죽보다 좀더 촉촉한 느낌도 들고요. 부들부들 촉감을 느끼면 정서발달에도 좋답니다. 이번에는 다양한 색도 만나볼 수 있어서 좋았습니다.

알록달록 탑 쌓았네~

열어주세요~

말랑말랑 부드럽다!

침까지 흘려가며 몰입해서 놀이합니다   손가락으로 조금씩 떼어내기 놀이를 합니다

2 * 점토 소꿉놀이

나무블록과 장난감 등 도구를 활용해 점토를 두드려보고 잘라봅니다. 기린에게 맘마를 줄까요? 우와, 맛있겠다.

수제비 만들고 있니?   기린에게 맘마 줄까요?

3 * 그냥 막 응용 놀이

초반에는 아이 혼자 집중할 시간을 주고, 아이가 지겨워할 때쯤 엄마가 개입해서 함께 놀아줘요. "길다~ 뱀이네, 잡아봐라."
하나씩 통에 떼어넣으며 눈과 손의 협응력도 키워요. 한 자리에 오래 앉아 있었다 싶더니 이내 점토를 들고 마당을 돌아다닙니다. 자동차 위에 올려놓고 자유롭게 놀지요. 마지막엔 막대기 끝에 점토를 붙여주니 좋아했어요.

뱀이다~ 당겨볼까?

점토 떼어서 담기

막대기에 붙여서 휙휙~

막대기를 휘두르다 다치지 않도록 잘 지켜봐주세요

아이들은 똥이 왜 그리 좋은지…

생후 18개월

062 밤에 놀자, 손전등 놀이

준비물 — 손전등

1 * 손전등 탐색하기

밤에 간단히 할 수 있는 손전등* 비추기 놀이예요. 먼저 처음 보는 물건에 호기심 가득! "이건 뭐지?" 똑딱! 누르면 불이 켜지는 손전등. "우와, 신기하다~ 직접 똑딱 해볼까?" 혼자서 손전등을 탐색할 시간을 주세요.

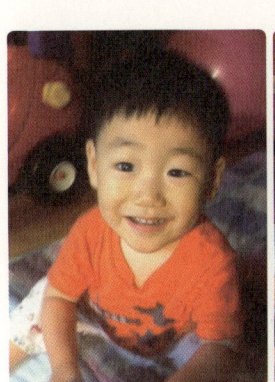

또랑또랑 마루. 안 잘 거니? 에잇, 손전등 투척!

얍, 켜져라!

한참을 똑딱거리는 아이

> **tip** 손전등 놀이 주의사항, 눈에 비추지 않기
>
> 이날 촬영을 위해 간접조명을 켰는데요. 불 다 끄고 하는 것도 좋지요. 다만 손전등을 얼굴과 눈에 직접적으로 비추지 않도록 주의해주세요. 눈에 너무 큰 자극을 줄 수 있으니까요.

2 * 불 끄고 요리조리 비추기

탐색이 끝난 아이. 엄마를 쳐다보네요. "똑딱 불을 켜고 천장과 벽에 비추어보렴." 요리조리 흔들면서 천장을 바라봅니다.

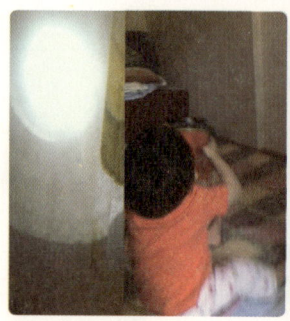
벽에도 천장에도 비춰요

빛을 따라 요리조리~

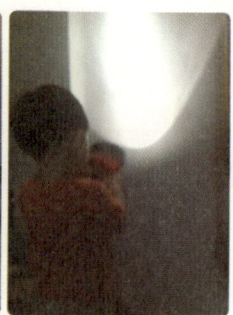
손전등 비추니 동그란 빛이 생기네~

3 * 사물 비추기 놀이

이번엔 엄마가 말하는 사물을 손전등으로 비추도록 해주세요. "시계 어디 있지?", "부릉부릉 어디 있지?" 손전등으로 비춰서 찾아보고 소리나는 쪽에 손전등을 비추기도 합니다. 정말 간단하지만 즐겁게 놀이할 수 있어요.

한참 혼자서 비춰보는 아이

생후 19개월

063 잡지 그림 잘라서 콜라주 놀이

준비물 — 도화지, 잡지, 풀, 색연필

1 * 잡지에서 그림 오려내고 붙이기

엄마가 잡지에서 그림들을 오려서 줬어요.* 조금 더 개월수가 지나면 함께 오리고 붙여볼 수 있겠지요. 아이가 좋아하는 그림을 골라서 풀칠을 해봤어요.

풀부터 탐색, 끈적끈적…

저런, 뒷면이 아닌 앞면에 풀칠! 조급해하지 말고 격려해주세요

축하해~

(tip) 생후 19개월, 콜라주 시작할 시기

물론 개월수에 따라서 콜라주를 할 수 있는 단계가 달라지지만 19개월이면 콜라주 초기 단계라고 할 수 있을 것 같아요. 가위질은 능숙하게 못하지만 풀을 가지고 종이를 붙이면서 놀이할 수 있을 정도로 소근육이 발달하지요. 물론 딱 맞게 못 붙여도 시행착오를 통해 배워간답니다.

2 * 엄마와 대화하며 역할놀이

숟가락 그림을 들고 엄마가 "숟가락!"이라고 말하면* 아이도 밥을 먹는 모양을 흉내내면서 다양한 놀이가 가능합니다. 우유 그림은 쭉~ 마시는 모습도 흉내내고, 자연스럽게 이런저런 역할놀이도 하게 되네요.

숟가락은 어디 있나? 요기~   공룡 그림 보면서 몸도 크게 만들죠

 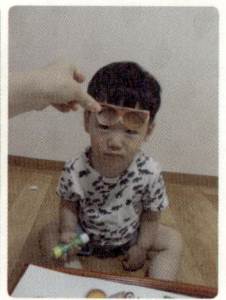

공룡에게 숟가락으로 밥도 주고…   선글라스 써볼까?
종이인형 놀이네?

 생후 18개월 이후 폭풍 언어발달 시기엔 대화가 최고!

18개월 들어서면서 언어발달이 폭발적으로 시작되지요. 콜라주 놀이하면서 단어도 따라하다 보면 더욱 재미있게 붙이고 놀이할 수 있어서 좋아요. 그림을 보면서 언어도 배우고, 탐색하면서 오감발달을 돕는 놀이예요.

3 * 도화지에 색칠하기

엄마는 참견하기보다 꾸준히 격려하고 조력자의 역할을 해주면 좋아요. 풀칠하고, 역할놀이도 다 할 때쯤에는 색연필로 색칠도 해봐요. 아이는 도화지에 색칠하기보다 그림 위에 색을 칠하면서 또 다른 작품을 만들어간답니다.

알아서 색칠 놀이 시작!

뽀로로 옆에 나무가 있어요~

> **형제가 함께 하는 콜라주 놀이**
>
> 종이박스를 뜯어서 넓게 펼쳐놓았어요. 19개월 레에게는 그림을 오려서 주고, 40개월 마루는 직접 오리고 붙이며 함께 놀이했어요.
>
>
> 19개월 레는 찢어서 오려요
>
>
> 맛있는 아이스크림이다!
>
>
> 40개월 마루는 스스로 오리고 붙이고 뚝딱뚝딱~

생후 19개월

064 페트병 빨대 꽂기 놀이

준비물 — 페트병, 다양한 크기와 색의 빨대

1 * 빨대 탐색하기

집에 있는 다양한 빨대를 꺼내주세요. 페트병*은 입구가 좀 넓은 게 좋아요. 놀잇감을 주었더니 탐색부터 시작합니다. 탐색 시작하면 우선 옆에서 지켜봐주세요.

빨대 길이를 비교해보고 이리저리 탐색!

가르쳐주지 않아도 빨대를 두드리며 리듬을 타는 아이

{tip} 초간단 놀이의 효과

저는 초간단 놀이를 좋아해요. 교구 만들 시간이 없어서? 게을러서? 살림하랴 애 보랴 교구 만들기까지 하면 헉헉..^^; 그래서 교구로 만들지 않고도 쉽게 놀 수 있는 방법을 찾는 편이에요. 쉽게 놀이하고 엄마도 덜 힘들고, 그러다 보면 자주 꾸준히 놀아주게 되지요. 초간단 놀이! 하지만 아이들은 좋아합니다. 거창한 놀이보다 단순한 놀이가 더 재미있어요. 여백이 많아서 아이들이 생각하고 채울 공간이 많아진답니다.

2 ＊ 페트병에 빨대 넣기

탐색 시간을 거친 후 하나씩 페트병에 넣어요. 꽂기 놀이용 장난감이 없어도 병에 빨대★만 꽂아줘도 집중력이 높아지겠죠?

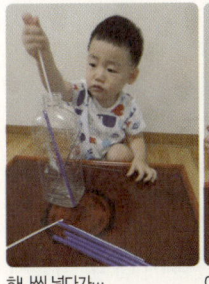
하나씩 넣다가…

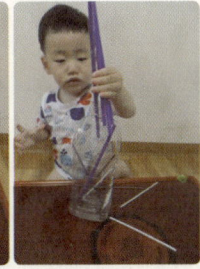
여러 개를 한 번에 넣어봅니다

다시 쏟아내고 반복해서 놀아요

tip 산만한 아이에게 딱! 빨대 넣기 놀이

산만한 친구들도 쉴 때는 이렇게 빨대를 꽂으면서 정적인 놀이를 유도해주세요. 놀이지만 페트병에 빨대를 넣으려고 집중하게 된답니다.

3 ＊ 흔들흔들 마라카스로 변신

이번에는 빨대를 안에 넣고 페트병 뚜껑을 닫은 채 흔들어보세요. 아이가 직접 만든 마라카스로 변신합니다. 다양한 굵기와 색깔의 빨대를 활용하면 더욱 좋겠죠.

흔들흔들~ 소리가 나네?

빨대를 더 많이 넣어서 흔들어볼까?

내가 만든 빨대 마라카스~

065 나무야 사랑해! 산책 놀이

생후 19개월

준비물 — 없음

1 * 아파트 산책하며 트리허그!

추운 겨울을 이기고 서 있는 봄나무는 더 단단해 보여요. 아이와 함께 아파트 앞 산책을 시작합니다. 나무의 촉감도 만져보고 나무와 대화도 했어요. 나무도 사랑해 줘야지. 프리허그? 아니, 트리허그! ^_^

플라스틱과 다른 나무의 촉감을 만져봐~

나무도 생명이 있고 숨을 쉬고 있단다

한참 나무를 안아주는 레

우리 아이가 자연을 좀더 친구처럼 사랑해주길 바라는 게 엄마들 마음이지요. 꼭 숲에 나가지 않더라도 아파트에 나무가 많으니 다행이에요. 형이 된 마루가 "나무는 키가 엄청 커! 블라블라~" 하면서 19개월 된 동생에게 알려주네요.

2 * 솔방울 골프

나무 주변에 떨어진 솔방울을 보여주었더니 나뭇가지를 가져와 솔방울 치기를 시작했어요. 일명 솔방울 골프. 그리고 아직 말을 못하지만 '이것은 응가'라는 표현을 했어요. 기저귀를 만지고 솔방울을 가리키고 힘을 주는 식으로. 이렇게 아이는 모든 방법을 동원해 자기 뜻을 표현합니다.

나도 솔방울 찾았어요.

이것은 솔방울 똥이에요.

나뭇가지로 쳐볼까?

맞춰야지, 슛슛

골프하는 거야?

생후 20개월

066 비 오는 날 우비 입고 산책 놀이

준비물 – 우비, 장화

1 * 비 오는 날 탭댄스 추기

비 오는 날은 마음이 들뜨는 날이에요! 여름에는 우비 입고 산책할 수 있는 즐거운 날. 아이들에게 비 내리는 길을 걷는 건 정말 행복한 일이죠! 〈내 장화〉라는 동시도 생각나고. 노래로 불러줬더니 함께 웅얼거려요.

내 장화

비오는 날 신은 내 장화
정말 정말 재미있어요
걸을 땐 저벅저벅
뛸 땐 뚜벅뚜벅
계단을 밟을 땐 찍찍
빗물을 밟을 땐 철벅철벅
장화 속에 물이 들어가면 절벅절벅

웅덩이를 만나면 반갑다, 첨벙첨벙. 집에서 하는 물놀이도 좋지만 길에서 하는 물놀이가 최고예요. 탭댄스를 춰볼까?

첨벙 소리가 나네

물을 관찰하고 밟아봅니다

2 * 나무, 열매, 자연과 대화하기

"마루는 우비를 입어서 비를 안 맞는구나. 그런데 나뭇잎이랑 꽃은 우산이 없어서 비를 맞았어요." 얘기가 끝나자마자 인상을 쓰는 아이. 불쌍하다는 표정도 짓네요. "꽃이 빗물을 먹고 있네요. 손으로 만지지 말고, 어떻게 하지요? 코로 냄새를 맡아요." 그랬더니 엄마 말 다 알아듣고 킁킁 냄새를 맡습니다.

나뭇잎과 꽃이 우비 없이 비를 맞아요

비 내린 뒤 꽃향기는 어떨까?

아이가 어딘가로 가는 데는 이유가 있는 법. 아이 눈높이에서만 보이는 나무 열매를 발견했어요. 비 맞고 있는 나뭇잎이 가여운 아이. 다른 사람의 마음을 함께 이해하고 공감할 수 있는 아이로 자라기를 바라요. 자연을 의인화하면서 이야기*를 나누다 보면 자연스럽게 공감 능력도 올라간다고 봅니다.

마루야, 어디 가?

열매를 찾으러 간 거구나!

새야, 안녕~

tip 생후 20개월 아이에게는 이야기를 많이 해주세요

20개월 된 아이는 정확하게 말은 많이 못해요. 하지만 이제 정말 말만 못하지 다 알아듣는 것 같아요. 그래서 더 많은 이야기를 해주고 있어요. 남자아이는 감성보다 이성이 더 발달하는 편이잖아요. 그래서 더욱 감성적인 이야기를 많이 해주려고 해요. 저는 정말 말수가 적은데 이 시기만큼은 상황을 말로 설명하려고 노력했어요.

067
생후 20개월
미끌미끌 달걀 촉감 놀이

준비물 — 키즈매트, 달걀, 양푼, 거품기

1 * 거품기로 달걀 풀기

이날도 외할머니 댁이어서 키즈매트 대신 방수천을 깔고 놀이했어요. 엄마가 달걀을 "톡!" 깨줬어요. 거품기로 저어보다가, 스스로 달걀을 깹니다. 톡! 깨지는 즐거움, 거품기로 탁탁탁! 이것만으로도 즐거운 놀이시간이랍니다.

동그란 달걀이 있네~

컸다고 휴지~ 하고 외치지만 괜찮아~ 괜찮아~

미끌미끌 촉감을 즐기는 마루. 천천히 적응합니다

2 * 날달걀 촉감 온몸으로 느끼기

날달걀 푼 것을 쏟아서 본격적인 놀이 시작! 바닥에 쏟고, 거품기로 젓고, 손으로도 느껴요. 다양한 촉감을 두려워하지 않고 즐겁게 스트레스를 날려볼까? 손으로만 하다가 발로도 문지르고……. 달걀 놀이는 미끌미끌 부들부들 촉감 놀이지요.

 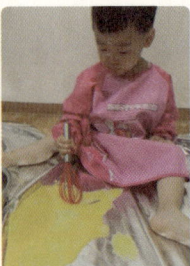  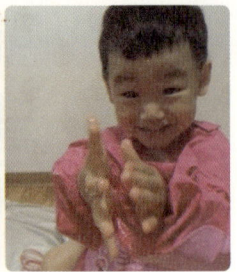

다 부었네~   거품기로 저어볼까?   미끌미끌 미끄럽다   마르면서 끈적끈적하네?

3 * 달걀 껍질 놀이 + 요리 놀이

아이가 지루해할 무렵, 달걀 껍질 발견! 또 다른 놀이의 시작이지요. 달걀 껍질을 똑똑! 자르면서 딱딱한 촉감을 느껴요. 하나씩 뜯으면서 소근육 발달도 돕고요. 요리 놀이도 합니다. 이런 놀이가 좋은 게, 신나게 놀다가도 아이를 차분하게 해준답니다. 균형을 맞추는 놀이시간이지요.

  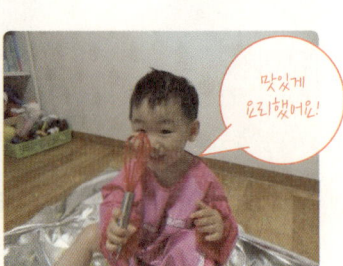

누가 시키지 않아도 껍질 깨기 돌입   밥을 해보자~

생후 20개월
068

무서운 집중력! 인형 잡기 놀이

준비물 — 집게, 인형이나 장난감, 바구니

1 * 집게로 장난감 집기

오늘은 병원 놀이용 집게(미니집게, 주방 집게로 대체 가능)로 인형 잡기* 놀이를 했어요. 장난감을 집어요. 처음부터 잘되지는 않을 거예요. 엄마가 잡아주고 싶어도 혼자 노력할 수 있는 시간을 주세요. 도움을 요청하면 도와줘도 되지만 먼저 잡아주지는 말기로 해요.

철퍼덕~ 여유롭게 시작

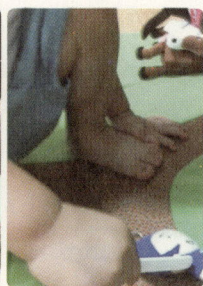
잡았다, 걱정 인형!

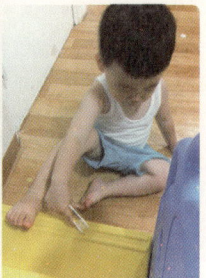
구슬을 집어볼까?

tip 집중력과 참을성을 키우는 소근육 놀이

돌 이후 일상생활에서는 숟가락질을, 놀 때는 소근육 놀이를 꾸준히 하면 신나게 놀다가도 이렇게 놀이에 집중한답니다. 산만하지 않고, 끈질기게 포기하지 않고, 짜증내지 않고 하게 만드는 것이 소근육 놀이의 힘인 것 같아요!

2 * 장난감 바구니로 옮기기

집게를 능숙하게 다루게 되면 이제 바구니를 두고 옮겨놓도록 해주세요. 아, 절대 청소 시키는 것 아닙니다. ㅋ

무겁고 미끄러지는 인형, 자꾸 떨어뜨리지만 포기는 없다!

오, 집념의 사나이!

집게로 장난감 집기는 두 아이 모두 좋아하는 놀이였답니다

생후 20개월

069

스트레스 해소하는 밀가루 놀이

준비물 — 대야(또는 키즈매트), 밀가루, 주방도구

1 * 밀가루 탐색하기

집 앞에서 '가루야 가루야' 체험전이 열리는데 24개월 이상이라 입장 불가였어요. 집에서 해주면 되지!
어렸을 때 밀가루 놀이를 해봤지만, 이번엔 몸 전체로 놀이하라고 밀가루를 많이 사용했어요. 친정집에는 마당이 있어서 물놀이용 고무대야 안에서 했지만, 집에서는 키즈매트 위에서 하면 될 것 같아요.

천천히 탐색 시작~

도구를 먼저 사용해볼까?

손과 발 모두 가루를 묻히자~ 발이 하얗게 변했네

2 * 발도장, 손도장 찍어보기

밀가루를 평평하게 한 후 손도장과 발도장을 찍어봅니다. 엄마 손과 아이 손의 크기를 비교하고, 밀가루로 손과 발을 덮어서 숨기기 놀이도 해봅니다.

발을 꾹 눌러볼까?   우와, 손도장도 생겼네?   어, 발 어디 갔지?

3 * 밀가루 요리 놀이

자연스럽게 요리 놀이로 넘어갑니다. 주방도구로 요리를 한참 하더니 그릇에 담아서 할머니, 엄마에게 주네요. 할머니 먼저, 그다음에 엄마 주세요.^_^

생후 20개월

070 싹둑싹둑 가위질 놀이

준비물 — 안전가위, 색종이(달력, 신문지 등)

1 * 엄마와 함께 잘라요

확실히 동생은 형의 모습을 관찰한 후에 따라해서 그런지 형보다 가위질을 빨리 시작했어요. 따로 가르쳐주지 않아도 스스로 하더라고요. 오늘은 엄마와 함께 잡고 가위질을 해보았어요.

레가 잡아주렴, 엄마가 싹둑 잘라볼게

레가 해볼까? 가위가 조금 크구나.

그래도 도전!

2 * 혼자서 가위 놀이

아이가 가위를 손가락에 끼우고 혼자서 종이를 잡고 싹둑싹둑! 30분을 집중해서 가위질을 했어요. 처음에 가위를 잡았을 때는 눈과 손의 협응력이 많이 발달하지 않아서 불안했지만, 지켜보면서 스스로 하도록 기다려주니 다치지 않고 싹둑싹둑 잘 자릅니다. 아이 손보다 가위가 크지만 작은 손을 쫙쫙 펴면서 가위질을 합니다.

색종이를 잡고 싹둑! 　　이번에는 빨간 색종이를 잘라볼까~

 tip 아이마다 집중하는 놀이가 따로 있어요

물감 놀이는 20분 했는데 가위질은 30분 했다는 사실. 이것만 봐도 아이가 좋아하고 집중하는 놀이는 따로 있다는 것을 알겠더라고요. 물론 안전가위를 사용하지만 아직 눈과 손의 협응력이 발달하는 중이니 옆에서 잘 지켜봐주세요.

자기 전에 이불 김밥 말이

생후 21개월 / 071

준비물 — 이불, 매트

1 * 이불에 누워 있는 아이 돌돌 말아주기

이 놀이는 보자기로 할 수도 있는데, 평소 덮고 자는 넉넉한 크기의 이불로 하면 더 좋답니다. 아이에게 누워보라고 하면 방법을 잘 모르거나 무서워할 수도 있으니 아빠가 먼저 누워서 아이를 불러보세요. 그러다가 누워 있는 아이를 살살 이불로 돌돌 말아줍니다. 다 만 다음 아이를 안고 냠냠 소리를 냅니다. 김밥 썰기를 하듯이 슥슥 문지르면 간지러워하면서 신나하는 놀이입니다. 덕분에 신체접촉을 많이 해서 안정적인 애착형성에도 좋아요!

레야, 여기 누워 보자~

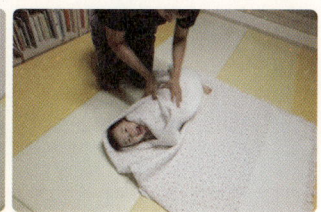

돌돌 말아줍니다~ 데굴데굴~

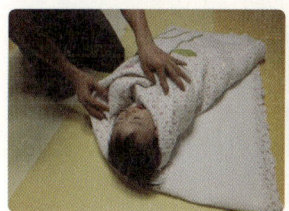

레 김밥 완성!

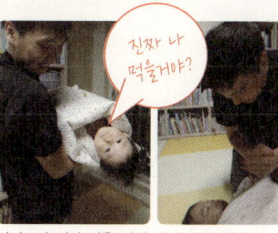

냠냠, 레 김밥 먹을 사람 모이세요!

슥슥 김밥 썰자~

(진짜 나 먹을거야?)

2 * 이불썰매 타기

이번엔 말아놓은 이불을 도르르르 풀면서 썰매처럼 끌고 다녔어요. 엄청 즐거워하더라고요. 자칫 다칠 수 있으니 매트 위에서 놀아주세요. 마지막으로 두더지처럼 이불 속에 들어가서 기어다니는 아이. 두더지 잡기 놀이로 마무리했답니다.

슝~ 이불썰매 타자!

레 두더지 잡아라!

tip 아이놀이에 아빠를 참여시키는 방법

아빠가 아이와 안 놀아준다고요? 일하고 와서 피곤할 수 있지만 아이와 놀아주는 방법을 몰라서 못 놀아줄 수도 있어요. 이런 아빠에게는 육아에 참여할 수 있는 작은 미션을 알려주세요. 거창하고 많은 시간을 들이라고 하면 거부감을 느낄 수 있지만 작은 역할을 주면 참여율이 더 높아질 거예요. 남자들은 대부분 직설적으로 "이것 해주세요!"라고 말하면 더 잘하는 것 아시죠? 알아서, 언젠가, 스스로 해주길 기다리면…… 평생 안 할지도 몰라요. ㅋㅋ

엄마가 먼저 노는 방법을 보여주고, 놀이 중에 1가지씩 아빠에게 역할을 주면 차츰차츰 잘 놀아주는 아빠로 변해 있을지도 몰라요. 예) "여보~ 그림자놀이를 위해서 인터넷에서 손으로 동물을 표현하는 법을 검색해주세요!"

블록에 물감 묻혀 도장 찍기

생후 21개월 / 072

준비물 — 전지, 물감, 블록

1 * 블록을 물감에 묻혀 찍기

큰 블록에 물감을 묻혀서 전지에 찍어봅니다. 앞뒤로 돌려가면서 찍으면 모양이 달라져요. 연결해서 찍으면 기차 모양이 되네요. 여러 가지 모양을 탐색할 수 있어서 마루는 36개월 넘어서도 즐겨하는 놀이예요.

물감 묻힌 블록을 전지에 찍어요   스스로 다양한 모양을 만듭니다

2 * 이것저것 물감 놀이 후 목욕하기

블록 찍기를 한참 한 후 전지에 붓이나 손 찍기 등 자유롭게 놀이를 합니다. 딱히 엄마가 안내해줄 필요가 없으니 아이가 노는 대로 지켜봐주세요. 목욕으로 마무리 합니다.

손으로도 찍어요

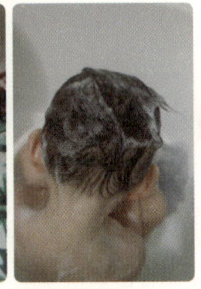
목욕으로 마무리

 둘러보면 도장 찍기용 사물이 가득!

도장 놀이 생각하면 교구를 사거나 채소를 모양내서 찍거나 할 수 있어요. 하지만 멋진롬표 놀이는 초간단! 방금 본 것처럼 굴러다니는 블록을 물감에 묻혀 찍기만 해도 되고요. 그 밖에도 도장으로 찍기 좋은 장난감이나 생활용품을 활용해도 좋아요. 자동차가 있다면 자동차 바퀴에 물감을 묻혀서 전지에 굴려줍니다. 자동차마다 다른 바퀴 모양을 찍으면서 놀이할 수 있어요. 자신이 찍은 바퀴길 물감이 마르면 그 위에서 자동차 놀이를 합니다.

자동차 바퀴 굴리기도 신나요!

생후 22개월

073 바나나사과셰이크 만들기

준비물 — 우유, 요구르트, 바나나, 사과(또는 키위 등 부드러운 과일), 도마, 빵칼, 믹서기

1 * 셰이크 재료 썰기

우유, 요구르트, 빵칼, 도마, 과일을 준비해요. 빵칼은 주의하면서 놀아주세요. 바나나 외 다른 과일 중 사과는 딱딱한 거 말고 좀 익어서 푸석한 사과로 해야 잘 썰 수 있어요. 아니면 키위나 망고 같은 부드러운 과일로 아이가 썰면서 성취감을 느낄 수 있도록 해주세요.

아이가 썰기 쉬운 과일로 준비해요

싹둑싹둑!

처음엔 웃다가 이내 심각하게 칼질하는 아이

바나나를 잘랐다가 이번에는 사과를 잘라요. 조심조심. 썰면서 맛도 보고 즐기는 시간.

사과를 자를 땐 엄마가 도와주세요

조심조심, 천천히… 우와, 혼자서 싹둑 잘랐구나!

2 * 셰이크 만들기

바나나와 사과를 믹서기에 넣어요. 우유랑 요구르트도 넣고 갈았어요. 요구르트가 없으면 우유만 넣어도 맛있어요!

우와, 맛있는 주스다!

진짜 요리 놀이를 시작하는 시기는?

실제 요리 놀이를 하려면 어느 정도 상호작용(말은 못해도 다 알아듣는 시기)이 되는 것이 안전하게 놀이할 수 있어요. 20개월이 지나면서 아이들이 어느 정도 말귀를 알아듣죠. 그래서 이제 때가 되었다 생각하고 간단한 요리 놀이부터 시작했어요.

둘째 레가 어릴 때는 첫째 마루가 요리 놀이를 하면 둘째는 옆에서 음식 가지고 탐색 놀이를 했어요. 엄마와 다른 사람을 그대로 따라서 모방하는 시기에 요리 놀이는 아이가 마음껏 엄마가 되어보는 즐거운 시간이랍니다.

오늘은 셰이크 만드는 날이었어요. 바나나 싫어하는 아이라면 이렇게 함께 만들고 먹이면 좋을 듯해요. 아무리 잘 안 먹는 아이라도 자신이 만든 음식은 한 번이라도 먹어보게 됩니다. 편식하는 아이들이 안 먹는 재료를 살짝 섞어서 요리 놀이를 해보세요. 많이 먹지는 않더라도 조금이라도 맛볼 수 있답니다.

반죽 밀어서 쿠키 만들기 놀이!

저녁 준비하는데 놀아달라는 아이에게 키위를 1알 주면 아이가 썰면서 노는 동안 편하게 요리할 수 있어요.

생후 22개월

074 대근육 튼튼, 탱탱볼 놀이

준비물 — 막대풍선, 탱탱볼

1 * 막대풍선으로 탱탱볼 주고받기

야구장에 다녀왔다면 응원도구인 막대풍선은 버리지 말고 챙겨주세요. 이걸로 탱탱볼을 치면서 놀이하면 즐겁답니다. 막대풍선으로 탱탱볼을 주고받으면 대근육은 물론 손과 눈의 협응력도 발달합니다. 처음엔 허공을 치더니 나중에는 제법 공을 맞추네요.*

자, 어디 한번 몸을 풀어볼까?

받아라, 얍!

진격의 마루~ 달려라~

tip 동생이 생겨 스트레스 받는 큰아이를 위한 놀이

둘째가 태어나면 엄마는 젖몸살과 수유 등 몸과 마음이 고생하지요. 하지만 큰아이도 마찬가지랍니다. 누구보다 동생 때문에 스트레스가 많아요. 몸조리하느라 외출할 수 없을 때 집에서 공놀이 같은 대근육을 사용한 신체 놀이를 해보세요. 땀을 흘리면서 스트레스도 풀리고 기분이 한결 좋아져요.

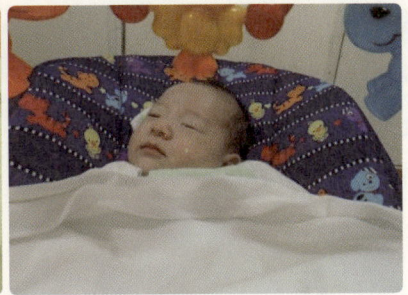

이 와중에 다행스럽게도 둘째는 잠이 들었어요

2 * 다리로 공 잡기

너무 들떠 있는 것 같아서 차분한 놀이★로 유도했어요. 이번엔 종아리에 탱탱볼 끼워서 잡고 있기를 했습니다. 그리고 발바닥으로도 잡아보기. 엄마 따라서 금방 잘 하더라고요. 공을 잡고 좌우로 흔들흔들~

영차영차~ 다리에 끼어볼까?

발바닥으로 공을 잡을 수 있을까?

tip 과격한 놀이와 조용한 놀이를 잘 섞어주세요

탱탱볼 주고받는 놀이는 과격한 편이죠. 이렇게 격하게 놀다가 쉬어갈 틈이 있어야 해요. 아이들은 쉬는 법을 모르니까 엄마가 정적인 놀이로 전환하면서 조절을 해주는 것이 좋습니다. 사실은 아이들 따라서 계속 움직이면 체력이 딸리는 엄마는 힘들어요. 엄마도 쉴 겸 아이도 쉴 겸 놀이는 강약을 섞어주세요. ^_^

3 * 간단 탱탱볼 축구

아직 22개월이라 정확한 축구는 못하지만, 빨래건조대에 이불로 골대를 만들어 놓고 던지기는 할 수 있지요. 엄마가 던지고 아이가 잡아봅니다. 공이 굴러들어오는 것만으로도 너무나 즐거워합니다.

엄마가 던질 테니 받아요

공이 굴러들어오기까지 긴장하다가, 잡았다!

막대로 툭 쳐서 골인~

4 * 공의자에서 놀기

이번에도 쉬어가는 시간입니다. 엄마는 옆에 앉아서 쉬고, 아이는 중심을 잡으며 운동하는 효과를 거두는 놀이예요. 공 위에 앉아서 통통 튀기도 합니다. 이날 아이는 잠도 잘 잤어요. 엄마한테는 체력이 좀 필요한 놀이지요? 아빠가 함께 놀게 해주세요.^_^

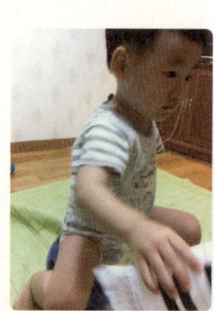
공에 앉아볼까?

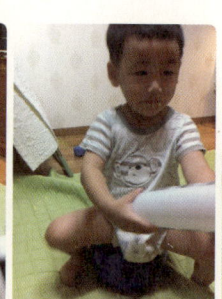
아이고, 자꾸 넘어지네. 다시!

통통통 점프~

생후 22개월
075

가을 만끽 낙엽왕관

준비물 — 낙엽, 도화지, 테이프, 스테이플러

1 * 산책하며 낙엽 줍기

가을은 알록달록한 자연이 아름답지요. 함께 걷는 시간만으로도 충분히 즐거운 계절입니다. 아이와 가을 산책길에서 낙엽을 주워오면 집에서도 가을을 느낄 수 있어요. 다양한 색상의 낙엽, 벌레 먹은 낙엽 등을 골고루 주워왔습니다.

낙엽 찾기 놀이

알록달록 자연의 색

2 * 종이에 낙엽 붙이기

집에 있는 종이상자를 길게 자릅니다. 두꺼운 도화지가 있다면 더 편하겠지요. 테이프로 낙엽을 1장씩 붙여줍니다.

산책에서 주워온 낙엽　　간단하게 테이프로 붙여요　　머리에 쓰면 완성!

3 * 스테이플러로 찍어주면 왕관 완성!

아이 머리 둘레에 맞춰서 종이를 스테이플러로 찍어준 다음 왕관처럼 씁니다. * 스테이플러가 뾰족하게 튀어나온 부분은 테이프를 붙여서 마감해주세요. 인디언 추장처럼 뛰어도 보고 머리도 흔들면서 놀이합니다.

tip 모자를 쓰기 싫어하는 아이라면?

모자 쓰는 것을 싫어하거나 두려워하는 아이들이 있어요. 그럴 때는 엄마가 먼저 써서 보여주고 기다려주면 조심스럽게 낙엽왕관을 써본답니다.

가을 산책 나뭇잎 놀이 활용법

가을에 산책하면서 떨어진 낙엽을 주워오면 놀이할 게 많답니다.

- 나뭇잎 가면 : 바삭 마르지 않은 커다란 나뭇잎에 구멍을 뚫어서 가면 놀이
- 나뭇잎 콜라주 : 단풍잎을 주워서 도화지에 풀로 붙이면서 이야기 나누기
- 나뭇잎 날개 : 나뭇잎을 양손에 잡고 새처럼 파닥파닥 날아보기

나뭇잎 가면이다!   나뭇잎 콜라주   파닥파닥! 비둘기처럼 날아보자

생후 22개월

076 반짝반짝 은박지 놀이

준비물 — 요리용 은박지(쿠킹호일), 빨래바구니

1 * 은박지로 이불 놀이, 거울 놀이

은박지를 잘라서 준비합니다. 칼날이 위험하므로 아이는 만지지 않도록 합니다. 크게 잘라주었더니 레는 이불 같은지 덮고 누워 있더라고요. 쿨쿨~ 잠자는 놀이를 합니다. 이불 덮고 잘 자네요. 이번엔 벌떡 일어납니다. 은박지의 반짝이는 부분을 보면 살짝 얼굴이 비칩니다.

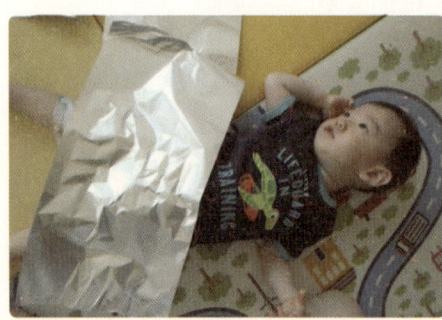

이러다 잠들어도 좋고 놀아도 좋고^^

오, 레 얼굴이 보이네?

2 * 은박지 만지고 구기면서 탐색

은박지를 흔들면 소리가 나요. 찰랑찰랑~ 샥, 구겨볼까요? 엄마가 시범을 보이니 아이도 곧바로 손으로 구겨보네요.

찰랑찰랑~ 소리가 나네?   삭삭 접어볼까?

3 * 빨래바구니에 슛 골인~

아이가 구긴 은박지를 엄마가 꾹꾹 눌러서 공으로 만들어줍니다. 빨래바구니를 놓고 아이가 던져서 골인! 골대를 멀리 놓으면 아이가 넣기 어려우니까 발 앞에 놓고 골인시켜서 성취감을 줍니다. 골대를 점차 멀리 놓으면서 던지기 놀이를 할 수 있어요.

바로 앞에서 해볼까?   좀더 멀리 떨어져서 골인!

4 * 큰 공 축구하기

작게 만든 은박지 공을 여러 개 모아서 큰 은박지로 돌돌 말아주면 커다란 공이 됩니다. 발로 차면서 축구를 합니다. 공놀이를 마치고는 이불로 가지고 가서 공을 숨기며 까꿍 놀이를 하더라고요. 아이들은 까꿍 놀이를 너무 좋아해요!

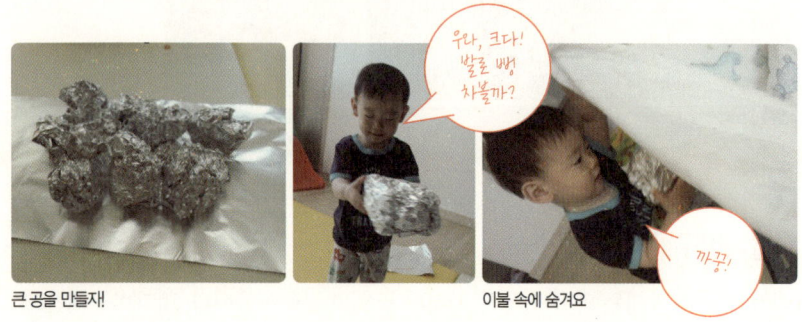

큰 공을 만들자!   이불 속에 숨겨요

tip 은박지 놀이 확장

40개월이 넘은 마루는 은박지를 김밥처럼 돌돌 말아서 역할놀이를 하고, 큰 은박지 공 2개를 연결해서 눈사람이라고 표현했어요. 이러면서 이틀 동안 계속 은박지를 가지고 놀았답니다. 물론 집은 온통 은박지 천지였지만 이틀간은 참아줍니다. 은박지 덕분에 심심하다는 말 없이 잘 놀더라고요.

완성된 장난감을 주면 몇 시간 가지고 놀다가 지겨워하는데, 이런 놀잇감 소재는 계속 놀이를 변형할 수 있어서 더 오래 즐긴답니다. 그래서 완성된 장난감보다 이런 소재를 제공해서 놀이하는 게 아이들에게 더 좋은 것 같아요.

생후 23개월

077 재미 톡톡, 도트물감 놀이

준비물 — 종이, 도트물감

1 * 도트물감으로 그림 그리기

세상이 좋아졌어요. 이런 물감이 나오다니 말예요. 물감 준비하고 치우는 게 번거로웠는데 희소식이랍니다. 색연필, 크레용, 파스넷과 다른 느낌을 주는 도트물감을 마련했어요.

톡톡 치면 물감이 나와요   신중하게 색을 고르는 마루   뱀을 그려요. 죽 긋고 톡톡 찍고…

혼자서 그림 그리는 것도 좋지만, 엄마가 그린 그림에 색칠하고 이야기 나누면서 함께 그림을 완성해가는 즐거움도 있죠!

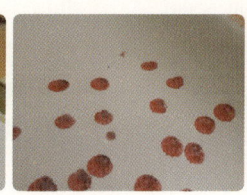

엄마가 곰을 그려줬어요   아이가 슥슥 색을 칠합니다   톡톡 동그라미도 찍고~   죽죽 비도 내려요

2 * 지문 찍기 놀이

항상 놀이는 예상을 빗나가지요. 도트물감을 손에 묻히는 마루. 오호, 그것도 좋아! 다양한 놀이, 제한 없으니까 마음껏 해보자. 손바닥에 묻은 물감을 종이에 콕 찍어봐요. 일명 지문 찍기 놀이랍니다. 아이가 콕콕 찍으면 엄마는 "꽃이다!" 하고 표현해주었어요.

손바닥에 물감을 묻혀볼까?

지문을 찍어보자, 꾹~

와, 예쁜 꽃이네. 수국인가?

 tip 엄마표 도트물감 만들기

아이랑 놀이할 때 사전준비가 많은 놀이는 되도록 안 하려고 하는데요. 도트물감은 집에서도 쉽게 만들 수 있어요. 시중에 판매하는 것도 저렴하지만, 물풀과 물감만 있으면 쉽게 만들어서 놀 수 있는 엄마표 도트물감 만드는 방법.

1. 반쯤 사용한 물풀에 물감을 짜넣습니다.
2. 나무젓가락으로 휙휙 저어서 섞은 뒤 뚜껑을 덮습니다.
3. 콕콕 동그라미가 찍히는 엄마표 도트물감 완성.
4. 물감 찍은 도화지 위에 종이도 붙여줄 수 있어요.

도트물감으로 박스 꾸미기

078 업그레이드 컬러두부 놀이

생후 23개월

준비물 — 물감, 두부, 매트

1 * 두부에 물감 섞고 자르기

돌 전후에는 그냥 두부만 가지고 촉감 놀이를 했다면, 이제 물감을 섞어서 알록달록 스토리가 있는 놀이가 가능해졌어요. 두부에 물감을 짜서 주었어요. 섞이는 모습을 함께 보았습니다. 색이 변하는 모습을 보면서 계속 물감을 더 달라고 하네요. 칼로 슥슥 썰고, 수저로 으깨면서 색을 만들어가요.

두 돌을 앞두고 컬러두부 놀이

두부 위에 물감 놓고~

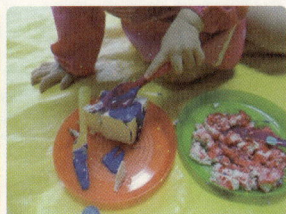
칼로 슥슥 섞어줘요

2 * 두부 뷔페 만들기

야, 맛있다! 이건 사과, 이건 바나나……. 이름을 정하면 그대로 바뀌는 컬러두부랍니다! 조금씩 세상을 알아가고 자신 속 스토리가 생기는 요즘 아이의 모습은 지켜만 봐도 재미있어요. 케이크 만들었다고 말해주니까 후~ 불어서 끄더라고요. 함께 생일축하 노래도 부릅니다.

사과바나나케이크 만드는 중

두부는 점성이 없어서 잘 뭉쳐지지 않는답니다. 죽도 만들고, 평평하게 만들었다가 여러 가지 모양으로 변신 가능! 매트에 꽃 모양, 거북이 모양 등을 만들어줬어요. 그러니까 와서 또 흩트리기. 망가뜨리는 것이 즐거운 아이들.

꾹꾹 누르고 쫙쫙 펴봐요   뿌려보자, 휙~

 두부 놀이는 뒷정리가 힘들어요

초반에는 주방 놀이처럼 하다가 마지막에는 뿌리기 놀이를 했어요! 뿌리고 흩트리고 매트 밖으로 막 튀어나가고 좋다고 계속하는데, 이렇게 놀이를 통해 스트레스를 날려버린 듯해서 기분이 좋았어요. 도구 없이 놀이해도 촉감을 마음껏 느낄 수 있어서 좋고요. 물론 도구가 있으면 더 다양한 놀이를 할 수 있어서 좋습니다. 두부 놀이는 아이가 너무 좋아하지만 정리가 힘드네요. 두부만 모아서 버리고 매트는 젖은 걸레로 삭삭 닦았어요. 뒤처리가 힘들지만 촉감 놀이, 미술 놀이 한꺼번에 할 수 있어서 좋습니다. 이런 놀이는 엄마 체력이 남아 있는 날 하는 것으로 정합니다. ㅋㅋ

다섯째
마당

생후 24~35개월
아이놀자

생후 24~35개월

일반적인 아이들 특징 vs 멋진롬 아이들 특징

생후 24~35개월 아이들의 운동 발달

멈춰 있는 공 차기, 계단 내려오기, 점프하기, 뛰다가 갑자기 멈추기, 한 발 서기 등 대근육 활동이 활발해집니다. 세발자전거 타기도 가능합니다. 블록을 10개 정도 쌓을 수 있고, 직선을 긋거나 동그라미를 그릴 수도 있어요. 보조 젓가락으로 식사를 할 수 있습니다. 옷의 지퍼 올리는 것을 시도합니다.

★ 멋진롬 아이들 특징

마루는 젓가락질은 35개월에 시작했지만 옷의 지퍼 올리기는 40개월부터 시작했어요. 레는 형을 따라서 21개월부터 젓가락질을 따라했지만 손이 작아서 정확하게는 못했어요. 하지만 여러 번 시도하니 결국 성공하더라고요. 마루는 대근육 발달이 빨라서 공 차기, 점프, 매달리기 등의 활동을 빨리 시작했습니다.

이렇게 놀았어요
- 끝을 모르는 숨바꼭질 놀이
  (생후 24개월 / 081장)
- 노래 부르며 종이비행기 놀이
  (생후 24개월 / 082장)
- 전통놀이, 동대문을 열어라
  (생후 32개월 / 091장)
- 눈이 내려요! 면봉 그림 놀이
  (생후 24개월 / 080장)

생후 35개월 : 이불 꺼낸 장롱에서 매달리기

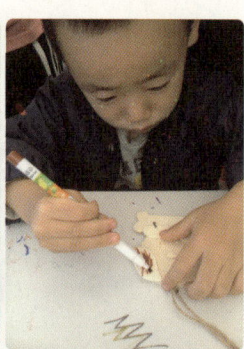

생후 35개월 : 점차 연필을 잘 잡게 됩니다.

생후 24~35개월 아이들의 정서 발달

또래 관계에 관심이 높아집니다. 이전에는 혼자서 놀이했다면 점차 또래 친구가 있으면 다가가서 같이 놀려고 합니다. 하지만 오랜 시간 같이 놀지는 않아요. 처음에는 호기심에 관심을 보이다가 시간이 지나면 각자 놀이합니다. 칭찬에 대한 욕구가 생깁니다. "싫어" 등의 말을 하고 자기주장이 강해집니다. 스스로 하겠다고 하고 자기가 선택한 활동을 고집합니다. 개월수가 증가할수록 좋은 보상을 받기 위해서 지금 행동을 참고 기다리는 능력도 증가하게 됩니다.

★ 멋진 룰 아이들 특징

이때 마루는 여름이고 겨울이고 똑같은 운동복만 입겠다고 떼를 썼습니다. 지금 춥다, 덥다고 설명해도 설득이 안되었어요. 하지만 36개월을 넘어가자 날씨에 따라서 옷을 가려 입을 줄 알게 되었습니다. 언어가 발달하면서 엄마와 대화로 자기주장을 풀어가게 되어 울거나 의견이 부딪치는 일이 줄어들었습니다.

이 시기엔 "내가 할래!" 하며 억지를 부릴 때도 있지만 충분히 시도하게 두면 다시 엄마와 조율하며 바른 생활습관을 형성할 수 있어요.

이렇게 놀았어요

▶ 요리 놀이, 감자샐러드 만들기
(생후 25개월 / 083장)

▶ 요리 놀이, 비스킷 만들기
(생후 25개월 / 084장)

▶ 끝을 모르는 숨바꼭질 놀이
(생후 24개월 / 081장)

▶ 초간단 콩떡 만들기
(생후 31개월 / 089장)

▶ 전통놀이, 동대문을 열어라
(생후 32개월 / 091장)

▶ 당근 싹 키우기
(생후 32개월 / 090장)

▶ 느릿느릿 달팽이 키우기
(생후 35개월 / 092장)

▶ 몸스케치북, 바디페인팅 놀이
(생후 30개월 / 088장)

생후 24개월 : 또래에게 관심이 생깁니다

생후 24~35개월 아이들의 인지 발달

수 개념을 알게 됩니다. 숫자를 가르쳐주면 셀 수 있습니다. 색과 모양에 따라서 분류할 수도 있습니다. 동식물 성장에 관한 책과 자연의 변화에 관심을 갖습니다. 추상적인 상황에 대해서 생각합니다.

★ 멋진롬 아이들 특징

26개월에 하나, 둘, 셋을 따라했는데요. 금방 잊어버리고는 하나, 셋, 다섯 그랬습니다. 정확하게 하나, 둘, 셋을 말한 것은 39개월이었어요. 색깔도 빨강, 파랑, 노랑은 아는데 3가지 색깔을 계속 헷갈렸습니다. 산책을 나가면 새싹이 자라는 것에 대해서 설명해달라고 했고, 집에서 동식물을 키워보고 싶어했습니다. 그래서 싹 틔우기, 달팽이 키우기 등을 했답니다.

이렇게 놀았어요

▶ 뻥과자 퍼즐 놀이
(생후 35개월 / 093장)

▶ 스마트폰 손전등으로 그림자놀이
(생후 27개월 / 087장)

▶ 미니붓으로 물감 놀이
(생후 24개월 / 079장)

▶ 솔방울트리 만들기
(생후 26개월 / 085장)

▶ 끝을 모르는 숨바꼭질 놀이
(생후 24개월 / 081장)

▶ 나뭇잎으로 탁본 놀이
(생후 26개월 / 086장)

생후 24개월 : 동물에 관심이 많아졌어요

생후 24~35개월 아이들의 언어 발달

300~400개 단어를 알고 점차 문장으로 말합니다. 질문을 하면 적절한 대답을 할 수 있습니다. 과거와 미래를 구분해서 말할 수 있고, 글자에 관심을 보이기 시작합니다. 자율성이 높아지면서 "내 거야!", "왜?"라는 말이 늘어납니다. 답을 듣기 위해서라기보다는 "왜?"라고 질문하는 데 더 집중합니다.

★ 멋진률 아이들 특징

"내 이름 써주세요! 아빠 이름 써주세요!" 등 글씨를 써달라고 요구했습니다. 한글 그림책과 영어 그림책을 두루 보여주었는데, 영어 글자를 보면 "얄라얄라~" 하고 말하는 식으로 다른 문자라는 의식이 생겼습니다. 완벽한 문장으로 조리 있게 말하는 것은 36개월 지나면서부터였습니다. 이때까지는 여전히 자신의 의사를 언어로 표현하는 것이 어려워서 놀이 상황에서 밀치고 빼앗으면서 몸으로 표현했습니다.

○ 이렇게 놀았어요 ○

▶ 스마트폰 손전등으로 그림자놀이
 (생후 27개월 / 087장)

▶ 노래 부르며 종이비행기 놀이
 (생후 24개월 / 082장)

생후 30개월 : 책에 관심이 크게 늘었어요

생후 30개월 : 혼자서 그림책 보는 시간이 늘었어요

무슨 책을 볼까?

생후 24개월 079 미니붓으로 물감 놀이

준비물 — 물감, 미니붓, 종이

1 * 색깔 구분도 하고 물감 놀이도 하고

틈만 나면 "물감, 물감!" 노래를 부르는 아이. 마루는 말이 좀 느린 편인데 24개월이 지나자 갑자기 언어가 폭발적으로 늘었어요. 오늘은 유아용 미니붓*과 점토 놀이 하고 남은 통에 물감을 짜서 놀이했어요. 색깔에도 관심이 생겨서 물감 놀이도 하고 색도 알아가는 시간이었습니다.

진지하게 탐색 후 그리기 시작!

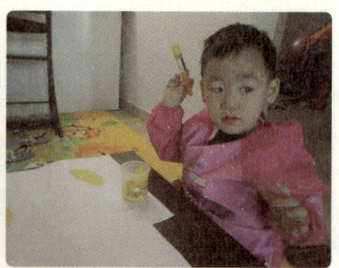

곰곰이 생각하고 그림을 그리는 신중함

쭉쭉~ 나비일까? 뱀일까?

tip 예민한 아이들은 붓그림이 좋아요

모든 아이들이 적극적으로 손과 발로 탐색하지는 않아요. 손에 묻는 걸 싫어하는 예민한 아이라면 미술 놀이 할 때 도구를 적극적으로 활용해보세요. 손에 묻지 않아서 예민한 아이들도 물감 놀이하기 좋습니다.

2 * 그림에 대해 이야기 나누기

아이들은 그냥 막 끄적이지 않아요. 나름의 이유 있는 끄적임으로 그림을 그리고는 이야기합니다. 너의 마음을 어서 엄마가 알았으면 좋겠다. 아이는 아이대로, 엄마는 엄마대로 말해요. 다양한 색을 탐색하고 선 긋기 하면서 놀았어요. 충분히 탐색한 후에는 색 섞어주기.

하얀 종이가 다 채워질 때쯤이면 아이의 집중력이 차츰 떨어집니다. 마지막으로 뭔가 예술가가 작업하듯이 물감을 섞고 자기가 짜내고 범벅하면서 물감 놀이를 마무리했어요.

응, 노란색 죽죽, 마루가 멋지게 표현했구나

마루가 요즘 좋아하는 빨간색

하얀 종이가 채워지자 슬쩍 자리를 떠납니다

 아이마다 다른 놀이 취향, 존중해주세요

마루는 그림 그리기보다 노래하고 춤추는 음악 영역을 더 좋아하고 즐겨요. 미술 영역 중에서도 점토 놀이는 1시간도 하는데 그림 그리기는 짧게 하는 경향이 있어요. 역시 아이들은 자기가 좋아하는 영역이 있는 것 같아요. 골고루 놀이를 이끌어주되, 좋아하는 놀이를 자주 하는 편입니다. 흥미를 금방 잃는 놀이는 강요하지 않고 짧게 놀고 정리합니다.

생후 24개월
080

눈이 내려요!
면봉 그림 놀이

준비물 — 면봉, 검은 도화지, 흰색 물감

1 * 검은 도화지에 면봉으로 눈 그리기

눈이 오는 겨울에 하면 더 재미있어요. 면봉에 흰색 물감 찍어서 그림 그리기. 아이는 면봉과 물감을 탐색해요. "펑펑 눈이 옵니다~♪" 노래도 부르면서, 콕콕콕 엄마가 찍어주면 아이도 따라서 찍어요.

준비물도 간단하고 초간단 놀이라 좋아요

콕콕콕 눈이 내려요

슥슥 그림이 그려지네?

콕콕콕 찍으면서 소근육 발달도 돕고, 예술 놀이를 마음껏 합니다. 아직 어려서 정확히 콕콕 찍지 못해도 놔두세요. 학습시간이 아니라 노는 시간이니까요. 아이들은 새 종이를 좋아해요. 계속 새 종이를 달라고 하니까 넉넉하게 준비합니다.

면봉 2개를 잡고 그릴 수도 있어요

슥슥~ 창 밖에 펑펑 눈 내리는 것처럼 하얀 세상이 되고 있구나

2 * 스스로 정리하기

치우자~ 치우자~ 함께 정리해봅니다. 이렇게 정리 습관을 기르기 시작했어요. 놀이가 끝나고 다른 놀이할 때 정리하고, 먹은 그릇 스스로 치우고. 집에서도 규칙이 있어야 엄마도 편하고 공동생활에도 필요하니까요.

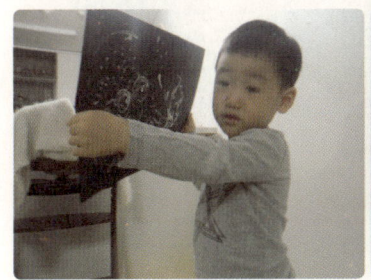
와, 멋진 그림을 그렸구나. 아빠가 오시면 보여드리자꾸나!

이제 정리할까요? 마루는 상을 닦아주세요

끝을 모르는 숨바꼭질 놀이

생후 24개월
081

준비물 — 없음

1 * 집에서 숨바꼭질

집에서 숨바꼭질하면서 1시간을 놀았어요. 몸으로 놀아주는 게 최고! 엄마도 재미있었어요. 갑자기 아이가 진짜 감쪽같이 없어졌어요. 찾아보니 장롱 속에 있었네? 아직 정확한 숨바꼭질 규칙을 몰라요. 그냥 숨고 찾고 반복합니다. 까꿍 놀이의 발전이라고 할 수 있죠.

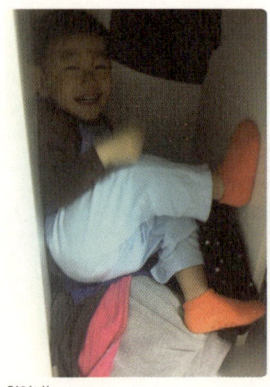
찾았다!

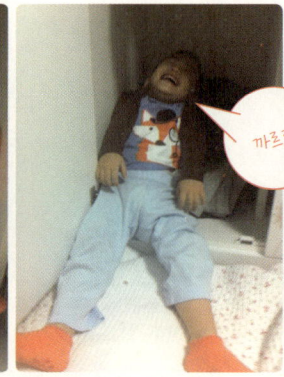
엄마가 찾으면 더 좋아하는 아이

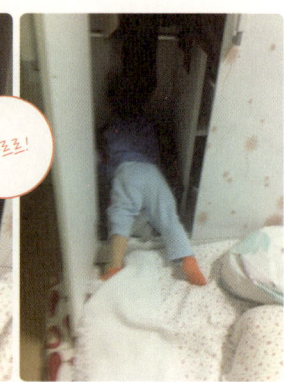
급하면 얼굴만 가리고 숨어요

엄마가 갑자기 나타나서 잡으니까 주방에서 방어 도구를 들고 나타났어요. 얼굴을 가려봅니다. 다시 숨어! "꼭꼭 숨어라, 머리카락 보인다~♪" 노래를 불러주면서 시간을 주면 얼굴만 가리고 숨어 있습니다.

어디 숨었지~ 못 찾겠다!   텐트 안에 숨었네? 찾았다!

2 * 엄마가 숨을 차례

다음은 엄마가 숨어서 "엄마 찾아봐요!" 하고 부릅니다. 일부러 숨은 곳 앞에 발 하나를 살짝 내놓아 아이가 찾기 쉽게 해줍니다. 너무 꼭 숨어버리면 아이가 놀랄 수 있어요!

생후 24개월

082 노래 부르며 종이비행기 놀이

준비물 — 색종이, A4와 B4용지

1 * 종이배, 종이비행기 접기

오랜만에 접으려니 생각이 안 나서 검색하고 접었어요. 큰 종이와 작은 색종이, 각자 크기대로 종이비행기와 종이배를 접어줍니다. 아이는 아직 접지 못하죠. 엄마가 함께 접어주세요.

큰 종이, 작은 종이로 비행기 접는다~

종이비행기, 종이배

 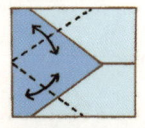
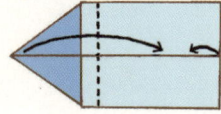 

2 * 동요 부르며 비행기 날리기

비행기를 날려주세요. "떴다 떴다 비행기~♪" 노래도 부릅니다. 엄마가 날려주면 아이는 쫓아가 비행기를 잡아옵니다. 온몸을 쓰면서 놀이할 수 있어요. 처음에는 직접 날리기는 어려워도 잡으러 가고 던지기를 따라하며 놀이합니다.

마루가 날려볼까?   날아간 비행기 잡으러 간다!

생후 25개월

083

요리 놀이, 감자샐러드 만들기

준비물 — 감자, 달걀, 당근 등 채소, 마요네즈, 으깨기 도구

1 * 요리에 필요한 재료 삶기

찜통에 껍질 벗긴 감자, 당근, 달걀을 넣고 삶아줍니다. 한꺼번에 삶으니까 편해요! 오늘은 칼질보다 으깨기 놀이입니다. 으깨기 시작!

재료를 삶아주세요

볼, 마요네즈, 으깨기 도구 준비 끝!

혼자서 해볼게요! 아자!

 tip 동생이 생긴 생후 25개월 아이를 위한 놀이

동생 보느라 잘 챙겨주지 못하는데도 첫째는 동생과 적응시간을 보낸 뒤에 잘 기다려주고 있습니다. 말도 잘 못하면서 동생한테 책 읽어주고, 울면 달래려고 하고. 물론 자주 동생을 울리긴 하지만 말이죠. 원에 안 다니고 동생과 함께 영아기를 보낸 마루에게 집에서도 쉽고 재미있는 놀이를 해주려고 했어요. 25개월이면 복잡한 요리 놀이는 아직 어렵고요. 감자 샐러드 만들기처럼 간단하면서 엄마를 모방할 수 있는 요리 놀이가 좋아요! 25개월 아이는 한창 말 배울 때라 감자, 당근, 달걀 이렇게 요리 재료를 짚어주며 말해주면 따라 말해요. 감자가 나오는 책을 자주 봐서 그런지 감자는 확실하게 아네요. 더 어린 아이는 손으로 감자를 으깨며 오감 놀이를 해보세요.

2 * 재료 섞어주기

다 으꼈으면 마요네즈도 직접 짜서 넣게 해주고 재료를 섞어봅니다. 마요네즈 짜기, 섞기 모두 아이가 좋아하는 과정이에요.

성격 급한 아이는 한꺼번에 다 으깬답니다 | 슥슥 부드럽게 부서지네 | 잘 안 먹는 당근도 먹어요 | 요리하면서 먹는 게 꿀맛이지! 마요네즈도 섞어야지, 쭈욱!

3 * 빵에 발라서 먹기

예쁘게 세팅할 틈 없이 빨리 내놓으라는 아이. 빵에 쓱 발라 먹습니다. 아이가 잘 안 먹는 채소 넣어서 좋고, 냉장고 속 자투리 채소 활용해서 좋고, 놀이와 간식시간 자연스럽게 이어져서 좋고, 치우기 간편해서 좋고. 버릴 것 없는 1석 4조 놀이랍니다.

감자샌드위치가 왔어요~ | 우와, 맛있어!

생후 25개월 084
요리 놀이, 비스킷 만들기

준비물 — 비스킷가루, 우유 120㎖ (건포도나 호두 등이 있으면 더 좋아요)

1 * 비스킷가루와 우유 섞기

마트에서 사온 비스킷가루. 포장지에 있는 사진처럼 비스킷을 만들 거라고 얘기하니까 기대감이 솟구칩니다. 기본적으로 비스킷가루와 우유만 있으면 되니까 초간단 요리 놀이 겸 간식시간입니다. 가루에 우유만 넣어주면 끝! 저도 가끔은 쉽게 하고 싶은 육아맘입니다.^^;

맛있는 비스킷을 만들어보자

가루를 쏟아볼까?

우유를 넣고 저어주자!

2 * 오븐 예열하기

아이가 섞는 동안 오븐을 230도로 예열해주세요. 아이는 획획 저으면서 재미있어 하는데요, 점점 쫄깃해져요. 젓는 게 조금 힘들어집니다. 이럴 때 엄마가 살짝 도와주세요.

오븐을 예열해주세요   쫀득쫀득… 점점 힘이 드네   남은 우유를 먹어가며~

3 * 반죽을 빵 모양으로 만들기

반죽을 함께 만지면서 떼어서 6개 정도 만들었어요. 아몬드, 건포도, 크랜베리 등을 올리면 좋은데 집에 하나도 없으니 다음 기회를 기약했습니다.

반죽이 끈적끈적~

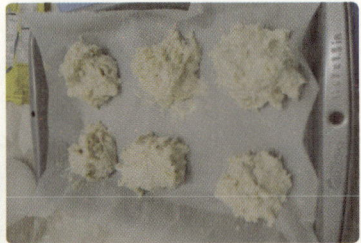

손에 묻은 반죽으로 놀고 있어요. 그래, 넌 놀아라, 난 구울 테니

4 * 오븐에 굽기

반죽을 오븐에 10분 돌려주면 끝. 패스트푸드점에서 파는 비스킷을 집에서 먹어요. 즐거운 놀이시간, 행복한 간식시간.

노릇노릇 냄새 좋다!

우리가 같이 만든 간식 완성!

딸기잼 발라서 엄마는 커피랑 마루는 우유랑 맛있게 먹습니다!

tip 놀이도 간식도 한 번에 해결하는 요리 놀이

둘째가 태어나고 정신없는 요즘. 엄마는 쉽게 하지만 아이는 좋아하는 놀이를 선호하는 엄마입니다. 애 둘 보려니 정말 정신이 없어서, 머리 싸매고 놀이 뭐할까 고민하는 그런 거 없어요. 그냥 쉬운 걸로 고고!

엄마가 혼자서 간식을 만들어줘도 되지만 이왕이면 함께 만들고 함께 먹을 수 있는 것으로 정해요. 엄마가 하는 거 다 따라하고 싶어하는 아이. 그래서 요리 놀이가 좋은 것 같아요. 매일 주방 와서 엄마 따라서 살림 가지고 노는데, 함께 요리하니까 아이의 성취감과 만족감이 UP! 놀이도 간식도 한 번에 해결하는 요리 놀이, 추천해요.

생후 26개월

085 솔방울트리 만들기

준비물 — 솔방울, 물감, 흰 종이

1 * 솔방울 주워 깨끗이 씻기

산책 나갔다가 주워온 솔방울 한가득! 솔방울은 물로 씻어서 두면 오므라들었다가 자연 가습기로 마르면서 쫙~ 다시 펴진답니다. 솔방울의 변화를 관찰하는 것도 재미있지만 오늘은 트리처럼 꾸미기 놀이를 했어요. 산책 후에 집에서 자연물을 만지고 놀이하는 건 정서에도 좋은 것 같아요.

큼직큼직하고 싱싱한 솔방울

함께 주워옵니다

2 * 솔방울에 물감 칠하기

솔방울에 반짝이풀, 뿅뿅이 붙이기 등 다양하게 꾸밀 수 있지만 25개월에는 물감으로 칠하기가 간단하고 좋습니다. 물감 칠하면서 자신이 주웠다고 이야기합니다.

솔방울에 눈이 내렸어요!

마루는 빨간색을 좋아하는구나

깔아놓은 종이에 솔방울 찍기를 하는 아이. 오홋, 엄마는 그런 생각 못했는데…

솔방울 위아래에 샥샥 칠해요

꼭지를 잡고 비행기다~ 돌려도 봅니다. 여러 가지로 변신하는 놀잇감이 됩니다

그릇에 담아두고 자신의 작품을 감상하며 겨울을 보냈어요

tip 솔방울 놀이, 산책 가서 할 수도 있어요

물감을 챙겨서 소나무길로 산책을 나갔어요. 아이들은 19개월, 40개월일 때입니다. 돗자리를 깔고 자연물 담기를 했어요. 보물찾기하듯 자유롭게 탐색하고 담은 뒤에 나뭇가지와 솔방울에 물감 칠하기를 했답니다. 레는 진지하게 솔방울에 물감을 칠하고, 마루는 나뭇가지와 지나가는 개미에게 색칠을 해요. 개미한테 색칠하겠다고 하다니! 자유롭고 창의적인 놀이시간은 아이뿐 아니라 함께하는 부모에게도 즐거움을 줍니다.

이것저것 자연물을 담아옵니다

솔방울에 색칠하는 레

생후 26개월 086 나뭇잎으로 탁본 놀이

준비물 — 나뭇잎, 색연필, 물감, 사인펜, 얇은 종이

1 * 나뭇잎 탁본 뜨기

산책을 하다가 나뭇잎을 주워왔어요. 나뭇잎을 깔고 얇은 종이를 올려서 슥슥 문지르면 탁본 완성! 크레파스로 하면 더 선명하게 나타낼 수 있습니다. 26개월 아이가 혼자 하기는 좀 어려우니 엄마가 함께 해주세요. 엄마 하는 것만 봐도 신기하고 재미있어해요.

슥삭슥삭~ 시작해볼까?

우와, 나뭇잎 모양이 나타나네?

다 그리고 나무에게 나뭇잎 다시 가져가라는 아이^^;

2 * 나뭇잎에 눈코입 그리기

나뭇잎에 눈코입을 그려봅니다. 엄마가 그려주면 아이는 색연필, 물감 등으로 색칠하고 꾸며줍니다. 사인펜으로 그리면 잘 그려질 거예요. 나중에는 나뭇잎으로 인형 놀이를 하더라고요. 자연물은 무한하게 응용할 수 있는 놀잇감, 그래서 좋은 것 같아요.

동생 같은 눈코입이네

슥슥 색칠해볼게요~

엄마, 아빠, 할머니 얼굴이래요.

자, 선물!

생후 27개월

087 스마트폰 손전등으로 그림자놀이

준비물 — 스마트폰 손전등

1 * 동물 그림자 만들기

침실 방 불을 끄고 스마트폰에 있는 손전등 기능을 켭니다. 손으로 다양한 동물을 만들어서 벽에 비춰줍니다.

"새다!"
"달팽이다!"
동물 맞추기 놀이를 합니다.

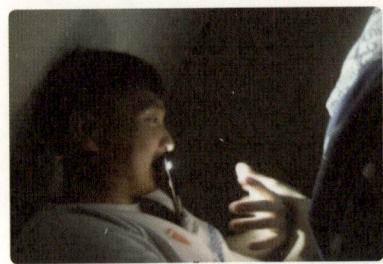

스마트폰의 손전등 기능을 켭니다

뭘까요? 달팽이! 느릿느릿 기어갑니다

2 * 그림자 잡기 놀이

"새가 날아간다! 잡아라!"
아이는 새를 잡으러 벽으로 뛰어가서 점프합니다.

"늑대가 나타났다! 악! 물었다!"
그림자 따라서 놀이해요.

레 손 잡았다! 꽉!   멍멍이를 잡자!

3 * 나는 거인이다

아이가 불빛 앞에 서면 앞에 거인이 서 있는 것처럼 커다란 그림자가 생깁니다.
"마루 거인이다!"
벽으로 가까이 갈수록 점점 작아지는 그림자를 보면서 움직일 때마다 노래를 부르며 함께 반응해줍니다. "점점 크게 점점 작게~ ♪"

마루 거인이다! 우와, 점점 커진다   점점 작게~ 점점 작게~

구연동화를 들으면 잠을 잘 자는 이유

항상 잠을 안 자려고 하는 아이들을 그림자놀이로 침실 안으로 유인한 후 차분하게 잠자리에 누워서 불을 끄고 "엄마아빠가 이야기 들려줄게" 하고 동화 구연을 시작합니다. 아빠가 있을 때는 아빠의 목소리로, 엄마가 재울 때는 엄마의 목소리로 들려주는 것이 가장 좋습니다. 낮에 많은 이야기를 나누지 못했다면 잠자리에서만큼은 동화 1편 들려주며 행복한 잠자리를 선물해주세요.^^

항상 졸리면서도 안 자겠다고 버티는 마루는 아빠가 동화 구연을 시작하면 조용히 누워서 귀를 쫑긋하다가 금세 잠이 들어버립니다. 물론 엄마가 혼자 아이들을 재우는 날이 더 많지만요. 자장가도 아이가 잠들 때 편안하게 해주지만 유아기가 되면 부모의 목소리로 들려주는 동화가 더 즐거운 수면시간을 만들어줄 거예요.

《토끼의 간》, 《아기 돼지 삼형제》, 《빨간 모자》 등 전래동화나 이솝 우화를 많이 들려줍니다. 창작 동화보다 명작 동화가 부모에게도 익숙하고 쉬우니까요. 매일 들려주는 동화라도 내용이 조금씩 바뀌어요. 괜찮아요. 완벽하지 않아도, 목소리 연기가 서툴러도 부모의 목소리라면 그것으로 아이에게는 충분합니다.

동화를 들려주면 다른 사람의 말을 들을 줄 아는 경청을 배울 수 있어요. 눈을 감고 이야기에 귀를 기울이니까 상상력으로 이야기를 그려나가게 됩니다. 영상이 아닌 언어에 집중하게 되어서 말 배우는 시기에 딱 좋은 것 같아요.

눈으로 영상을 본 뒤에 잠을 자면 숙면에 방해를 받는다는 실험도 있더라고요. 저도 스마트폰을 본 뒤에 잠을 자면 바로 잠에 빠져들지 못하던데 아이들도 마찬가지겠지요. 동화 구연이 너무 힘들다면 영상을 보여주면서 재우지 말고 동화 읽어주는 CD나 라디오를 들려주면서 재우세요! 아이를 키우는 것. 돈이나 물질이 아니라 양육자의 목소리, 포옹, 사랑이면 된다는 것. 새삼 느끼는 하루예요.

생후 30개월

088 몸스케치북, 바디페인팅 놀이

준비물 — 유아 수성펜

1 * 어쩌다 바디페인팅

처음엔 종이를 줍니다. 하지만 어느새 몸에 그림을 그리고 있는 아이. 첫째도 둘째도 자꾸 자신의 몸에 그림을 그립니다.

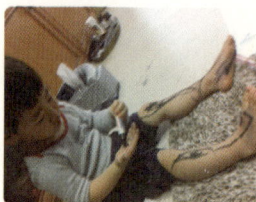 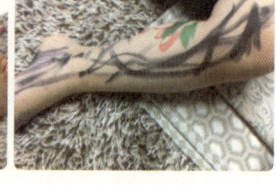

몸에 그리는 것이 더 재미있는 아이들

2 * 몸을 탐색하며 그리기

아예 작정하고 마음껏 그리도록 유아용 수성펜을 주었어요. 목욕하고 씻으면 지워지니까, 마음껏 몸을 탐색해봐! 마루는 한동안 자기 몸에 그림을 그리더니 40개월이 넘어가니 안 그려요. 다 때가 있다는 말을 실감했어요. 레는 요즘 한창 자기 발에 그림을 그리고 있습니다. 말린다고 안되네요. 마음껏 하게 해주세요. 다 지나갑니다.

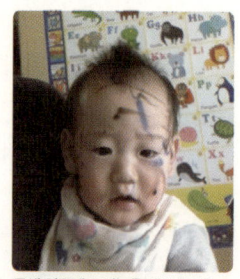

동생 얼굴에 그려놓은 거 누구야?

생후 31개월

089 초간단 콩떡 만들기

준비물 — 밥, 콩가루(또는 미숫가루), 절구, 고명으로 쓸 콩, 건포도, 블루베리 등

할머니랑 책을 읽다가 그림책에서 콩으로 떡 만들어 먹는 이야기가 나왔어요. 마루가 콩떡을 먹고 싶다고 해서 "그래? 그럼 만들지 뭐!" 제대로 하면 어렵지만 초간단 콩떡 만들기 시작! 계획 없이 즉흥적으로 시작하는 엄마표 놀이가 많은 집입니다.

그림책에 나오는 콩떡이 먹고 싶은 마루   요리사로 변신!

1 * 밥 절구에 빻기

밥솥에 있는 밥을 꺼내서 절구통에 빻아줍니다. 그다음 손으로 조물조물 동그랗게 뭉쳐주세요. 한입에 먹게끔 말이죠. 길게 늘여서 빵칼로 썰어줘도 되고요.

영차영차, 떡을 만들자

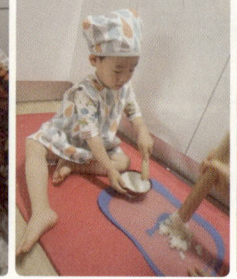
신나는 절구질!

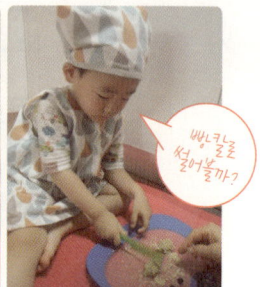

2 * 콩고물 묻히고 고명 올리기

동그란 떡에 콩가루를 묻혀요. 집에 있는 미숫가루를 사용해도 됩니다. 데굴데굴~ 그다음 삶은 콩이나 건포도 등 집에 있는 것들을 고명으로 올려주세요. 우리는 마른 블루베리를 올렸어요. 콩가루만 바르면 안 먹는데 달달한 블루베리랑 먹으니 한 그릇 뚝딱입니다. 밥맛 없을 때 아이는 종종 "콩떡 해주세요~" 하고 말합니다.

콩고물 묻히고 블루베리 꽂아주고…

생후 32개월

당근 싹 키우기

준비물 — 당근(또는 무, 감자, 고구마 등), 그릇

1 * 당근 자르고 물 주기

당근 윗부분을 잘라서 그릇에 얹어놓고 물을 줍니다. 해가 잘 드는 창가에 두고 물을 갈아줍니다.

싹트네~ 싹터요

1주일 만에 이만큼 자랐어요!

2 * 아이가 물 주며 관찰하기

아이는 물 주는 날을 기다렸다가 "물 줄게요!" 하고 말합니다. 그리고 놀이하다 종종 싹을 관찰합니다. 매일 조금씩 싹이 올라오는 것을 보면서 빨리빨리 완성되는 것에 익숙한 아이가 천천히 자라는 자연스러움을 알아가는 시간이에요. ★

쑥쑥 자라라!

tip 아이가 식물을 키우면 좋은 점

집에서 씨앗을 뿌리고 화분에 식물을 키우면 좋지만, 저는 식물을 잘 못 키웁니다. 그래서 쉽게 하고자 채소의 싹 틔우기를 하고 있어요. 물만 갈아주면 되는 간단한 시간이지만 아이에게 즐거움을 줍니다. 어떤 발달상의 도움보다 아이가 즐거워하면 된 것이지요. 더불어 정서적 안정을 주고 생명존중도 배울 수 있습니다. 또한 책임감도 생겨요! "오늘 물 줘야 해요!" 하면서 먼저 식물을 챙깁니다.

다섯째마당 | 생후 24-35개월 아이놀자

생후 32개월
091

전통놀이, 동대문을 열어라

준비물 — 없음

1 * 엄마아빠 손 맞대고 서서 동대문 만들기

엄마아빠가 일어서서 손을 높이 맞대고 섭니다.* 아이가 엄마아빠가 만든 터널로 들어가면 노래를 부릅니다. "동동 동대문을 열어라~ 남남 남대문을 열어라~ 열두 시가 되면~ 문을 닫는다!♪"

'문을 닫는다' 하면서 아이를 와락! 잡습니다. 아이와 자연스러운 스킨십이 돼요. 잡히는 것을 더 좋아하는 아이예요. 때로는 안 잡히려고 빠르게 도망치기도 해요!

"동동 동대문을 열어라~" 지나가세요!

"문을 닫는다!" 잡았다! 간질간질

> **tip** 새로운 놀이를 개발할 필요는 없어요
>
> 신체 놀이를 좋아하는 아이들, 충분히 몸을 써줘야 아이들은 잘 자고 잘 먹습니다. 그리고 잘 큽니다! 좋은 부모가 되기 위해서 새로운 놀이를 알아내야 한다는 부담을 내려놓고, 본인이 하고 놀았던 놀이를 아이와 함께 하면 자연스럽고 즐거운 시간이 될 거예요!

2 * 다리 사이로 지나가자

둘째 아이 레는 아빠 다리 밑으로 지나가기 놀이를 해요. 아빠가 노래를 부르면 다리 사이로 걸어갑니다. 다리를 닫으면 똑똑똑 두드려요. 아빠가 열어주면 천천히 지나갑니다.

"동동 동대문을 열어라~" 레 지나가세요~

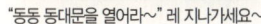
똑똑똑! 문 좀 열어주세요~

영차영차, 조심조심 지나갑니다

 전통놀이가 좋은 점

전통놀이는 참 좋습니다. 하지만 동네 언니오빠들에게 배우던 옛날과 다르게 이제는 부모가 알려주어야 하는 시대가 되었어요. 집에서 자연스럽게 놀이해보세요! 아이가 전통놀이를 참 즐거워합니다~

전통으로 내려오는 놀이는 특별한 준비도구가 없어도 쉽게 할 수 있습니다. 또는 자연물을 이용해서 놀이하기도 합니다. 몸으로 하는 놀이들이 많아서 신체도 건강하게 해주고, 자연스러운 스킨십으로 정서적 안정감도 줍니다. 주로 또래집단, 어른 등과 함께 놀이하는 것들이라서 협동심도 키울 수 있습니다.

생후 35개월
092

느릿느릿 달팽이 키우기

준비물 — 달팽이, 통, 흙, 나뭇가지, 상추 등 채소

1 * 집 꾸며주기

친구에게 달팽이를 선물 받았습니다. 10마리를 큰 통으로 옮겨주었어요. 마트에서 구입한 흙을 깔아주고, 산책길에 주워온 튼튼한 나뭇가지를 넣어줍니다. 달팽이는 마트에서 구입할 수도 있고, 비 온 뒤 산책길에서 주울 수도 있어요.

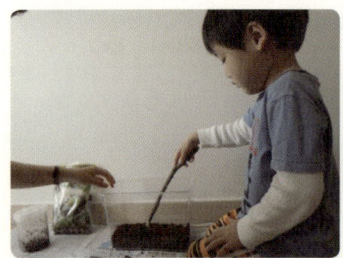

마루가 주워온 나뭇가지도 넣어주자!

달팽이는 밤에 움직이고 낮에는 흙 속에 들어가 잠을 자요

2 * 먹이 주기

이틀에 한 번 정도 상추, 당근, 호박 등 채소를 넣어줍니다. 아이들은 아침마다 채소를 들고 와서 밥을 주자고 합니다. 물도 이틀에 한 번씩 주는데, 너무 많이 주면 금방 흙에서 냄새가 나기 때문에 자주 뿌려주지는 않습니다.

종종 달걀 껍질 말린 것을 부숴서 넣어줍니다. 달팽이가 집을 만드는 데 영양분이 된다고 합니다. 딱딱한 것 같지만 달팽이는 우걱우걱 잘 먹습니다.

달팽이는 물을 좋아해요~

3 * 관찰하기

달팽이는 몸이 반투명해서 먹는 음식이 목과 몸으로 들어가는 것이 잘 보여요. 먹는 모습도 재미있지만 먹은 음식에 따라 다른 색의 똥을 눕니다. 당근을 먹으면 주황 똥, 상추를 먹으면 초록 똥…….
달팽이 하나를 꺼내서 손바닥에 올려놓고 기다리면 손 위를 기어갑니다. 부드러운 달팽이의 몸을 손으로 느낄 수 있어요.

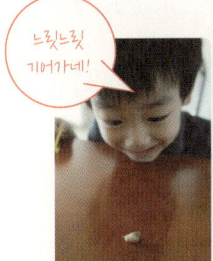

달팽이가 많다!
손바닥 위에 올려놓고 기다리면 꼬물꼬물 움직여요

마루 : 엄마, 동물 키우는 것은 힘들어요.

엄마 : 왜?

마루 : 할 게 많아…….

엄마 : (그래, 내가 너희를 이렇게 열심히 돌보고 있단다…….)

마루 : 하지만 재미있어!

 아이가 달팽이를 키우면 좋은 점

1. 책임감이 생깁니다. "오늘 물 줘야 돼요!", "밥 줘야 돼요!" 마루는 동생은 살뜰히 안 챙겼는데, 달팽이 키우면서 누군가를 돌봐주는 것에 대해서 잔소리하면서 가르치지 않아도 자연스럽게 배우고 있어요.

2. 생명존중을 배웁니다. 달팽이가 점점 커지는 것을 보면서 나 외에 다른 생명도 소중함을 느끼고 있답니다.

3. 정서를 밝게 해줍니다. 엄마인 저도 달팽이가 매일 변하는 모습을 보면 재미있더라고요. 마음도 차분해지고요. 달팽이가 달걀 껍질을 먹는 모습을 보면서 아이는 "엄마! 달팽이가 잘 먹어요~" 하면서 신나합니다.

4. 반려동물을 키우면 아이에게 참 좋지만 손이 많이 가는 것은 엄마에게 사실 힘들어요. 그래서 저는 물갈이 안 해도 되고 냄새도 덜 나는 달팽이 키우기가 간단하고 좋습니다! 2주에 한 번 흙 바꿔주고, 이틀에 한 번씩 자투리 채소와 물을 뿌려주면 끝!

달팽이는 내 친구~

생후 35개월

093

뻥과자 퍼즐 놀이

준비물 — 동그란 뻥과자

1 * 간식시간 퍼즐 놀이

간식시간에 동그란 뻥과자를 먹을 겸 놀이를 했어요. 뻥과자를 부러뜨려서 네 조각을 낸 다음 퍼즐 맞추기를 합니다. 맞출 수 있으면 다섯 조각을 내서 맞춰봅니다. 마루는 퍼즐 놀이를 늦게 시작했는데요. 흥미가 없더라고요. 하지만 이런 놀이를 좋아하는 아이라면 즐겁게 할 수 있겠어요.

얼굴이 가려지네? 없다!

슥슥 맞춰볼까? 어떻게 하면 좋지?

2 * 즐겁게 간식 먹기로 마무리

자연스럽게 먹다가 맞추다가 합니다. 방향을 돌려서 맞춰야 할 때 어려워하면 엄마가 살짝 도와주는 센스! 함께 맞추고, 함께 즐겁게 먹자고요.

이번에는 다섯 조각이다!

여섯째
마당

생후 36개월 이후
아이놀자

생후 36개월 이후

일반적인 아이들 특징 vs 멋진롬 아이들 특징

생후 36개월 이후 아이들의 운동 발달

생후 36개월 이후부터는 활동이 더욱 활발해집니다. 높은 곳에 오르고 뛰어내리며, 혼자 옷을 벗고 입을 수 있습니다. 생후 48개월 이후에는 종이를 접고, 글자를 따라서 쓸 수 있습니다. 색연필을 잘 잡고, 그림 안을 색칠할 수 있습니다.

★ 멋진롬 아이들 특징

생후 36개월부터 운동장을 한없이 뛰고, 높은 기구에 올라가서 놀았습니다. 옷을 벗기만 하다가 생후 40개월부터 스스로 입고 지퍼를 잠그기 시작했습니다.

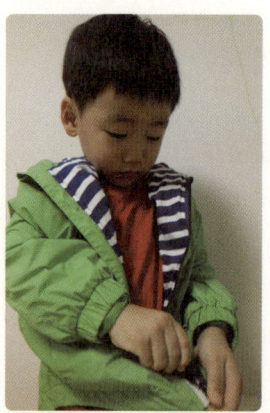

생후 40개월 : 스스로 지퍼를 올려요

이렇게 놀았어요

- ▶ 박스우주선 만들기
  (생후 36개월 / 096장)
- ▶ 신문지로 다양한 놀이
  (생후 36개월 / 098장)
- ▶ 무궁화꽃이 피었습니다
  (생후 38개월 / 102장)
- ▶ 우리 집은 동물원! 아빠와 신체 놀이
  (생후 39개월 / 103장)
- ▶ 의자와 베개로 기차놀이
  (생후 39개월 / 105장)
- ▶ 손 힘이 필요한 찰흙 놀이
  (생후 40개월 / 111장)
- ▶ 우리 집에 왜 왔니?
  (생후 41개월 / 112장)
- ▶ 돌멩이로 나뭇가지 과녁 맞추기
  (생후 40개월 / 109장)
- ▶ 흙더미 위 나뭇가지 쓰러뜨리기
  (생후 40개월 / 110장)

생후 36개월 이후 아이들의 정서 발달

언어가 급격히 발달해서 또래와 놀이가 많아지고 즐거워합니다. 꿈과 현실을 혼동하고, 상상 놀이를 즐겨하면서 놀이를 통해 불안, 공포 등을 해소하기도 합니다. 엄마아빠를 모방해서 소꿉놀이를 하면서 사회성이 발달합니다. 남녀의 성역할과 가치관도 배워가는 시기입니다.

★ 멋진 룸 아이들 특징

마루는 원에 안 다니고 생후 19개월인 동생과 집에서 지냈는데, 생후 40개월이 되면서 친구가 보고 싶다며 어린이집에 보내달라고 했습니다. 친구들을 집으로 초대해서 놀이하는 것을 좋아했고, 새로운 놀이를 제안하면서 친구들과 놀이하기 시작했습니다.

생후 37개월 : 역할놀이를 좋아해서 동생이랑 병원 놀이, 소꿉놀이를 즐겨요

이렇게 놀았어요

▶ 펑펑 눈이 오는 날에는 케이크 만들기
 (생후 37개월 / 101장)

▶ 무궁화꽃이 피었습니다
 (생후 38개월 / 102장)

▶ 창의성 살리는 욕실 놀이
 (생후 36개월 / 095장)

▶ 주방 놀이! 쌀 씻기, 설거지하기
 (생후 37개월 / 100장)

▶ 우리 집은 동물원! 아빠와 신체 놀이
 (생후 39개월 / 103장)

▶ 초간단 모자 만들기
 (생후 36개월 / 094장)

▶ 자투리 재료로 식빵피자 만들기
 (생후 39개월 / 104장)

▶ 초간단 딸기케이크 만들기
 (생후 40개월 / 106장)

▶ 과일파르페 만들기
 (생후 42개월 / 117장)

▶ 나는 어묵탕 요리사!
 (생후 43개월 / 120장)

생후 36개월 이후 아이들의 **인지 발달**

숫자를 세는 폭이 넓어지고, 크기와 부피 등을 구분할 수 있습니다. 시간 개념을 이해하기 시작하고, 퍼즐 맞추기를 하게 됩니다. 익숙한 동화에 대해서 책을 보지 않고도 이야기할 수 있습니다.

★ 멋진 롬 아이들 특징

생후 36개월이 지나면서 "동생보다 내가 크다, 내 것이 더 길다, 동생은 짧다" 등의 비교와 구분을 했고, 생후 40개월에는 시계에 관심을 보이며 "20분 되면 그만하는 거야?" 하고 물어봤습니다. 같은 색깔의 블록 찾기, 같은 모양 찾기는 할 수 있었지만 언어발달이 느려서 색깔과 모양의 이름을 종종 헷갈렸습니다.

생후 36개월 : 퍼즐 맞추기를 해요

이렇게 놀았어요

▸ 포스트잇 보물찾기
(생후 42개월 / 119장)

▸ 눈 가리고 물건 맞추기
(생후 40개월 / 107장)

▸ 컵 속 장난감 찾기, 어디 숨었을까?
(생후 40개월 / 108장)

▸ 산책길 돌멩이에 눈코입 그리기
(생후 41개월 / 113장)

▸ 점토로 화석 만들기
(생후 41개월 / 114장)

▸ 종이컵 모래시계 놀이
(생후 41개월 / 115장)

▸ 당근으로 즐기는 가베놀이
(생후 41개월 / 116장)

▸ 여름 장난감, 얼음 장난감
(생후 36개월 / 097장)

▸ 심심한 목욕은 싫어? 페트병 분수 놀이
(생후 36개월 / 099장)

▸ 발새 분무기 물감 놀이
(생후 42개월 / 118장)

생후 36개월 이후 아이들의 언어 발달

세 돌이 지나면서 언어발달이 증가합니다. 그동안 아이와 놀이하면서 다투었다면 그것은 자신의 의사를 말로 표현하는 것이 힘들어서였는데, 이제 언어가 발달하면서 갈등 상황을 말로 설명해서 풀어갈 수 있게 됩니다. 3가지 이상의 색을 알고, 다양한 영역에서 질문이 늘어납니다. 농담을 합니다.

★ 멋진 룰 아이들 특징

40개월이 가까워오자 자신의 감정과 의지를 구체적으로 말로 표현하기 시작하면서 친구와 다투는 것도 줄어들기 시작했습니다. 혹시 친구를 밀치고 때리거나 떼를 부리는 아이들은 언어로 의사표현이 잘되는 시기가 오면 몸으로 표현하는 것이 줄어들게 되니 조금 기다려주세요.

마루는 41개월에 검정, 빨강, 파랑, 노랑을 이야기했지만 종종 틀렸습니다. 39개월이 지나자 "엄마!" 부르기에 "왜?" 하니까 "그냥 좋아서 불러봤지~" 하면서 농담을 던졌습니다.

> ○ 이렇게 놀았어요 ○
> ▶ 무궁화꽃이 피었습니다
> (생후 38개월 / 102장)
> ▶ 우리 집에 왜 왔니?
> (생후 41개월 / 112장)
> ▶ 눈 가리고 물건 맞추기
> (생후 40개월 / 107장)
> ▶ 우리 집은 동물원! 아빠와 신체놀이
> (생후 39개월 / 103장)

생후 41개월 : 친구와 협동해서 놀이하기 시작해요

※ **참고한 책**
강란혜, 《아동발달》, 창지사, 2008
김동일, 《아동발달과 학습》, 교육출판사, 2003
임지영 외, 《영아발달》, 공동체, 2014

생후 36개월

094 초간단 모자 만들기

준비물 — 종이, 칼, 스티커, 색연필

1 * 모자 모양으로 종이 자르기

곧바로 모자를 만들어도 되지만, 우리는 독후활동 후 모자를 만들었어요. 모자 관련 그림책들이 많으니 도서관에서 빌려본 후 진행하면 좋을 것 같아요.

지난 달력을 찢어서 뒷면에 커다란 원을 그립니다. 그리고 안쪽에 아이 머리만한 국그릇을 이용해서 작은 원을 그립니다. 피자 자르듯 선을 8개 긋고 칼로 잘라주세요.

동화 속으로 쏙~

우리도 모자를 만들어서 써볼까?

모자챙이 될 큰 원을 그리고 작은 원을 그린 다음 선을 8개 그어 자릅니다

2 * 모자 꾸미고 머리에 쓰기

나만의 모자로 꾸며줍니다. 스티커를 붙이고 좋아하는 색을 칠해서 완성.
칼질을 내놓았기 때문에 머리에 쓰면 자연스럽게 모자가 됩니다.

스티커 붙이고 색칠도 하고~

나만의 모자로 꾸며요

멋진 모자 완성!

거울을 보며 자신의 모습에 반하고 동생에게도 자랑합니다. 책을 읽은 후 간단하고
즐겁게 했어요. 누구나 할 수 있겠죠?

거울을 보자!

생후 36개월

095 창의성 살리는 욕실 놀이

준비물 — 미니붓, 물감, 재활용 팔레트, 솔

1 * 욕실 벽화 놀이

욕실 벽화 놀이는 어느 시기에 해도 상관없어요. 하지만 큰아이가 세 돌이 되니 점점 그림에 의미를 부여하며 화가처럼 그립니다. 욕실 벽은 훌륭한 스케치북. 욕실 벽화는 뒷정리가 쉬운 놀이랍니다. 다른 그림을 그리고 싶으면 샤워기로 샥샥 지워 내면 끝.*

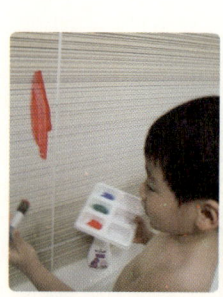

역시 강렬한 빨강으로 시작!

{tip} 음식도 물도 소중하지만 가끔은 풀어주세요

예전에 제가 쌀알, 요구르트, 두부 등으로 아이와 노는 모습을 본 50대 어른께 음식 가지고 뭐하는 거냐고 혼난 적이 있어요. 물론 음식의 소중함도 중요하고 물 절약도 중요하지만, 가끔 이렇게 풀어주며 놀 수 있는 융통성도 필요하겠죠. 그리고 환경호르몬이 걱정되는 플라스틱 장난감 사는 데 돈을 쓰기보다는 천연재료로 놀잇감을 접하는 게 안전성 측면에서도 좋다고 생각합니다.

2 * 욕실 청소하기

한참 그렸다 싶으면 아이의 손에 딱 맞는 솔을 주세요. "오, 잘한다, 잘한다~" 하면 더 열심히 닦습니다. 체험, 삶의 현장? 청소도 하고 놀기도 하고 1석 2조랍니다. 조금 더 크면 하라고 해도 안 하겠지요? 정말 진지하게 욕실 청소를 합니다. 옆에서 보는 둘째도 형의 행동을 그대로 따라하며 놉니다.

벽화 그림부터 지우고~

나도~ 둘째도 같이 해요

3 * 헤어아티스트 놀이

벽화 그리기와 청소를 끝낸 후 본격적으로 목욕을 시작하기 전에 샴푸 거품을 내서 머리에 바르고 여러 가지 모양을 냅니다. 이 놀이는 머리 감는 걸 싫어하는 아이에게 머리 감기의 두려움을 없애기 위해 시작한 놀이랍니다. 여전히 머리 헹굴 때 겁내긴 하지만 많이 나아졌어요. 이렇게 오늘 하루 즐거운 목욕으로 마무리!

뿔이 몇 개야?

멋진 마루! 이제 씻어보자~

아빠 머리도 감겨줘요

생후 36개월 096

박스우주선 만들기

준비물 — 큰 박스, 색연필, 색종이

1 * 박스로 우주선 만들기

큰 박스로 우주선을 만들어봅니다. 검정 색연필로 안팎을 모두 칠해 우주선을 만들었어요. 박스 바깥쪽에 버튼이라며 그리고는 꾹! 누르며 출발한다고 해요! 출발~

진지하게 색칠하는 중. 말 걸지 않아요.

여기 빨간 버튼을 누르면 날아갑니다. 삑!

파란 버튼은 멈춥니다. 꾹!

2 * 우주선 꾸미기

색종이와 풀을 줍니다. 말하지 않아도 아이들은 열심히 우주선을 꾸밉니다. 풀칠해서 색종이를 붙이는 과정도 처음 하면 어느 쪽으로 붙여야 하는지 몰라서 시행착오를 겪는데요. 놀이시간을 통해서 자연스럽게 인지능력을 키워나갑니다. 엄마가 도와서 예쁘게 만들지 않아도 괜찮아요. 아이들은 완벽한 우주선보다 자기가 만든, 자기 상상 속의 우주선을 더 좋아하니까요.

동생은 그저 풀을 두드리고 있습니다

풀을 앞에 바르는 건가, 뒤에 바르는 건가?

입술을 내밀고 진지하게 작업 중입니다

3 * 우주로 여행 떠나기

동생 기저귀를 가져와서 의자와 핸들이라며 우주선 여행을 떠납니다. 이 놀이는 아이마다 다른 우주여행 놀이랍니다.

출발! 우주선 출발합니다. 달에게로 갈 거예요

우주선이 좁아요~ 영차영차, 힘 쓰고 싶어!

우산을 꽂아서 지붕을 만들었어요

우주선에서 책도 봅니다

생후 36개월
097

여름 장난감, 얼음 장난감

준비물 — 떠먹는 요구르트 통, 주워온 자연물이나 블록 등

1 * 얼음 장난감 만들기

아이에게 얼음 만들기를 설명해줍니다. "아이스크림은 차갑고 단단하지? 우리도 얼음을 만들어보자! 얼음 속에 솔방울을 넣어볼까? 또 어떤 것을 넣을까?" 아이가 블록을 가져왔어요. 블록을 넣고 물을 부어줍니다. 넘치지 않도록 3/4 정도만 물을 담아요. 엄마가 옆에서 그만이라고 말해주니까 물이 넘치지 않게 조절을 하더라고요.

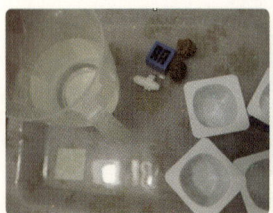

얼음 장난감 준비물

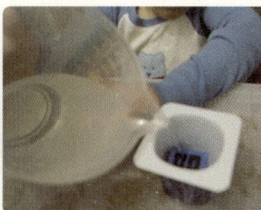

더더더더~ 그만!

블록이 둥둥 떠 있네?

이번에는 솔방울을 담아서 물을 따르자

더더더더~ 그만! 다 담았다~

2 * 얼음 장난감으로 놀기

냉동실에 넣어두고 2시간이 지나자 얼음이 얼었어요. 꺼내서 톡! 떨어뜨려주고, 만져보며 이야기 나눠요. 이번에는 밤에 잠자기 전에 얼려놓았는데 마루가 아침에 일어나자마자 냉동실로 달려가서 얼음 어떻게 되었느냐고 찾더라고요. 얼음을 쏙 꺼내서 차갑지만 만지작거리며 놀았어요.

작은 컵이라서 금방 얼어요! 겨울에는 밖에 내놓으면 자연적으로 얼겠죠?

톡 꺼내줘요

미끌미끌 미끄럽네!

신문지로 다양한 놀이

생후 36개월 098

준비물 — 신문지, 큰 봉투

1 * 신문지 격파하기

신문지로 할 수 있는 대근육 발달 놀이예요. 신문지 1장을 잡고 주먹으로 치도록 합니다. 기합도 넣어줘요. "얍! 격파!", "찢어졌다~" 호응만 크게 해줘도 신나합니다. 신문지를 여러 장 잡고 다시 더 강하게 격파!

얍! 격파 시작!

우와, 찢었다!

2 * 신문지 갑옷 만들기

신문지에 구멍을 뚫어서 씌워주는 옷은 바로 벗겨달라고 하는데, 아빠가 만든 신문지 갑옷은 좋아하더라고요. 신문지를 팔과 다리에 돌돌 말아줘요. 금방 풀어져버리지만 그래도 좋대요. 남자아이라서 로봇처럼 변신하는 것이 좋은가 봅니다.

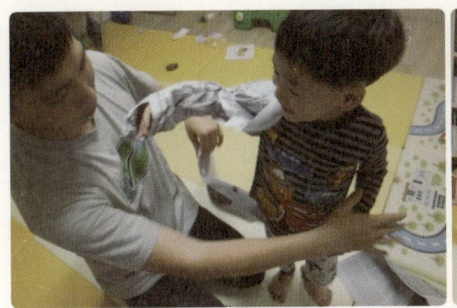

갑옷을 입자~ 변신합니다, 띠리띠리띠~   신문지 모자까지 쓰면 변신 완료!

3 * 신문지 비가 내려요

구겨진 신문지를 길게 찢어줍니다. 아이와 마주보고 앉아서 북북 찢어줍니다. 가득 손에 모아서 머리 위로 휙~ 뿌려주니까 마루가 넓은 신문지를 잡더니 "우산 써야 돼요!" 하면서 신문지 비를 맞아요. 신문지 바다에서 수영한다고 거실을 기어다니며 수영합니다.

비가 내립니다! 우산을 꽉 잡아요~

4 * 신문지 공놀이하며 청소하기

여기저기 널려 있는 신문지를 정리하기 가장 좋은 방법은 큰 봉투를 주고 모아서 공을 만들자고 말하는 것! 엄마의 본심은 청소하는 거지만, 아이는 공 만든다며 열심히 신문지를 담습니다. 청소하라고 했으면 안 할 텐데 공 만들자니까 작은 조각까지 쓸어담아요, 후훗. 마지막으로 신문지 공을 발로 차고 주고받으면서 대근육 활동을 왕성하게 합니다.

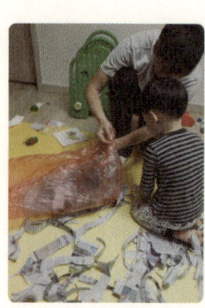 

모으자~ 모으자~ 신문지를 모아 공을 만들자~   던져, 던져! 받아요, 받아!

신문지로 만든 칼

박스와 신문지는 어느 때나 참 유용하고 즐거운 재활용 놀잇감입니다. 아이들은 칼싸움 놀이를 좋아하는데 장난감 칼을 사주지 않았더니 집에 있는 막대기를 찾아서 놀이하더라고요. 그래서 신문지를 돌돌 말아 단단하게 만들어서 두 아들에게 칼을 선물했습니다.

마루는 아빠와 검투사 대결을 하며 신나게 놀았어요. 장난감 칼 사지 마세요~ 신문지를 말아서 테이프로 고정하면 완성! 그런데 동생 레는 신문지 칼을 좀 휘두르다 찢어버리네요. 얼마나 좋습니까? 장난감 칼 사줬다 망가졌으면 아까웠을 텐데, 신문지는 자연스럽게 찢기 놀이로 끝났어요!

생후 36개월
099

심심한 목욕은 싫어?
페트병 분수 놀이

준비물 — 페트병, 송곳

1 * 페트병 송곳으로 구멍 내기

재활용함에는 놀잇감이 참 많습니다. 오늘은 페트병에 송곳으로 구멍을 내서 놀았어요. 페트병 4면에 콕콕콕 구멍을 내줍니다. 목욕시간에 들고 가서 물을 담으면 쏴아 분수처럼 물이 뿜어져나옵니다.

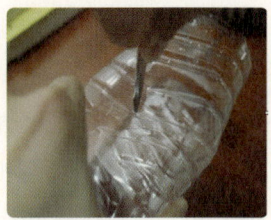
조심해서 구멍을 뚫어요

tip 페트병 분수 놀이 응용하기

더 어린 아이들은 힘이 약하니 작은 페트병으로 만들어서 놀이하면 됩니다. 물에 물감을 타면 알록달록 분수를 만들 수 있답니다. 바닷가, 수영장, 계곡에서 해도 좋아요.

물을 가득 담아주면 쏴아~ 분수가 됩니다

2 * 과학 놀이야, 분수 놀이야?

우와! 자연스럽게 과학 놀이가 되네요. 페트병을 꾹꾹 눌러주면 더 세게 물을 뿜어냅니다. 분수 놀이를 마음껏 한 뒤에는 페트병으로 물 붓기를 하면서 목욕합니다.

꾹꾹 눌러볼까? 더 많이 나오네!

와, 신기해~

물놀이하면서 목욕해요!

생후 37개월
100

주방 놀이! 쌀 씻기, 설거지하기

준비물 — 쌀

1 * 쌀 씻기

밥하기 전에 아이에게 쌀을 씻으라고 싱크대로 부릅니다. 명분은 쌀 씻는 것이고 실제는 물놀이 겸 쌀 놀이입니다. 싱크대 앞에 발받침을 놓고 올라가서 조물조물 쌀을 씻습니다. 촉감 놀이 겸 엄마를 도와준다는 뿌듯함을 가지고 합니다. 거창한 놀이보다 평생 살아가면서 기본적으로 해야 하는 일들을 자연스럽게 놀이를 통해 배우는 게 좋은 것 같습니다.

엄마, 쌀 씻어줄까요?

네, 네~

마루야, 쌀 흘리지 않게~ 농부 아저씨가 열심히 만들어주신 거야~

2 * 설거지하기

이번엔 간식시간을 마치고 설거지거리가 조금 있을 때 "마루가 설거지할까?" 하고 부릅니다. 바로 달려와서 수세미로 문지르며 슥슥 설거지를 합니다. 헹구기도 해봅니다. 끝! 물론 엄마의 마무리가 필요하긴 해요.

슥슥 쓱싹쓱싹~ 수세미로 문질러요

물로 헹궈야 돼요, 뽀드득뽀드득~

생후 37개월

101 펑펑 눈이 오는 날에는 케이크 만들기

준비물 — 없음

1 * 눈싸움 먼저~

펑펑 눈이 옵니다~ 동생이 어리기 때문에 마음껏 눈 놀이를 하러 나갈 수가 없는 마루의 일상이었어요. 하지만 계절의 변화를 지금 느끼지 않으면 또 1년을 기다려야 하니까, 부지런히 움직여봅니다. 눈을 던지면서 눈싸움을 했어요. 던지다가 떨어뜨리기도 하고 정확히 던지기도 해요. 눈싸움은 언제나 즐겁죠.

2 * 눈 케이크 만들기

눈을 쌓아서 케이크를 만들어요. 나뭇가지도 꽂아주고 솔방울도 올려줍니다. 집 앞 놀이터에는 자연물이 많이 없어서 거창하게 꾸며주지는 못했지만, 아이는 만족스러워하며 생일축하 노래를 여러 번 불렀어요. 아이와 계절마다 다르게 놀면서 다양한 자연의 변화를 만날 수 있는 것이 큰 축복임을 느낍니다. 아, 자연이 좋다. 사계절이 있는 한국이 좋다~

무궁화꽃이 피었습니다

생후 38개월
102

준비물 — 없음

1 * 아이가 술래

아이가 술래가 되어 벽에 대고 "무궁화꽃이 피었습니다~"를 외칩니다. 그런데 마루는 가끔 "고구마꽃이 피었습니다"라고 말해요. 엄마아빠가 아이 앞으로 다가가서 멈춥니다. 그리고 "땡!" 하고 아이를 치고 도망칩니다. 아예 숨을 때도 있고 일부러 잡혀줄 때도 있습니다.

이 놀이는 자연스럽게 "꼭꼭 숨어라~"로 변합니다. 도망치다가 바로 숨어버립니다. 그러면 숨바꼭질 놀이가 됩니다.

형 따라서 레도 합니다

레가 땡! 하러 왔다~

땡! 방으로 도망치자!

2 * 엄마가 술래

이번에는 엄마가 "무궁화꽃이 피었습니다~"를 외칩니다. 아이는 아빠와 손을 잡고 천천히 걸어오다가 멈춥니다. 아빠와 함께 그냥 걷기도 하고, 동물 포즈를 취하면서 멈추기도 합니다. 엄마가 뒤를 돌아본 사이에 "땡!" 치고 방으로 도망칩니다. 엄마는 "잡아라!" 하고 뛰어가서 아이를 찾습니다.

무궁화꽃이 피었습니다~

아빠처럼 누워서 그대로 멈춰라!

잡아라!

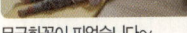

> **tip** 아이와 즐기는 쉽고 즐거운 전통놀이들
>
> 아이와 함께 즐길 수 있는 전통놀이로는 실뜨기, 딱지치기, 비석치기, 두껍아두껍아, 꼬리잡기, 수건돌리기 등이 있어요. 옛날 기억을 살려서 재밌게 놀이해보세요.

두껍아두껍아, 헌집 줄게 새집 다오~

생후 39개월

103 우리 집은 동물원! 아빠와 신체 놀이

준비물 — 없음

1 * 온몸으로 흠뻑 놀기

아이들은 넘치는 에너지를 다 쏟아내야 밤에 빠르게 숙면에 들어가요. 밖에서 못 놀아서 에너지가 남은 날에는 밤에라도 신체 놀이를 하는 편입니다. 물론 격하게 놀이한 뒤에는 흥분해서 아이들이 잠을 못 잔다고 하지만, 힘 빠지도록 30분 정도 놀이한 후에 목욕하고 방에서 책을 1권 읽어주면 잘 자요.

여자인 엄마는 아무래도 신체 놀이로 시간을 보내는 것이 벅차니, 아빠가 하루에 30분만 흠뻑 놀아주면 금상첨화. 19개월인 동생은 관찰하고 따라하지만 39개월인 형은 주도적으로 놀이합니다.

큰아이는 따라하고 둘째는 관찰해요

아빠는 화난 고양이~

둘째는 두 사람의 놀이를 관찰만 해도 재미있어요

2 * 누워서 뱀과 악어 되기

기어다니는 뱀으로 변신. 이건 어렵지 않으니 동생도 같이 합니다. 그리고 자연스럽게 악어로 변해서 엄마를 물러 온 마루. 거북이로도 변하면서, 정적으로 놀다가 격하게 놀다가 조절을 합니다.

스물스물~ 뱀이 기어갑니다

으액!

엉금엉금~ 거북이

3 * 뒤뚱뒤뚱 펭귄 놀이

손을 옆으로 둔 채 뒤뚱뒤뚱 펭귄 놀이 시작. 펭귄이 물에 들어가 수영도 합니다.

뒤뚱뒤뚱 걸어가요

펭귄은 수영도 한다~

4 * 두더지 놀이

마루가 먼저 매트 밑으로 들어가더니 두더지 놀이를 시작합니다. 좁은 공간에서 숨는 놀이는 아이들이 좋아하죠. 그래서 두더지도 좋아하나 봐요. 땅 밖으로 나와서 지렁이 사냥을 끝낸 후 다시 집으로 들어가는 두더지 삼총사.

땅 속에 두더지가 살아요!

두더지가 지렁이 잡으러 갑니다.   아, 피곤해…

5 * 독수리 놀이 후 목욕하기

한참을 몸으로 동물 표현하기 놀이를 했어요. 이제 씻고 자야겠죠. 아빠가 마지막으로 독수리가 되어 아이를 홱 낚아챘어요. 고공행진을 펼친 뒤 이제 목욕탕으로 갑니다.

펄럭펄럭 나는 독수리다~

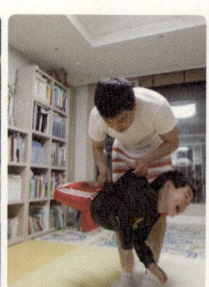
먹잇감을 잡았다~

먹잇감을 들고 목욕탕으로 갑니다.

생후 39개월

104 자투리 재료로 식빵피자 만들기

준비물 ─ 토마토소스, 식빵, 빵칼, 비엔나소시지, 피자치즈, 자투리 채소

1 * 재료 썰고 찢기

아이는 요리*하는 과정을 즐겨요. 큰아이가 빵칼로 소시지를 써는 동안 작은아이한테 브로콜리를 주고 찢으라고 했어요. 물론 중간중간 음식 재료들이 입으로 들어갑니다.

형은 컸으니까 칼질하고~   동생은 손 힘을 키우게 찢어 보렴~   형 하는 건 전부 따라하려는 둘째. 그래, 너도 해봐~

tip 요리 놀이하면 편식이 줄어든다?

꼭 그렇지는 않아요. 적어도 우리 집 첫째는 요리하는 과정은 좋아하는데 자신이 만든 것이라도 새롭고 처음 보는 것을 먹는 것은 싫어합니다. 둘째는 요리도 좋아하고 만든 것도 잘 먹고요. 아이마다 달라요. 꼭 이 채소를 먹이겠다는 일념으로 요리 놀이를 하다 보면 "왜 안 먹냐고!" 속상할 수도 있으니 아이에게 큰 기대는 버리고 노는 시간으로만 여기기로 해요. 만들어놓고 "어서 먹어!" 하고 말하지 않기. 그냥 다 먹는 날은 기특하다고 여기고요.

2 * 식빵에 토마토소스 바르고 토핑 올리기

냉장고에 있던 스파게티 소스를 식빵에 발랐습니다. 이제는 재료를 놓아두면 혼자 알아서 척척 하는 큰아이. 치즈와 썰어놓은 채소를 토핑으로 올려줍니다.

마루는 알아서 척척 재료를 올려요

레도 형 따라서 열심열심~

준비가 끝난 식빵피자는 오븐으로~

3 * 오븐에 굽고 맛있게 먹기

180도로 예열해둔 광파오븐에 넣어 15분간 돌립니다. 기계마다 강도가 다르니 중간중간 살펴보세요. 오븐이 없으면 프라이팬에 넣고 뚜껑 덮어서 요리하세요. 치즈가 녹으면 완성입니다.

오븐에 지글지글~

우와~ 맛있겠다

치즈 늘어나는 것도 신기해~

뜨거워도 냠냠~

생후 39개월

105 의자와 베개로 기차놀이

준비물 — 의자, 베개

1 * 의자기차 만들기

아이들은 기차가 나오는 책은 물론 실제 기차와 기차 장난감도 좋아합니다. 오늘은 집에서 기차를 직접 만들고 타보는 시간을 가졌어요. 집에 있는 의자를 모두 꺼내서 연결합니다. 식탁의자는 무거우니까 엄마가 옮겨주고, 작은 의자는 마루가 끌고 왔어요.

영차영차, 기차를 만들어요!

의자기차 완성!

2 * 기차 출발!

마루가 앞에 앉아서 운전을 합니다. "엄마, 타!" 엄마와 동생은 뒤에 타고 출발합니다.
"어디로 갈까?"
"바다로!"

칙칙폭폭! 달려갑니다. 간식을 먹으면서 가자고 합니다. 마루가 주는 가짜 음식을 먹으며 여행했습니다.

레야, 꽉 잡아~ 안전벨트 매!

엄마도 뒤에 탔어요

칙칙폭폭, 덜컹덜컹~

3 * 베개기차 놀이

집에 있는 베개와 쿠션을 연결해서도 기차놀이를 합니다. 엄마가 먼저 해볼까? 따로 말하지 않아도 알아서 베개를 가지고 기차를 만듭니다. 역시 마루가 운전하고 동생이 뒤에 타고 출발합니다.

쿠션과 베개를 연결하자!

칙칙폭폭, 어서 갑시다!

생후 40개월

106

초간단
딸기케이크 만들기

준비물 — 카스테라, 딸기, 떠먹는 요구르트(또는 생크림), 빵칼

1 * 딸기 자르기

케이크를 좋아하는 아이들. 약소하지만 정말 맛있는 딸기케이크를 종종 만듭니다. * 먼저 빵칼로 딸기를 잘라줍니다. 자르는 것 자체가 놀이. 마음껏 자르도록 내버려둡니다.

싹둑싹둑 잘라요

중간중간 먹는 재미~

19개월 동생도 자르기 흉내~ 자르는 것보다 먹는 게 더 많아요. 방해 안 하고 옆에 앉아 있는 것만도 고마울 뿐

{tip} 놀이, 꼭 학습과 연관시킬 필요는 없어요

놀이를 할 때 굳이 큰 의미를 부여하지 않아도 된다고 생각합니다. 어디 발달에 좋다 이런 게 무슨 의미가 있을까요? 가장 중요한 건 아이가 좋아하고 즐거워하느냐는 거죠. 어떤 놀이가 아무리 어디에 좋다 할지라도 애가 싫다고 하면 재미없어집니다. 그건 결국 놀이가 아니라 학습일 뿐이죠. 우리 애는 그냥 요리를 좋아합니다. 그래서 이유 불문하고 자주 하고 있어요.

2 * 카스테라에 요구르트 바르고 딸기 올리기

빵을 절반으로 자르고 떠먹는 요구르트를 발라줍니다. 그리고 딸기를 올려주세요. 형과 동생이 개월수는 차이가 나지만 적절히 맞춰서 놀이할 수 있어요.

엄마가 빵을 반으로 잘랐어요   형이 자른 딸기를 올려놓는 동생

3 * 생일축하 노래하고 맛있게 먹기

케이크 만들기 완성! 생일축하 노래를 불러야죠. 엄마 생일, 마루 생일, 레 생일. 생일축하 노래를 세 번 불러요. 직접 만들고 먹는 시간. 가족의 생일날 시판 케이크를 사는 것보다 소박하지만 이렇게 직접 케이크를 만들어서 함께 축하하는 것이 더 행복합니다.

생일 축하합니다~   사이 좋게 반반 나눠 먹어요   잘 먹겠습니다~

생후 40개월 107 눈 가리고 물건 맞추기

준비물 — 박스, 장난감, 고구마 등 다양한 물건

1 * 박스에 다양한 물건 넣기

종이박스 또는 아이스박스에 아이의 장난감, 실리콘 컵, 솔방울, 고구마, 색연필을 넣었어요. 쉬운 물건과 조금 어려울 것 같은 물건을 섞어서 넣어줍니다.

아이에게 익숙한 물건으로 담았어요

2 * 눈 가리고 물건 맞추기 : 아이

손수건으로 눈*을 가리고 박스에 손을 넣도록 합니다.
"이건 뭐지? 매끈매끈하지?"
"음…… 컵이요!"
하나씩 맞추면서 꺼냅니다. 컵, 고구마, 블록은 맞췄는데 색연필은 "로켓?" 이러네요. 틀리는 재미도 있어야지! 땡! 다시 만져봐요~

tip 생후 40개월, 눈 가려도 무서워하지 않아요

이 놀이는 눈을 가리는 것을 두려워하는 아이는 거부할 수도 있어요. 마루도 두려움이 있었는데 40개월이 넘어가니 눈을 가려도 무서워하지 않고 잘 놀더라고요. 동생 레는 형이 하는 모습을 보고 바로 따라했고요. 촉감 놀이 겸 상상력을 자극하고, 언어로 표현하면서 표현력도 생기는 흥미로운 놀이예요.

손을 쑥 넣어볼까? 딱딱하지? 뭘까? 딩동댕~ 매끈매끈~ 길다~ 로켓처럼 길구나. 하지만 땡! 다시~

3 * 눈 가리고 물건 맞추기 : 엄마

이번엔 엄마가 눈을 가리고 아이가 장난감을 담았어요. 블록! 카드! 잘 맞추다가 일부러 "음…… 이건 뭐지?" 고민하니까 마루가 바로 "피리!" 하고 정답을 말해줍니다. 엄마가 맞추기를 1초만 기다리고 바로 답을 말해주고 싶어서 들뜨는 놀이였어요. 동생도 눈을 가려봅니다. 피리를 잡자 "후~ 후~" 소리를 내요. 단어로 말을 못하니 의성어로 표현하네요.

울퉁불퉁한 이건 뭘까? 뭘까? 레야, 부드러운 이건 뭘까?

생후 40개월
108
컵 속 장난감 찾기, 어디 숨었을까?

준비물 — 종이컵 여러 개, 블록

1 * 컵에 블록 숨겨놓기 : 아이

모양이 같은 종이컵을 3개 준비합니다. 엄마가 먼저 블록을 숨겨놓고 찾아보라고 말했어요. 두 번만 컵을 이리저리 돌린 다음 짠! 마루가 처음에는 그냥 아무 컵이나 찍더라고요. 처음에는 못 찾다가 다시 할 때는 집중해서 보고 찾았어요!

다시 찾아볼까?

잘했어요~ 짝짝짝

여섯째마당 | 생후 36개월 이후 아이놀자 **345**

2 * 컵에 블록 숨겨놓기 : 엄마

이번에는 마루가 컵에 블록을 숨기고는 찾아보라고 합니다. 엄마는 고민하면서 찾으려는데 마루가 먼저 "여기 있어요!" 하고 알려줘요. 승패를 떠난 아이들의 순수함이죠!

엄마가 찾길 기다리지 못하고 답을 알려주는 아이

3 * 자연스럽게 탑 쌓기 놀이

블록 찾기가 끝난 뒤에 자연스럽게 탑을 쌓자고 하면서 탁탁 쌓기 놀이를 합니다. 레는 옆에서 종이컵 밟기를 하면서 놀고 있어요. 자유놀이하면서 마무리~

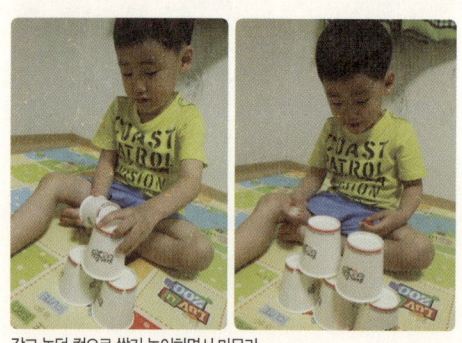

갖고 놀던 컵으로 쌓기 놀이하면서 마무리

생후 40개월

109 돌멩이로 나뭇가지 과녁 맞추기

준비물 — 나뭇가지, 돌멩이

1 * 나뭇가지로 원 만들기

마루는 놀이터에 나가면 미끄럼이나 그네 같은 놀이기구는 타지 않고 놀이터 주변을 하염없이 뛰어다니거나 모래 놀이, 나뭇가지 줍기 등을 해요. 형을 봐서 그런지 어느새 동생 레도 개미 찾기에 여념이 없죠. 그래서 놀이터 주변에 떨어진 나뭇가지를 주워서 함께 놀곤 합니다.

아이와 함께 놀이터를 돌면서 나뭇가지를 모아주세요. 길고 짧은 나뭇가지를 연결해서 원을 만듭니다.

나뭇가지를 연결합니다

마음에 드는 돌멩이를 주워옵니다

2 * 돌멩이로 과녁 맞추기

마음에 드는 돌멩이를 찾아옵니다. 나뭇가지 과녁에 던져서 골인! 멀리서 하면 조준을 잘 못해서 원 앞에서 했어요.

슛~ 던져보자!

들어갔네?

3 * 점프 놀이

과녁 맞추기를 마치고 아이는 원 안에 점프해서 들어가기, 원을 뛰어넘기 등 응용 놀이를 하고 자연스럽게 떠났어요.

원을 한번에 뛰어넘어보자!

오~ 엄청 멀리 뛰는구나!

생후 40개월

110 흙더미 위 나뭇가지 쓰러뜨리기

준비물 — 나뭇가지, 흙

1 * 흙더미에 나뭇가지 꽂은 다음 흙 가져가기

놀이터 모래사장에서 놀이했어요. 모래를 모아놓고 그 위에 마루가 가지고 놀던 단단한 나뭇가지를 꽂았습니다. 규칙을 알려주고 엄마가 먼저 하는 법을 보여줍니다. 번갈아가면서 나뭇가지를 쓰러뜨리지 않고 주변의 흙을 가져갑니다.

나무를 꽂고 흙을 모으자!

엄마가 먼저 흙을 가져갈게~

2 * 나뭇가지 쓰러지면 끝

조심조심……. 마지막에 나뭇가지를 쓰러뜨리는 사람이 지는 놀이입니다. 엄마랑 해본 놀이를 나중에 친구와 함께 합니다.

마루도 가져가~

조심조심… 쓰러뜨리지 않게 살금살금

생후 40개월

111 손 힘이 필요한 찰흙 놀이

준비물 — 찰흙, 신문지, 빵칼 등

1 * 조물조물 찰흙 밑작업하기

찰흙 놀이 시간. 정해진 것을 만들어보자고 하기보다는 마음대로 만들면서 즐거움을 만끽하게 합니다. 찰흙은 밀가루 반죽보다 주무를 때 힘이 들어가기 때문에 새로운 경험이 됩니다. 처음 찰흙을 만질 때는 딱딱하게 느껴져서 어려울 수 있으니 엄마가 먼저 조물조물 만져서 단단하게 뭉친 것을 풀어줍니다.

2 * 찰흙 탐색 후 자르기

꾹꾹 눌러보고 잡아당겨봅니다. 조물조물 뭉쳐서 놀이합니다. 탐색이 끝난 후 빵칼로 찰흙을 잘라요.

단단하네? 손에 쥐고 눌러볼까?

비행기가 날아갑니다. 슝~

엄마, 이건 달팽이예요!

레는 콕콕 찌르기! 콕콕콕!

3 * 무한반복 찰흙 놀이

아이들은 오래 놀이하지 않아요. 하지만 생각나면 다시 와서 놀죠. 그래서 다 놀고 난 후에는 신문지에 찰흙을 싸놓았다가 물을 뿌려서 재활용해요.

물을 뿌리니까 다시 부드러워지네?

생후 41개월 112 우리 집에 왜 왔니?

준비물 — 없음

1 * 노래하며 가위바위보

마루가 돌 이후에 이 놀이를 할 때는 안고 시작했는데요. 시간이 흐를수록 놀이의 규칙을 알아가는 아이를 보며 정말 시간이 흐른다는 걸 느낍니다. 요즘에는 함께 손 잡고 걸어가고 직접 가위바위보도 해요. 사회성 발달에 좋은 놀이랍니다.

마루가 먼저 아빠 편 하고 싶다고 해서 편을 나눴어요. 아빠와 마루가 손 잡고 걸어오면서 노래합니다. "우리 집에 왜 왔니~ 왜 왔니~ 왜 왔니~♪"
엄마는 레를 안고 걸어가면서 노래합니다. "꽃 찾으러 왔단다~ 왔단다~ 왔단다~♪"
아빠가 부릅니다. "무슨 꽃을 찾으러 왔느냐~ 왔느냐~♪"
엄마가 부릅니다. "마루 꽃을 찾으러 왔단다~ 왔단다~♪"
가위바위보!

우리 집에 왜 왔니~ 왜 왔니?

레랑 마루랑 가위바위보!

마루 꽃 사러 왔다!

에이~ 한 번만 팔아요~ 가위바위보!

2 * 규칙은 몰라도 노래하며 마무리

레랑 마루랑 가위바위보를 했는데 마루가 이겨서 레도 아빠 편이 되었어요. 다시 엄마랑 마루랑 가위바위보를 하는데 "마루 꽃은 안 팔아요~" 하면서 계속 아빠 편이 되고 싶답니다. 아직 규칙을 완벽하게 따르지는 못해요. 그냥 즐기는 거죠! 아이는 가위바위보를 하는 것도 좋아하고 엄마아빠와 손 잡고 걷고 리듬을 타는 놀이를 즐거워한답니다. 다 같이 손잡고 뛰면서 신나게 마무리~

야호! 아빠 편이 다 이겼다!

생후 41개월

113 산책길 돌멩이에 눈코입 그리기

준비물 — 크레파스, 돌멩이

종종 산책길에 주운 돌멩이에 그림을 그렸는데요. 이날은 아예 크레파스를 챙겨 갔어요. 여름에 계곡으로 놀러가면 매끄러운 돌이 많아서 그림 그리기 좋아요!
아빠 얼굴도 그리고 곤충도 그리면서 충분히 놀아요. 이 시기에 마루는 명확한 사람 형태는 못 그리지만 눈코입과 팔다리는 표현하고 있어요! 빠른 친구들은 좀더 정확한 인물화를 그리더라고요~ 마루는 이 분야는 천천히 발달하는 것 같습니다. 모든 영역을 다 잘할 수는 없으니까요. ^^;

동생은 꼬적대다 크레파스를 모래에 던지고 떠납니다

생후 41개월

114 점토로 화석 만들기

준비물 — 지점토, 솔방울, 나뭇가지 등 자연물

1 * 지점토 탐색하기

하얀 지점토는 밀가루 반죽보다 좀더 단단해서 손의 힘을 필요로 해요. 41개월이 된 마루는 이제 손에 힘이 생겨서 주물럭주물럭 한답니다. 하지만 밀가루 반죽처럼 쉽지는 않아요. 20개월인 동생은 아직 점토를 주무르기가 어려워요. 하지만 점토를 돌돌 말고 콕콕 찌르는 것은 할 수 있답니다.

솔방울과 지점토를 준비해요

꾹꾹 눌러봐요

말랑말랑 하면서 단단하네

2 * 자연물 찍기

그릇에 점토를 퍼서 올려놓습니다. 쭉쭉 펴는 것은 엄마가 도와주세요. 자연물*을 콕콕 찍고, 꾹 눌러봅니다. 다양한 모양을 볼 수 있어요. 마루가 나뭇잎 찍은 것을 보고 말합니다. "강아지풀이다!" 접시 그대로 말려주면 화석처럼 굳습니다.

맞아, 마루가 찾은 나뭇가지네! 솔방울을 데굴데굴 굴려야지 굳으니까 딱딱하네. 나뭇잎 모양이 그대로 남아 있어요

(tip) 산책길 주워온 자연물 놀이

산책을 나가면 아이는 자연스럽게 솔방울과 나뭇가지, 돌멩이를 들고 다닙니다. 종종 그것들을 집으로 들고 오고 한참 애정을 갖고 가지고 놀아요. 오늘은 수집해온 자연물을 점토에 찍어보았어요. 지난달에 자연사박물관에 가서 공룡 뼈와 화석을 보았는데 그때 본 화석에 대해서 이야기하면서 자연물 화석을 만들어보았답니다.

3 * 점토 놀이 확장

옆에서 동생은 점토에 자연물을 꽂아놓고 있습니다. 나뭇가지를 세워놓고 생일축하 노래도 부르고요. 형과 동생이 함께 할 수 있는 놀이가 두 아이 엄마에게는 참 좋습니다! 찍기를 마치면 자연스럽게 눈사람도 만들고 김밥처럼 돌돌 말면서 점토 놀이를 했어요.

멋진 케이크가 되었구나!

생후 41개월

115 종이컵 모래시계 놀이

준비물 — 종이컵

1 * 종이컵 구멍 뚫기

이웃집에서 모래시계를 본 적이 있는 아이에게 "오늘은 엄마가 모래시계를 보여줄게" 하고 이야기했어요. 모래가 있는 놀이터 또는 바닷가로 여행 갔을 때 해보세요. 먼저 종이컵에 구멍을 뚫어주세요(저는 차 열쇠로 뚫었어요).

종이컵에 구멍 뚫기

2 * 종이컵에 모래 담기

구멍 뚫린 종이컵에 모래를 담아주면 끝! 모래가 떨어지는 것을 보며 반복놀이합니다. 정말 간단한 놀이인데 아이가 눈이 커지고 즐거워하면 엄마는 엄청 뿌듯해집니다. 아이도 즐겁고 엄마도 편한 간편 놀이가 최고!

모래시계다!

오, 구멍에서 모래가 나오네? 쭉쭉!

모래를 쏟으면서 또 모래 놀이

생후 41개월

116 당근으로 즐기는 가베놀이

준비물 — 당근, 빵칼

1 * 당근 자르기

당근은 단단하니까 엄마가 잘라서 준비해주는 게 좋습니다. 하지만 마루는 칼질을 원해서 집에 있는 빵칼로 자르기를 몇 번 시도했습니다. 자르기 어려워서 금방 포기했지만 말이죠.

당근을 동그라미, 반달, 막대기 모양으로 잘라 줍니다

2 * 마음껏 표현하기

당근으로 얼굴을 만들어보았어요. "엄마 얼굴 같아요! 이건 눈, 이건 다리!" 마루는 색연필로 얼굴을 그릴 때는 잘 표현하지 못했는데 당근을 놓아서 얼굴을 만들어보니까 쉽게 표현할 수 있었어요.

3 * 남은 당근 가지고 놀기

썰어놓은 당근을 바구니에 가지고 가서 소꿉놀이하면서 종일 놀았습니다. 당근은 딱딱하고 물이 생기지 않아요. 마르면 꼬들꼬들해서 놀잇감으로도 좋네요.

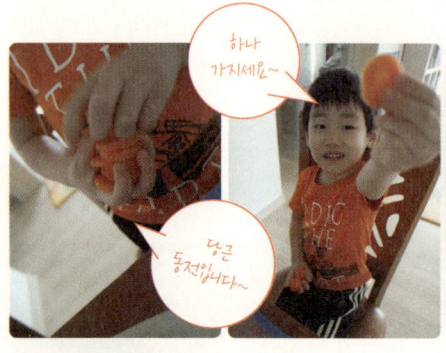

레는 당근 찢기 중

생후 42개월

117 과일파르페 만들기

준비물 — 떠먹는 요구르트, 부드러운 과일, 시리얼(또는 과자), 길고 투명한 컵

1 * 과일 자르기

과일은 바나나, 파인애플, 딸기, 키위 등 부드러운 것으로 준비해요. 오늘은 집에 있는 바나나와 프루트칵테일로 만듭니다. 떠먹는 요구르트는 무설탕으로 준비했어요. 바나나와 시리얼에 단맛이 있기 때문에 플레인 요구르트가 좋습니다. 아이가 빵칼로 바나나를 잘라봅니다.

바나나, 프루트칵테일, 시리얼, 떠먹는 요구르트 준비

부드러운 과일은 썰기도 좋아요

2 * 과일 쌓고 요구르트 넣기

차곡차곡 번갈아가면서 투명한 컵에 쌓아줍니다. 바나나, 떠먹는 요구르트, 프루트칵테일, 시리얼 등 아이가 원하는 만큼 좋아하는 재료를 넣었어요.

3 * 맛나게 먹어요

수저로 맛있게 먹으면 됩니다! "정말 맛있다!", "엄마, 나는 요리사야!" 이야기하면서 오후 간식시간을 갖습니다. 엄마가 먹어봐도 정말 맛있더라고요. 시리얼의 고소함과 바나나*의 달콤함, 요구르트의 부드러움이 참 잘 어울려요!

정말 맛있다! 동생도 한입 줄까?

tip 제철과일로 다양한 파르페 요리

파르페 만들기는 아주 간단한 요리 놀이지만 아이가 차곡차곡 쌓는 과정을 즐거워하고 완성된 파르페의 맛도 훌륭해서 참 행복한 시간이랍니다. 우리는 딸기 철이 끝나서 바나나와 프루트칵테일을 넣었어요. 집에 있는 부드러운 과일로 맛있는 간식을 만들어보세요.

생후 42개월

118 발사! 분무기 물감 놀이

준비물 — 분무기, 물감, 전지

1 * 분무기에 물감과 물 섞기

달팽이한테 물 주는 분무기*와 구연산을 넣고 사용하는 분무기가 있어서 씻어서 이용했어요. 물에 물감을 타줍니다. 뿌렸을 때 선명한 색이 나도록 하고 싶어서 물감 : 물 = 1 : 7로 섞었어요. 종이를 세워두는 이젤이 없어서 전지를 거실 창문에 붙였습니다.

우리 집에서 유아용 물감은 참 유용한 아이템이에요.

물감 최고!

tip 분무기 놀이 응용

엄마가 미리 전지에 큰 나무를 그려주고 나뭇잎이나 열매를 물감 분무기로 그려달라고 해주세요. 목욕하면서 욕실 벽에 뿌리며 놀아도 좋답니다. 물론 야외에서 바닥(허용된 곳)에 뿌리며 놀아도 좋아요.

2 * 전지에 분무기로 물감 뿌리기

분무기는 손가락 힘이 필요하기 때문에 유아기에 들어서면 놀이하는 것이 좋습니다. 마루도 이제 한 손으로 분무기를 잡고 잘 뿌리네요. 위아래 고르게 분사하면서 놀아요.

찍찍~ 뿌려볼까? 오, 초록색이 나오네!

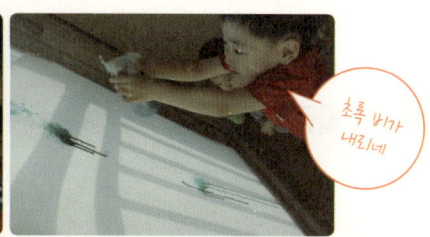

위에도 뿌려줘야지. 주루룩~

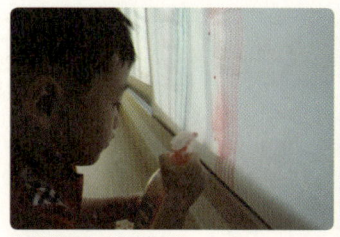

앉아서 뿌려야지! 빨간색이다!

동생은 아직 손에 힘이 부족해서 못 뿌려요

포스트잇 보물찾기

생후 42개월 119

준비물 — 포스트잇

1 * 포스트잇 숨겨서 붙이기 : 아이

포스트잇 메모지를 보여주자 뭐냐고 달라며 안달이에요.
"마루야, 놀이방에 종이를 숨겨봐! 엄마가 찾을게."
아이가 벽에 붙이고 엄마가 찾으러 갔어요. 그런데 문 뒤에 숨긴 종이를 찾자 "이건 내 꺼야! 안돼요!" 하면서 떼지 못하게 합니다. 놀이 방법을 다시 이야기해주었더니 이해가 되었나 봐요.

2 * 포스트잇 숨겨서 붙이기 : 엄마

엄마가 숨길 차례예요. 찾기 쉬운 곳과 조금 어려운 곳에 붙여놓았어요. 종이가 반쯤 보이도록 커튼 뒤에 숨겼지요. 처음에는 벽에 붙여놓은 것도 마음이 급해서 못 찾다가 천천히 돌아다니며 커튼 뒤에 붙은 것도 찾았어요! 못 찾으면 힌트를 주는 센스도 필요해요.★

힌트! 커튼을 찾아봐~

(tip) 집중력도 자신감도 높이는 보물찾기 놀이

보물찾기 놀이는 집중력을 높이고, 스스로 찾아내면서 자신감도 높아지는 놀이입니다. 물건으로 보물찾기를 해도 좋지만, 벽에 붙여놓은 포스트잇 찾기는 간단하면서도 재미있답니다.

생후 43개월

120 나는 어묵탕 요리사!

준비물 — 다양한 모양의 어묵, 꼬치

1 * 꼬치에 어묵 끼우기

꼬치는 끝이 뾰족하기 때문에 위험할 수 있어서 40개월이 넘을 때까지 기다렸다가 놀이했어요. 꼬치로 장난치지 않도록 주의를 주고 시작합니다. 다양한 어묵을 준비해서 모양도 보고, 맛도 다름을 느껴요. 꼬치에 어묵을 차례로 꽂아줍니다. 꽂는 과정 자체가 즐겁습니다.

꼬치와 다양한 모양의 어묵을 준비합니다

2 * 어묵탕 끓이기

다 꽂았으면 무와 멸치로 육수를 낸 국물에 꼬치를 넣어줍니다. 아이가 "내가 요리사야!" 말하면서 스스로 냄비에 꼬치를 넣고 기다립니다.

조심조심!   보글보글 끓고 있구나. 기다려주자

불을 사용하는 놀이는 위험하므로 엄마가 꼭 옆에서 지켜보면서 주의해야 합니다. 위험하다고 모든 것을 차단하지 말고 조심하는 방법을 알려주는 것이 더 좋다고 생각해요. 물론 혼자서는 절대 하면 안되겠죠!

3 * 감사하며 맛있게 먹기

그릇에 담아와서 조금 식은 뒤에 먹습니다. 1개씩 빼서 먹는 재미! "내가 만들어서 맛있다!" 이야기하며 꼬치를 다 먹었습니다. 자기가 엄마처럼 요리했다는 사실만으로도 참 뿌듯해한 하루였습니다.

맛있는 어묵탕 완성~

3살 버릇 여든까지!
때로는 엄하게 키워야 모두 행복해져요

집착하는 엄마가 되고 싶지 않았어요

　　요즘 여자들 과거와 다르게 많이 배웁니다. 그 열정을 집에서만 쏟으려니 답답하죠. 그래서 자신의 에너지를 사랑하는 자식에게 올인하고픈 마음이 솟구칩니다. 저는 1차로 그 열정을 살림 비우기를 통해 풀었습니다. 살림 비우기 덕분에 답답하고 의욕을 갉아먹는 우울감에서 벗어났죠.

　한동안 아이가 너무 예뻐서 미치겠고, 그래서 더 육아에 집중하게 되었습니다. 나 자신보다, 남편보다 아이에게만 관심이 쏠리더라고요. 엄마로서 당연한 마음이겠지만 그 순간 이러면 안되겠다 싶었죠. 제가 이상적으로 생각하는 삶은 자식에게 올인하는 인생이 아니니까요.

　어릴 때부터 엄마가 되면 자식을 사랑하되 독립적으로 키우고 싶었습니다. 집착하는 어미가 되고 싶지 않았어요. 그래서 나부터 사랑하고, 자꾸만 자식에게 쏠리는 시선을 의식적으로 남편에게 돌리려 애씁니다.(물론 아기가 어릴 때는 손이 많이 가니까 미안하게도 남편에게 쏟을 에너지가 없긴 합니다.) 내 삶의 1순위를 자식에게 두지 않으리라 결심했어요.

어린이집 늦게 보내기, 아이놀이…
이 모든 게 나 편하자고 선택한 일들

제가 전업맘을 선택하고, 아이를 어린이집에 최대한 늦게 보내고, 블로그에 아이놀이를 올리면서 다양하게 놀아주는 모습을 보면 사람들은 아이를 정말 잘 키운다고 생각할 거예요. 어떤 사람은 이런 모습을 아이에게 올인하거나 집착하는 것으로 볼 수도 있고요.

 하지만 정작 이렇게 하는 건 나 편하자고 선택한 겁니다. 살림, 육아, 일 모두 다 잘 해내야 직성이 풀리는데 그렇게 안될 것 같으니 내 맘 편하고자 전업맘을 선택했어요. 아이가 어릴 때 잘 키워놓아야 나중에 커서도 편할 것 같아서 조금은 엄하게 키웁니다. 3살 버릇 여든까지 가니까 만 3세까지는 가르침도 따라가야 하니까요. 아이가 스스로 행복할 수 있는 법을 찾도록 안정적인 애착관계를 만들고 싶었고, 그래서 교육기관에 최대한 늦게 보내는 것일 뿐입니다. 같이 있는 것만으로도 안정감을 갖기 때문에 함께하는 시간을 늘린 것이지요.

엄마가 종일 놀아줄 필요는 없어요,
아이도 혼자 놀 줄 알아야죠

지금도 아들을 볼 때마다 '넌 미래의 며느리 남자!'라고 생각합니다. 한편으론 이기적인 엄마로 보일 수도 있을 겁니다. 집에 있어도 열정적이고 당당한 엄마를 아이가 처음엔 받아들이기 힘들 테지만 차츰 적응해갑니다. 저 역시 아이와 같이 있지만 하루 종일 놀아주지는 못합니다. 그저 놀잇감을 주고 방법을 알려주거나, 조금 놀아주다가 알아서 놀도록 방목하기도 합니다. 그사이에 저는 살림을 하고 밥을 챙겨 먹습니다.

 1:1로 붙어서 종일 놀아준다? 아니에요. 아이도 혼자 노는 시간이 필요하다고 생각합니다. 요즘 블로그나 TV 등을 보면 엄마들 완전 잘 놀아주죠. 저만 해도 놀이법을 보면 엄청 잘 놀아주는 것 같지만, 제 답은 그런 게 아닙니다.

종일 놀아줄 수도 없고, 그렇게 종일 붙어서 놀아주다 보면 엄마가 지칩니다. 우울해지고 답답하고 짜증납니다. 하루이틀은 하겠지만 어떻게 매일같이 그럴 수가 있을까요?

어떤 책에서는 아이를 기다리게 하지 말라는데, 저는 기다리라고 합니다. "마루야, 기다려, 엄마가 설거지하고 그 책 읽어줄게!" 하고는 다음에 책을 읽어줍니다. '약속하고 기다렸더니 정말 약속을 들어주네?' 이렇게 하니 우는 횟수가 줄어듭니다. 아이한테 포기가 아니라 기다리는 믿음이 생긴 거죠. 오히려 설거지하다가 책 읽어달란다고 고무장갑 던지고 날아가서 책 읽어주다 보면 아이는 커서도 끝없이 요구할 겁니다. 바로바로 안 해주면 짜증낼 거고요.

아이가 엄마에게 짜증내는 것은 어찌 보면 편하니까 당연한 일입니다. 하지만 기다리는 법을 가르치지 않아서 당장 해주지 않는다고 계속 짜증내는 것도 문제가 될 것이고, 그렇다고 무조건 순종적으로 엄마 말에 복종하도록 하는 착한 아이도 건강하지는 못할 것입니다.

무조건 희생하는 것보다 엄마 자신을 아껴주는 게 필요해요, 그래야 아이도 자기를 사랑해요

부모님 하면 떠오르는 게 편안한 안식처일 겁니다. 하지만 제가 생각하는 대단한 부모는 엄격한 부모입니다. 사실 부모는 엄하기가 어렵습니다. "예뻐 죽겠는데 어떻게 엄하게 가르쳐? 그냥 쪽쪽 빨고 싶고 귀여워 미치겠는데!"

하지만 부모가 정한 틀 안에서 제한을 두고 단호할 때는 단호하게 하면서 놀아주는 게 필요하다고 생각합니다. 부모의 성격, 자라온 가정환경, 추구하는 이상에 따라서 부모가 제한을 두는 영역과 양육방법은 다르겠죠. 그래서 제가 가지고 있는 양육관이 절대적으로 옳다고 말하는 건 아닙니다. 단지 풀어줄 영역은 풀어주고 제한할 영역은 일관되게 제한하는 교육관을 스스로 세우는 것이 중요하다고 생각합니다.

무조건 희생적인 엄마? 아기가 어릴 때는 올인해야 된다고 하지만, 제 생각은 어릴 때부터 엄마도 한 인격체이고 존중받아야 한다는 것을 보여줄 필요가 있다는 겁니다. 어린 모습은 지금 이때뿐이니까, 다 지나가니까 지금 올인하라고? 못해, 난 이기적이라 못해!

꼭 올인하고 자석처럼 붙어 있다고 많이 사랑하는 것은 아니에요. 남들은 엄마니까 희생하라고 가르치지만 저는 아니라고 말하고 싶습니다. 아직 어린 아이들이지만 엄마도 힘들면 쉬겠다고 말하세요. 부모가 스스로를 사랑하는 모습을 보고 아이도 자신을 사랑하는 법을 압니다.

그렇다고 제가 애들을 사랑하지 않는 걸까요? 아니에요. 저도 놀 때는 집중해서 놀아줘요. 꼭 24시간 붙어서 사랑하는 것이 정답은 아니라고 생각해요. 그러니 우리 너무 부담 갖지 말고 너무 방임하지도 말고, 적당히 사랑하면서 엄마도 아이도 편한 육아를 시작해보아요!

맘마미아 푼돈목돈 재테크 실천법

베스트셀러

15만 월재연 카페 회원 입증!

흙수저도 부자로 만드는 푼돈의 위력!

맘마미아 지음 | 364쪽 | 15,000원

부록 푼돈목돈 금융상품 Top 3

푼돈으로 월 100만원 모으는 비법

준비운동 "푼돈이 목돈 된다!" 게시판에 하루 1번 외치기

'월급쟁이 재테크 연구 카페(cafe.naver.com/onepieceholicplus) → 월급쟁이 재테크 → [믿음] 하루 1번 말하기' 게시판에 "푼돈이 목돈 된다!" 외쳐보세요. 남들 앞에서 다짐만 해도 실천의 힘이 생깁니다.

실천법 푼돈 모으기 3단계

첫째마당부터 셋째마당까지 카페 회원들이 푼돈을 모은 사례를 실천법으로 총정리했습니다. 왕초보는 우선 1단계인 식비만 절약해도 꽤 많은 돈이 모입니다. 절약이 몸에 붙으면 2단계, 3단계도 도전해보세요.

1	2	3
식비 30만원 절약하기	**공과금 등 20만원 절약하기**	**부업으로 50만원 벌기**
가계부, 도시락 적금, 냉파, 야식 뿌리치기, 통장수첩 살림법	공과금, 통신비, 보험료, 교통유류비 절약법	앱테크, 경품 당첨, 블로그 부업, 온누리상품권 활용

멋진롬 심플한 살림법

베스트셀러

신기해요.
버릴수록 아낄수록
행복해져요.

장새롬(멋진롬) 지음 | 14,400원

심플한 살림법 3가지 이득

1. 시간 이득

구역별 비우기를 따라하면 청소시간이 줄어 나만의 시간 확보!

2. 금전 이득

쇼핑욕구 다스리기 미션을 따라하면 카드빚도 줄고 저축도 가능!

3. 행복 이득

돈돈거리지 않아서 우리 집은 언제나 가화만사성!

비우기로 심리적 치유와 안정을 찾은 집!

초보엄마 안심 이유식

베베쿡 지음 / 12,600원

**이유식 1위,
베베쿡 비밀 레시피 공개!**

5년간 120만명이 먹은
베베쿡 이유식,
이제 초보엄마도 만든다!

초보엄마 이유식 3단계 해결법

1. 월령별 이유식 식단표에서 레시피 선택!
2. 이유식 체크리스트 확인!
3. 안심 레시피로 이유식 조리!

이 책을 읽고 따라한 엄마들의 칭찬 릴레이!

네이버에서 '초보엄마 안심 이유식'을 치면 생생 후기 확인!

 초보엄마 안심 이유식 검색

초보엄마 2~7세 알찬밥상

초보엄마도 따라하면 집밥의 힘이 샘솟는다!

급식과 외식에 노출되는 초등 전,
집밥의 힘을 선물할 시기!

편식방지를 위한 식판식, 한그릇밥, 도시락,
아이밥상+어른밥상 한번에 차려 1석2조!

베베쿡 지음 / 14,800원

초보엄마도 쉽게 따라하는 알찬밥상 3단계

베테랑 영양사의 최강식단 따라하기 ①

초등입학전 필수식단표제공,
과학적영양검증!

두뇌에 좋은 음식? 키 크는 음식?
영양학적으로 잘 몰라도 베베쿡 영양사가 짜
준 식단표를 따라하면 끝!

국내최고 푸드스타일리스트 따라하기 ②

예뻐야맛있다?-식판식, 한그릇
밥, 도시락으로편식방지!

간단한 반찬, 국, 밥도 무한변신 가능!
전문가의 상차림을 따라하면
아이의 입맛도 돌아온다!

가족밥상 활용법 따라하기 ③

어른+아이밥상
한번에차린다!1석2조!

1가지 요리를 어른, 아이 입맛에
맞게 한번에 뚝딱! 식재료도 아끼고
요리시간도 아끼고!

맘마미아 월급재테크 실천법

네이버 No.1 월급재테크 카페 검증!

▶ 이 책대로 실천하면
　당신도 월급쟁이 부자가 된다!

▶ 통장관리, 가계부작성, 예적금, 청약, 펀드, 주식, 경매, 보험 등
　왕초보를 위한 재테크 해법서!

▶ 〈부록〉 1. 손해 안 보는 금융상품 TOP3 | 2. 돈 되는 연말정산

맘마미아('월재연' 카페 주인장) 지음 | 556쪽 | 18,000원

맘마미아 가계부

아는 사람만 몰래 쓰던 국민가계부 출간!

▶ 초간단 가계부
　하루 5분 영수증 금액만 쓰면 끝!

▶ 절약효과 최고!
　손으로 적는 동안 낭비반성!

▶ 적금액 증가!
　푼돈목돈 모으는 10분 결산코너!

맘마미아('월재연' 카페 주인장) 지음 | 208쪽 | 12,000원

〈맘마미아 가계부〉는 매년 10월 출간됩니다.

맘마미아 푼돈목돈 재테크 실천법 (근간)

절약과 저축으로 최고 월 100만원 모으는 비법